国 民 文 庫

440a

# マ ル ク ス 伝

(1)

フランツ・メーリング著
栗 原 佑 訳

大月書店

Franz Mehring
Karl Marx. Geschichte seines Lebens

Franz Mehring. Gesammelte Schriften. Band 3
Dietz Verlag Berlin, 2. Auflage 1964


From German translated by Tasuku Kurihara
Printed in Japan

# 凡例

一　本書は、フランツ・メーリング『カール・マルクス――その生涯の歴史』ライプツィヒ、一九一八年の全訳である。
一　翻訳の底本にはトーマス・ヘーレ、ハンス・コッホ、ヨーゼフ・シュライフシュタインの編集になる『フランツ・メーリング全集』（全一五巻、ディーツ出版社、ベルリン、一九六〇―一九六六年）の第三巻（第二版、一九六四年刊）を利用した。
一　同書の日本語版出版独占権は大月書店が取得した。
一　傍点は原文がイタリック体であることを示す。
一　＊印を付した注は訳者によるもの。文中〔　〕でかこんだ部分も訳者の補足である。
一　本文中、右わきにある小さな括弧の通し番号（一）（二）……は巻末の編集者注の番号を示す。なお編集者注の出典指示のうちマルクス＝エンゲルス全集、第三〇―三九巻、補巻第一分冊（第四〇巻）、第二分冊（第四一巻）の指示は底本においては別の書物を指示してあるのを訳者が変更したものである。
一　翻訳にあたっては全体を三分冊にし、人名索引は第三分冊にまとめて掲げた。
一　訳者は一九五三年に大月書店から本書を単行本で出版したが、今回全面的に翻訳しなおした。

# 目 次

## マルクス伝 (2) 目次



## マルクス伝 (3) 目次

# 編集者まえがき

国際労働運動の偉大な指導者、前衛たちはほとんど例外なく理論家であると同時に実践家であった。とりわけこのことは、科学的社会主義の三人の古典大家について、すなわちカール・マルクス、フリードリヒ・エンゲルス、ヴラヂーミル・イリイチ・レーニンについていえる。彼らはぬきんでた思想家であり、ずばぬけた科学的著述家であり、数ヵ月、数ヵ年の張りつめた精神労働のなかから重要で広範囲な科学的著作を生みだした。しかも同時に彼らは、情熱的で大胆な政治的闘士であった。労働者階級の解放闘争が大規模なたたかいに成長して、彼ら自身が政治的な日々の闘争にかかわりあい、大衆と語りあい、大衆を指導する可能性があらわれたときには、いつでもすすんで書斎をあとにする覚悟をしていた。だから、これらの人物を伝記に造形するにあたっては、彼らの生涯と活動はきわめて書きがいのある、実り豊かなテーマを提供するのであって、彼らがその時代の偉大な対決にどのように身を処したか、行動しつつ指導しつつこれらの闘争にどのようにかかわりあったか、そしてこれらの歴史的運動のなかから彼らの偉大な精神的所産が事実どのようにしてはぐくまれていったかを、伝記は描いてみせることができるのである。

国際労働運動の指導者の伝記を書くしごとは、政治的にまた理論的にきわめて重要である。なぜなら、伝記は偉大な前衛の生涯をよびさまし公的世界と私的領域を結ぶことによって、彼らの生活を身近に生きいきとよみがえらせ、まさにそのようにして読者にじかに実例や模範をみせることを伝記作者に可能にするのであって、こうしたことは科学的芸術的著作の他のジャンルではおそらくできないことだからである。

カール・マルクスの生涯と活動に伝記の形をあたえようとする数多くの試みのなかで、一九一八年にフランツ・メーリングの公けにしたカール・マルクス伝は今日もなお群小を遠く抜いて第一位にたっている。客観的判断を下すことに懸命なブルジョア学者でさえ、これは認めているのである。

カール・マルクス伝はメーリング最後の主著である。一九世紀の八〇年代、だから彼がまだ社会民主主義運動に参加しない前に、メーリングは早くもマルクス伝を書く計画をたてていた。しかし他の重要な学問上やその時々の政論上の仕事に妨げられて、この課題にとりかかるのはいつものびのびになっていた。ようやく晩年になって、第一次世界大戦中の波瀾にとんだ年月のさなかに、メーリングはこの著書を執筆した。しかしこれは現下の問題を前にしてそれを避けることではなかった。その反対に、マルクス伝によってメーリングは、その当時の政治上・政論上の活動で実際になしとげようと努めた同じ目的をどこまでも追いもとめたのであった。伝記作者と歴史家の武器を手にしたメーリングは、世界大戦の破局をもたらした帝国主義に反対してたたかい、ブルジョアジーの前に降服した労働運動内部の修正主義者と改良主義者の裏切りにたいしてたたかった。この伝記によってメーリングは、革命的戦闘的マルクス主義の偉大な伝統を高く掲げ、こうして革命の準備に力をかしたのである。

フランツ・メーリングのあのすぐれた唯物論的歴史記述の才能は、すでに〔メーリング全集第一巻〕『ドイツ社会民主主義史』の〔編集者の〕まえがきでたたえられているところであるが、われわれはその同じ長所がマルクス伝にもふたたび申し分なく生かされているのをみるのである。このことは、伝記というジャンルはともすれば著者をまどわして、描かれるべき人物を社会的諸条件から切りはなして観察させ、それによって主観主義的傾向におちいるすきをあたえがちなだけに、なおさら注目してよいことである。メーリングはこの危険におちいっていない。それは彼がまさに史的唯物論を完全に身につけていたからである。そもそもカール・マルクスの発展というものは、広大な社会的背景を無視して把握できるものではないが、これがマルクス伝のどの局面にも明らかにされている。社会的諸関係がどのように若きマルクスを育成し、彼自身、理論家として、また実践的政治家としてこの諸関係にかかわりあい、これを左右するまでにいたったか、メーリングの著書でこの過程をつぶさにたどることは、だからきわめて興味深いことなのである。

その当時としては素材に、すなわちマルクスにかんするいっさいの重要な（その当時入手できる）資料や事実や仕事に特別に精通していたこと、これらの素材を最高にこなしきっていたこともまた、あらためて指摘されてよいことであり、これは彼がカール・マルクスとその業績とに数十年の長きにわたってとりくんだたまものである。

だがわけても重要なことは、対象にたいする彼の愛着であって、カール・マルクスにたいする彼の心からの、真底から努力してえられた、いうならば、たたかいとられた傾慕の念であって、これこそはメーリングをこの偉大な人物の最もすぐれた伝記作者としたのである。メーリングがラサールその他をマルクスの批判からかばってやらねばならないとまともに考えたからといって、彼はマルクスに敵意をいだいていたと、カウツキー、リャザーノフその他がやみくもに突っかかったのは、何とおろかしい（あるいはまた悪意ある！）ことであったか！（二）とりたてて論じるつもりはないが、一九一三年に『ノイエ・ツァイト』誌上でおこなわれたあの論争の奥にあるものを、カウツキーはけっしてメーリング以上に深く、はっきりと見とおしていたわけではなかったし、それどころか、彼はもっぱら臆病な俗物根性から、「ああ、そのことにはふれないで！」といったあっぱれな信条を守って、マルクスとラサールのあいだにある対立をあらわにさせまいとしたのであった——だがこのことはさておくとしても、マルクス伝か、『ドイツ社会民主主義史』か、あるいは何かそのほかのメーリングの著書をほんの少しでもひもときさえすれば、メーリングが彼の教師にたいしてつねにいだいていた熱情的な傾慕と愛情の念はすぐにもみとめられるはずである。この愛情と傾慕あればこそ、マルクス伝は生きいきとした精気と心あたたまる色調を帯び、著者は党派的に主題にせまること、すなわち人を魅了せずにはおかない堂堂たる筆致でマルクスに味方し、その奉ずる立場を支持することが可能となったのであり、そうすることで意識的に読者をこの大業にふるいたたせることができたのである。しかしメーリングのマルクスにたいする愛情は、労働運動にとって有害な、わけてもマルクスその人にとってまったく無縁な個人崇拝のたぐいではなかった。困難な危急の時に、雷鳴のようにとどろきわたる原則をあまりにもしばしばかなぐりすてて敵の陣営に走った人々を、メーリングはあざ笑った。メーリングがマルクス伝を書いた数年の間に——第一次世界大戦中に——、じつに多くの見かけ倒しの「正統派」——そのなかにカウツキーもいた——がこうした世にもあわれなざまを演じたのであるが、それは「荒れくるう嵐のなかで社会主義のあれほど多くの『剛毅不撓の前衛』が秋風のなかの枯葉のように吹きまくられた時代」だったからである。しかしその間メーリングはカール・マルクスの大業を高くかかげ、それを推しすすめた人々に忠実に味方したのであった。メーリングはマルクスを傾慕してはいたが、しかしつねに私情をまじえず客観的であることに努めた。メーこのことはひとえにマルクスの肩をもつこととけっして対立するものではなく、むしろそうした党派性に本来そなわっている不可欠の要素なのであり、このように私情をまじえず客観的であろうとしたこともまたマルクス伝に大いに役だっているのである。メーリングはマルクスを批判したり、マルクスの敵を弁護したりしたときに多くの点で、ときにはきわめて決定的な点で道をふみ誤ったのではあったが、いまのべたことは強調しておかなければならない。この点についてはのちに詳しく論じることにする。

メーリングはマルクスの真の生活像を創造すること、「彼をその力強いあらけずりの偉さのままに再生すること」をみずからの課題としたが、たとえすべての点で、細かな点のすべてにわたって成功していないとはいえ、ともかく全体としてメーリングはこの目的を達成している。これらのページからぬけでてわれわれの前にたちあらわれるものは、たしかに力強いあらけずりの偉さのままの本物のマルクスである。それは天才的な思想家であり、情熱にもえる政治的闘士であり、群小をぬく科学上、また政論上の著述家であり、しかも情愛こまやかで誠実な、犠牲心にとんだ友人、同志であり、妻を熱愛する夫であり、そして子供たちには手本であり、先生であり、大きな遊び仲間でもあった父親なのである。

メーリングのマルクス伝でことにみごとな筆致で描かれているのは、このまえがきのはじめに指摘しておいたように、まさにマルクスにおいて学者と政治的闘士が一体をなしている姿であり、ここにこのマルクス伝の最大の長所の一つがある。なるほどメーリングはみずからマルクス伝の序文のなかで、マルクスの科学的著作についての分析は、この書があまりかさばってはならないという体裁上のやむを得ない制約のためにそこなわれていると指摘しているし、事実これらの分析(そのなかにはローザ・ルクセンブルクの作成した『資本論』の第二巻と第三巻の分析もある)にたいしては、その割りあてられた分量があまりに少ないという点ばかりでなく、内容や評価にかんしてもまたいろいろ文句をつけることができる。しかしなんといってもこの伝記の伝えてくれるものは、全体としてみれば学者・理論家マルクスの正真正銘の姿であり、炎のような文字で描きこまれた政治家・労働運動指導者の実践的行動と有機的に結びあわされた像なのである。

メーリングはこの著書でカール・マルクスの生涯をえがくだけにとどめており、フリードリヒ・エンゲルスの生涯と活動も組みいれるべきであった二重伝記の完成を思いとどまっている。おそらくこれはまちがっていただろう。というのも、この二人の人物の生涯と業績は実際には分かちがたいほど緊密に結びあっているのだから――彼らの仕事で二人が協力しなかったものとてはほとんど一つとしてない!――、さだめし二重伝記であってこそ二人の類いまれな協同と友情はこのうえなく描くことができたであろうからだ。しかしそうはいうものの強調しておかねばならないことは、メーリングが彼の仕事の範囲をマルクスの生涯にかぎってもなお、類いまれな二人の親交の崇高で感動的な画面を描くすべをこころえていたことである。マルクス主義のすべての文献中、メーリングのマルクス伝、とくにその第八章にみる二人の交友の場面ほど、理解と愛情にみちた深い描写はおそらくほかにないといえるだろう。

この著書の一つひとつの筆のはこびのうちにも、その多くでマルクスの偉大さと真価をそれにふさわしくつかみとるメーリングの力量が発揮されている。マルクスの峻厳な自己批判について、敵にたいする辛辣きわまる論争を実り多い創造的なものにしあげる能力について、前代未聞の精励とその結果うみだされる巨大な産出物について、個人的利益をすすんで大業の二の次におき犠牲にしてかえりみない心がまえについて、メーリングがのべているところや、その他こまごましたことではあってもひときわすぐれた観察眼でみきわめられ正しく評価された多くの大事なことがらについて彼がのべているところは、きわだってすばらしい。そしてここでまた忘れてならないことは、私的生活の堂に入った描写である。すなわち、カール・マルクスとイェニー・フォン・ヴェストファーレン、メーリングがこのマルクス伝のなかでみごとな、だがしごく当然な記念碑を建てた、このけなげで、志を同じくする婦人とのきわめて幸福な結婚生活の描写であり、またマルクスと子供たち、一家の親しい友人たちとのすばらしい関係の描写である。家族というささやかな共同体のなかでも、人間的な偉大さと純粋さとが、長い年月にわたってあらん限りの残忍な、意気をくじき、精神をすりへらさずにはおかないような外的条件のもとで、どのように試練にたえるかをしめすことに、メーリングはみごとに成功している。われわれはすでに『ドイツ社会民主主義史』のまえがきのなかで、メーリングのすぐれた芸術家的手腕をたたえたのであるが、その練達ぶりはマルクス伝ではじめて、おそらくこんにちでもなおその高みに達するもののないくらい最高に発揮されている。メーリングはこの著書の序文で、歴史科学、だがわけても伝記においては、芸術的叙述が重要な役割をはたさねばならないという意味深長なことをいっている。クリオは九人のムーサイの一人に数えられるべきだ＊という美しい原則を、メーリングはマルクス伝で実現している。そしてムーサイにふられたものだけがムーサイをけなす、と書いたとき、彼はどんなに正しかったことか。この著書全体がそうであるように、この予言的な言葉もまた、メーリングが労働運動とマルクス主義的修史によせた一種の遺言と理解すべきであり、あらためてこの貴重な遺産に思いを致すのはよいことであろう。

＊ ムーサイはギリシア神話にでてくる文芸学術をつかさどる女神たち、ミューズ。クリオはムーサイのなかの歴史の女神。

すでに示唆しておいたように、マルクス伝にはすばらしい長所がどれもそろっているのであるが、そこにはいくつかの多少とも重大なまちがいや誤った判断もないわけではない。『ドイツ社会民主主義史』にあらわれた欠陥はすべてマルクス伝でもまた――ときとしていっそうひどくされて――見いだされ、おまけにいくつかの新たな欠陥もつけ加わる。ここには一種独特の現象がみられる。政治史の経過は、とくに第一次世界大戦勃発のさいとそのあとで、カール・マルクスの理論と政治的戦術の正しさを非のうちどころなく証明したのであったが、一方、議会痴呆症と観念論的階級国家崇拝（両者は修正主義者や改良主義者がかつてラサールにその原点をみとめ、いまもあいかわらずみとめている立場である）は目もあてられぬ醜体を演じていたのであった。修正主義的指導者のまいた背信の種はいまやおそろしい芽をだし、ドイツの労働者階級は彼らによってあらぬ方向にひきまわされ意気沮喪して、全世界をおおう帝国主義的兵火にたいしてさしあたってはまったく組織的抵抗をなしえなかったし、真のマルクス主義的労働運動指導者が戦争に反対して（それと同時に修正主義的指導者に反対して）有効な運動を展開するようになるには、何ヵ月も何ヵ年もかかったのであった。メーリングは真のマルクス主義者の一人であり、スパルタクス・グループの統率者の一人であり、ドイツ共産党の前衛の一人であった。彼は世界を変革したボリシェヴィキと十月社会主義大革命の役割を正しく評価することをこころえていたドイツでそもそも最初の人だった。メーリングはこのように彼の政治的立場、政治的行動においては、ドイツのだれよりも、議会痴呆症と観念論的国家崇拝から遠くへだたっていた。しかし歴史科学上の所説で彼が高齢になってもしめした非凡な政治的成長は、十月革命についての重要な諸論文だけであって、それをのぞけば、もはや言うにたるほどの結晶をみせていない。いずれにせよ、この『マルクス伝』では問題のところでは『ドイツ社会民主主義史』にくらべて少しも進歩はみとめられない。

すでに『ドイツ社会民主主義史』にみられた誤りについては、ここで深くたちいる必要はない。むしろこの全集第一巻の〔編集者の〕まえがきを参照されたい。マルクス伝でも、またラサールかぶれはそれにまつわる諸問題（イタリアの危機、アイゼナッハ派の重要性を見誤ったこと、政府に買収されたスパイであるシュヴァイツァーを途方もなく過大評価したこと、ゴータ綱領にたいするマルクスの批判を誤って評価したこと等々）とともに、メーリングの誤った判断のなかでもいぜんとしてそのおもなものである。ボルンやヴァイトリングや「真正」社会主義者を救済する試みは、伝記のなかでもメーリングのくりかえすところである。

マルクスとラサールとの関係の判定にあたって従来と変わった点は、メーリングがこの伝記で以前にもまして強くこの関係の心理的側面をも探りあてようとこころみていることだが、もちろんいかなる成果もみられない。それは、メーリングがひとたびとった立場からすれば、どのような解決も見いだしえなかったからである。マルクスのラサールにたいする関係は、「彼の生涯の提起した最もむずかしい心理的な問題」だとメーリングは考えたが、しかし彼のように、ラサールを極端に過大評価するときにだけ、すなわち、ラサールを第一級の科学的な共産主義者、マルクス、エンゲルスと同格の同志、戦友にしたてようとするときにだけ、そうした見方にたどりつくことができるにすぎないのである。メーリングの主張したように、ラサールとマルクスが思想においても努力においても一致していたというのは、まったく話しにならないことであり、むしろ世界観的・哲学的なものに深く根ざした二人の対立こそ重きをなすものであって、二、三の共通した政治的見解とても、結局しだいにこの対立のかげにかくれてしまうほかなかったことは、いずれにせよ科学的研究がとっくの昔に証明していることである。——こうした方向での詳論は、『ドイツ社会民主主義史』の序説ではいくらかなされていた。——こうした徹底したちがいがあきらかにされたからには、もはやむずかしい心理的な問題だなどということもいえなくなるのであり、それでこそ、マルクスはラサールをねたんでいただとか、マルクスはラサールにたいして自分でもどうにもならない不信をいだいていただとかなどと、敵であるブルジョアの側からくりかえしとりざたされる悪意のある雑言はことごとくけしとんでしまうのである。マルクスはラサールと知りあいになったそもその発端からして彼を信用していなかったこと、それにもかかわらずこの戦友の知性とすばらしい天分をはっきりみてとって、ねたむことなくこれを認めはしたが、いつかきっと彼からいやな目にあわされるにちがいないといつも気にしていたことは否定できない。しかしこの不信はけっしてわけのわからない、あるいはなぞのような神秘的な嫌悪、偉大な人物の後光のうちに暗い汚点をみせるような嫌悪に根ざしたものではなかった。この不信は、むしろ決定的な諸問題で原則上の深刻な意見の相違があることをはっきりとみぬいていたことに根ざしていた。マルクスはしごく当然なこうした不信の念に始終すっかりはまりこんでいたわけではなく、それどころかラサールとの友誼的な手紙のやりとりをつづけて政治的同盟を維持し、さらに彼にたいして影響をあたえ、信頼できる戦友にしようと多年にわたってこころみていたことはあらゆる点であきらかである。しかしラサールが五〇年代の終りから六〇年代の初めに出版したかなり大部の諸著作こそは、極端な観念論といかがわしいボナパルティズム的傾向をしめしており、それをみたマルクスはこの友人にたいして極度に用心しなければならないと悟ったのであった。マルクスはラサールにあてた手紙――それらはまだメーリングの知るところではなかった――のなかで、原則的に異なる彼の見解を友好的に、そのうえ時にはいくらか外交辞令をもってしても事実くりかえしのべており、こうした態度は、ラサールと共働できると期待してもよかったあいだは、当然のことだった。その後のラサールの扇動はマルクスとエンゲルスの留保がいかに正しかったかをあきらかにした。ラサールの国家崇拝と個人崇拝にたいして、またラサールのビスマルクとプロイセン王室にたいする追従にたいして、またラサールの普通選挙権礼賛にたいして、また彼によるマルクスとエンゲルス自身の見解の卑俗化と歪曲にたいして、マルクスとエンゲルスはもはや断じて同調することはできなかったし、同調することはゆるされなかった。彼らが沈黙を守って、すぐにはおおっぴらにラサールの正体をばくろしなかったのは、まったくのところぎりぎりの線だった。もしラサールがあのように早く死ななかったら、マルクスとエンゲルスは疑いもなくラサールの正体をばくろしたにちがいなかった。こうした原則上の考慮とならんで、またこうした考慮についで、ある種の個人的な憤懣がマルクスとラサールのあいだに（そのうえエンゲルスとラサールのあいだではいっそう激しく）はたらいていたこともまた、ラサールの著書とくに手紙（その大部分はメーリングの死後になってはじめてグスタフ・マイアーによって公刊された）の数々を読むだけでも、あまりにも明らかになるであろう。マルクスとエンゲルスのように、個人的願望を社会主義的大業の要請の二の次におくことを常とした人々、この大業に奉仕すべきときには極度の欠乏と犠牲をすすんでひきうける人々、大業と大衆とをあいまいにすることのないよう、どうみてもじつにすぐれたその人がらを常にめだたないようにした人々、――こうした人々にとっては、ラサールの途方もない虚栄心と思いあがり、尊大さ、権勢欲、ひとの忠告をうけつけない頑くなさ、救世主的ポーズは結局は鼻もちならぬものとなるほかなかったし、マルクスあるいはエンゲルスが内輪の手紙のやりとりでしばしばこうしたことについてあからさまに意見をのべたことは、十分に理解できる。しかしそれにもかかわらず、彼らは常にラサールの人がらの積極的な面はともかくうけいれてもいたし、彼の死後は彼のかちえた実際の歴史的功績をいくども力をこめてたたえたのであった。

だがマルクス伝には、『ドイツ社会民主主義史』でおなじみのメーリングの見解、ラサール、シュヴァイツァー、ボルンその他についての根拠のない見解とならんで、さらに新たな問題群、新たな「救済」があらわれる。すなわち、無政府主義の理論家であり政治家であるミハイル・アレクサンドローヴィチ・バクーニンを、マルクスとエンゲルスが彼に加えた批判にたいして弁護し、国際労働者協会での彼の行動を、多かれ少なかれ正当化しようとする試みがそれである。メーリングは『ドイツ社会民主主義史』ではバクーニンにたいしては、まだ科学的に正確な、全体としては正しい適切な判定を下していた。ところがその間に、第一インタナショナルにかんするかなり膨大な無政府主義的バクーニン主義的文献が公けにされた。これは――もちろん考えられるかぎり一面的意図的にえらびだされた――資料研究や文書研究によって人目をひこうとしたものであって、事実またメーリングに深い印象をあたえたことはあきらかであったし、不当な判定を下された者を救済しようとする、それ自身としてはきわめて共感できるメーリングの情熱はおさまりようもなかった。そこで彼はこんどはバクーニンにも救済のこころみをひろげるべきだと、まともに考えたのであった。

もちろん、メーリングがマルクス伝のバクーニンの箇所でやってみようと思いたったのは、結局のところ個人的な名誉救済でしかなかった。真のマルクス主義者としてのメーリングは、もちろんバクーニンの理論的見解と政治的戦略戦術をけっして肯定するものではなかった。彼が不当にも大会の多くの決議を実践的に効果のないものとして処理してかまわないとまともに考えたときでも、また国家理論の領域でマルクスがパリ・コミューンの歴史からみちびきだした結論について徹底した解明を思いきってやることはできなかったときでも、こうした諸問題では彼はむしろあくまでマルクスとエンゲルスの立場にたっていたのである。

それゆえ、メーリングにとって第一の肝要事は、バクーニンをまじめな、善意の男として説明することであり、バクーニンを陰謀主義者であると言明したマルクスの非難をしりぞけるか、そうした非難をほかの人たちに転嫁することであった。だが、つまるところメーリングの強調したかったのは、当時の国際労働運動における無政府主義的潮流はけっしてセクトではなく、あくまでも一つの大衆運動だったということである。

こうした救済のもくろみをくわだてたメーリングは科学的に正しかったといいがたいが、かりに正しかったとしても、彼がマルクス伝でやった第一インタナショナルの歴史の叙述にはどうしても賛成するわけにはいかない。というのは、彼はバクーニンを弁護しようとして、彼の叙述のバランスを、とうてい許せないくらいに崩してしまったからである。本来の主要問題、すなわちカール・マルクスによって指導された総評議会の指示する政策と、それに対応する国民的労働者党の飛躍的大運動は、叙述が進むうちにますますバクーニンの策謀の弁護のかげにうすれていった。これらの諸節の多くは、メーリングがマルクス伝ではなくまるでバクーニン伝を書いているような印象をあたえかねないのである。バクーニンが個人的にまじめな男であったかどうかという――歴史的にみれば――なんとしても第二義的な問題が最前面にのりだし、それとは比較にならぬほど重要なカール・マルクスの活動の叙述は決定的にそこなわれ、分析は断片的なままにとどまった。ついでながら今日まで第一インタナショナルの歴史の基礎的なマルクス主義的叙述がなく、また第一インタナショナルと関連のあるマルクスとエンゲルスのドイツ語文書が多年にわたってまだあらたに復刻されないでいるので、いまのべたことはことのほか嘆かわしいことでもある。

しかしバクーニンの個人的な名誉救済にしてもメーリングは正しくなかった。十月社会主義大革命ののちに、バクーニンの性格と政治家としての人がらに暗い影をおとす記録がツァーリの文書庫からあかるみにでた。一八五一年と一八五七年にバクーニンはロシアの牢獄からツァーリにあてて手紙をかき、そのなかで自分の革命的行動を取りさげ、これをのろい、みずから犯罪人と名のって、ツァーリの汎スラヴ主義的な反動的志向にうったえた。彼はそうすることによって反動を革命運動にむかってけしかけ、自分、つまりバクーニンを助けだそうとしたのであった。こうした証拠書類を知らなかったメーリングは、バクーニンを信義に厚い性格堅固な革命家の地位につけようとしたのであるが、バクーニンが断じてそんな革命家でなかったことは、これらの手紙がじつにはっきりと証明している。さらにバクーニンが友人や同志にあてたそのほかのおびただしい手紙からひきだされる結論は、彼がけっしてメーリングの思っていたように、マルクスにたいして尊敬も敬慕もはらっていなかったことであり、むしろマルクスを憎み、ひそかにマルクスの信用をおとすことに努めていたことである。最後にこれらの手紙はまた、バクーニンが事実上第一インタナショナルで系統的な攪乱分派工作をやっていたことをもの語っている。彼は大会の場や公けの文書でその特異な意見をのべただけでは少しも満足せずに、総評議会の権威を失墜させ、組織を彼、つまりバクーニンの統制のもとにおくために、多方面にわたって地下工作をくりひろげた。だからマルクスと総評議会は強硬な手段に訴えて、政治的には危険で、人格的には汚ないこうした策謀に対処する権利があっただけでなく、そうする義務さえあったのであり、彼らはこの場合バクーニンというい かがわしい人物を容赦するいかなる動機ももちあわせなかったのである。

最後に、無政府主義の「大衆的性格」にかんしていうならば、経済的発展の低い国に生活し、ごく初歩的なブルジョア民主主義的権利さえも断念しなければならないプロレタリアート、とくに農村プロレタリアートの一部が、社会的意識の低い発展段階で無政府主義的見解に傾き、多少とも長きにわたって無政府主義運動に参加し、この運動が一時的に大衆的性格さえもおびることのあるのは、マルクス主義の側からいちども異議をとなえられたことはない。しかしそれにもかかわらず、国際無政府主義の歴史は、とくに一九世紀の八〇年代以降というもの、無政府主義が大衆をもっぱらまちがった方向にひきこむ迷路でしかないことを異論の余地なく明らかにした。そして無政府主義がいくつかの国々、わけてもラテン系諸国でなかなかしぶとく生きつづけてきたことは明らかだとしても、どのみち無政府主義はおおざっぱながらその目的を達することもできなかったし、そうでなくても労働者階級のためになることは実際なにもできなかったのである。結局、無政府主義は――メーリングが不当にも異論をさしはさみはしたが、しかしマルクスのみたとおりだったように――その信奉者を、国際労働運動内の広大なマルクス主義的本流から孤立させセクト主義にひきいれたにすぎなかった。無政府主義者とラサール主義者とはほかの点でも、ことに国家にたいする態度で、非常にちがってはいるが、実際にはこの二つの傾向は本来の革命的労働運動にたいしてこうしたセクト主義を共通にもってきたのである。しかし個々の国々で労働者階級が成長すればするほど、無政府主義はますますつまらないものになっていった。たとえばイタリアはかつては無政府主義の牙城であったが、今日では共産党が議論の余地なく労働運動の指導権をにぎっている。それゆえ、マルクスとエンゲルスが無政府主義を根本においてはセクト主義的運動として――一時的には大衆的性格をもつにかかわらず――非難攻撃したのは、これまた正しかったのであって、メーリングが無政府主義にたいするこうした判定に論争をいどまなければならないとまともに考えたのは、風車の翼を相手にたたかったようなものだった。

だからわれわれのみてきたように、メーリングのマルクス伝にもまたいくつかの注目に値する誤りや科学的に不十分な点がある。しかし、すでに『ドイツ社会民主主義史』についてのべたことがこの書物にもあてはまる。すなわち、欠陥と誤った判断がこのようにあからさまにあらわれ、これらを正さなければならないのはあきらかであるが、それでもなお、この書物全体の非凡な価値と独特の魅力を消しさるわけにはゆかない。とりわけ、マルクス主義とマルクス主義の創始者の天才的な人となりとに、はじめてとりくもうとする若い人々のためには、メーリングのマルクス伝は大きな意義をもつことができる。この著書はまのあたりに見るように、読者を科学的社会主義の豊かな思想圏に案内し、これまでのマルクス主義のどんな文献もおよびようのないほど、カール・マルクスの偉さをそのままの姿に生きいきとよみがえらせるのである。

たしかに、マルクス主義的科学者には、今後さらにマルクス伝を——あるいはそれ以上にマルクス＝エンゲルス伝を——書きあげるため努力すべき課題がのこされている。そうした伝記はメーリングらしい試みの豊かな長所をそのまま残し、彼の誤りを訂正克服して、全体として科学的研究の最新の状態に到達するにちがいなかろう。しかしメーリングのマルクス伝もまた、熱い心情、ずばぬけた造詣、偉大な芸術家的造形力をかたむけて書かれた、雄大な試みとしていつまでも残るであろう。こうしてこの書はその偉大さのゆえに、その限界のあるにかかわらず、マルクス主義文献のなかでほまれある地位をしめており、今日でも、社会主義とその不滅の創始者の、全世界を圧倒する思想の側に多くの人々を獲得するうえに、ふたたび寄与するであろう。

トーマス・ヘーレ

マルクス主義の精神の継承者
クララ・ツェトキン－ツンデル
にささげる

# 序　文

この書にはいささか歴史がある。マルクス＝エンゲルスの往復書簡の出版が問題となったときのことである。ラウラ・ラファルグ夫人〔マルクスの次女〕の承諾はぜひともえておかねばならなかったが、彼女は承諾するにさいして、私が彼女の代理人として編集に参加することを、承諾の条件とした。そして一九一〇年一一月一〇日付ドラヴェイユからの委任状で、私が必要だと考える注釈と説明と削除をおこなうよう私に全権をゆだねたのであった。

けれども私はこうした全権を実際に行使することはなかった。編集者たちのあいだには、というよりも編集者ベルンシュタイン――ベーベルは名前をかしただけだったので――と私とのあいだにはすこしも本質的な意見のちがいはおこらなかったし、委任者である彼女の意を体していた私は、もっともな、少なくとものっぴきならぬ理由もなしに、彼の仕事にへたな手だしをするようなきっかけも、権利も、ましてわかりきったことだがそうした気持も、もちあわせなかった。

そのかわり、この往復書簡の仕事を長らくやっているうちに、数十年にわたるカール・マルクス研究の結果得られた像が円熟してきて、この像を伝記のかたちにまとめあげてみたいという願いがこうして思わず知らずのうちに生まれてきた。そうすればラファルグ夫人がさぞ喜ぶだろうということがわかっていただけに、なおさらそうしたかったのである。私は彼女から親しくしてもらい信頼もされていたが、それは彼女がこの私を彼女の父の弟子のうちで最も学識があるとか、あるいは聡明であるとかみなしてくれていたからというのではなく、ただ私が彼女の父の人となりをきわめて深く知り、それをきわめて適切に描きだすすべをこころえているものとみなしてくれていたからである。彼女が手紙でも談話のときにもたびたびうけあってくれたことは、私の書いた党史〔『ドイツ社会民主主義史』〕、またことに私の編集した『遺稿集』〔『マルクス＝エンゲルス遺稿集』〕の描写によって、なかば消えうせていた彼女の両親の家庭の思い出の数々が、鮮やかに生きいきとよみがえってきたこと、そしてまた彼女が両親からたびたびきかされていた多くの人たちの名が、私の描いたものによって、ぼんやりした影にすぎなかったものから、ようやく手でつかめるような姿をとるようになったことであった。

残念なことに、このけだかい婦人は、彼女の父とエンゲルスとの往復書簡が出版のはこびとなるだいぶ前になくなった。彼女は、自殺する数時間まえにも、もう一度心からのあいさつを私によせてくれた。彼女は父ゆずりの大きな心の持ち主だったし、いまでも私は墓のなかの彼女に感謝していることであるが、父の遺稿の中から多くの宝を世にだすことを私に、しかも遺稿についての私の批判的な判定に干渉しようなどとは露ほども考えないで委任してくれたのである。私の党史をよんで、私が彼女の父に反対して、ラサールの正当なことをどんなにはっきりと、またくりかえして弁護したか、それを彼女は知ってはいたのに、その彼女が私に、彼女の父にあてたラサールの手紙をゆずってくれたのであった。

この心のひろい婦人の人がらとはまるでちがうのがマルクス主義の二人の神殿守護人である。彼らは、私が伝記の計画にとりかかろうとすると、道義的憤りの角笛をふきならしたが、それは、私が『ノイエ・ツァイト』誌上でラサールおよびバクーニンのマルクスにたいする関係について二、三の所見をのべたさい、公認の党伝説にたいしてしかるべき三拝九拝をしなかったからなのだ。最初にカール・カウツキーが、一般的に私が「マルクスに敵意を抱いていた」といって、そのうえとくにラファルグ夫人にたいして「背任罪」を犯したといって、責めたてた。それでも私がマルクスの伝記を書こうという考えをまげないでいると、彼は『ノイエ・ツァイト』誌の、ひとも知るきわめて貴重な紙面を六〇数ページもさいて一冊のパンフレットにあて、そこではエヌ・リャザーノフがさんざん私に告発の言葉をあびせかけて──その良心のなさはその正気でないこととまあ同程度のものだが(二)──、マルクスにたいする下劣きわまる裏切りをやったことを私に認めさせようとしたのである。私は、礼儀上はっきりいいたくはない気持から、彼らにはいいたいだけのことをいわせておいたが、しかし私は次のことははっきりいっておく責任を自分自身にたいして感じている。すなわち、他人の信条に加える彼らのテロリズムには一歩もゆずることなく、本文のなかではラサールとバクーニンのマルクスとの関係について党伝説をまったく無視して歴史的真理の命ずるままに叙述したのである。この場合ももちろん論争はいっさいさけたが、それでも注のなかでカウツキーとリャザーノフの私にたいする二、三のおもな言い分はすこしばかりつるしあげておいた。そうすることは、この分野の研究をする若い人たちのためになると思ったからである。マルクス坊主ふぜいの攻撃など頭から問題にしない気持というものは、どんなに早くから植えつけても早すぎることはない。

マルクスが実際マルクス坊主どもの礼賛するような退屈な模範児童だったとしたら、私は彼の伝記を書く気にはけっしてならなかったであろう。私の傾慕の念も私の批判も──よい伝記というものにはそのどちらも同じくらいに必要だ――、すべて人間的でないものは自分には縁がない、としばしば、また好んで告白したこの偉大な人間に似つかわしいものなのだ。その力強いあらけずりの偉さのままにこの人物を彫りあげることこそ、私が自分に課した課題であった。

そのあとは目標がそれに到る道をもきめることになった。歴史記述というものはすべて芸術であると同時に学問であるし、わけても伝記記述ではそうである。歴史科学の殿堂では美的観点などはいっさい求めるものではないなどというすばらしい思想は、どんなひからびた人間がうみだしてくれたのだか、いま私はおぼえていない。しかし、恥ずかしいことかもしれないが、正直にいわずにおれないことは、あのいかめしい思想家たちほどには私はブルジョア社会をとことんまできらってはいないということだ。彼らときては、好漢ヴォルテールを頭からけなすために、うんざりするような文体だけが好ましいとはっきりいうのである。ところが、この問題ではマルクスその人が、こうした考えはおかしいとうたがっていたふしがある。というのも、彼は古代ギリシア人のやったように、クリオを九人のムーサイの一人に加えていたからである。じつはムーサイにふられたものだけが、ムーサイをけなすというものだ。

私の選んだ形式について読者の同意がえられたものと考えてさしつかえなければ、こんどは内容について二、三、大目にみてもらうよう許しをこわねばならない。この点では私は最初からどうにもならない事情に当面した。本書は、もともと先進的な労働者のためのもので、しかも入手しやすく理解されやすいものにしたければ、あまりかさばってはならなかった。それでも、当初計画された分量の一倍半になってしまったが、一行かきたいところを一語で、一ページかきたいところを一行で、一六ページかきたいところを一ページで満足しなければならなかったことが、どんなにたびたびあったことか！　とくにこうした体裁上の制約のために痛手をこうむったのは、マルクスの科学的著作の分析であった。この点について、はじめから疑問をまねくことのないように、私は偉大な著作家の伝記にはつけるならわしになっている副題、「その生涯と著作の歴史」から後半を切りすてた。

マルクスにおいては思想の人と行動の人とがひき離せないように結びあわされ、両者がたがいに補いあい支えあっており、何といってもこの点に彼の類いまれな偉大さのあることは疑いない。しかしそれに劣らずたしかなことは、彼にあっては闘士としての一面がつねに思想家としての一面を凌駕していたことである。ひとたび実践行動をうながす時が鳴りさえすれば、自分の知っていることなど書かずに、よろこんでペンをおくであろうと、ラサールがいつかいったように、われらの偉大な先駆者たちはみな、この点では同じ思いであった。そして彼らの所信のいかに正しかったかは、今日の時局にわれわれが戦慄をおぼえつつ体験しているところである。マルクスの著作の句読点の一つひとつについて三〇年はおろか四〇年も思いめぐらしてきたいかめしい研究家たちは、マルクスのように行動でき、また行動すべき歴史的時期に身をおきながら、風にふるえる風見のようにためらいまどうしか能がないのだ。

しかし、だからといって、かくすつもりはないからいうが、私は他をさしおいて、マルクスの支配した広大な知識の領域をめぐりつくす資格が自分にあるとはけっして思っていない。かぎられた叙述のわくのなかで『資本論』の第二巻と第三巻の透徹した明瞭な像をしめすという課題のためには、私はさっそく友人ローザ・ルクセンブルクの助力をあおいだ。彼女が私の希望に快く応じてくれたことを、読者は私自身と同じように感謝するであろう。本書の第一二章第三節は彼女の筆になるものである。

この書に彼女の筆になる珠玉の一篇を加えたことを、私はうれしく思う。これに劣らずうれしく思うのは、われわれの共通の友人クララ・ツェトキン－ツンデルが彼女の旗を掲げた私の小舟を大海原に送りだすことを許してくれたことだ。荒れくるう嵐のなかで社会主義のあれほど多くの「剛毅不撓の前衛」が秋風のなかの枯葉のように吹きまくられた時代に、二人の婦人の友情は、私にとってかけがえのない心のささえなのであった。

一九一八年三月　ベルリン・シュテークリッツにて

フランツ・メーリング

# 第一章　少年時代

## 一　家庭と学校

カール・ハインリヒ・マルクスは一八一八年トリーアで生まれた。彼の家系については不明の点が少なくないが、それは、世紀の変わり目の戦争の時勢のためにライン地方の戸籍簿に生じた混乱と破壊のためである。なにしろ今日でもまだハインリヒ・ハイネの生年が論議される始末なのだから！

　もっとも、ハイネよりは平穏な時代に生まれたカール・マルクスについては、もちろん、それほどひどいというわけではない。しかし、今から五〇年まえ、彼の父の姉の一人が無効の遺言状を残してなくなったとき、裁判所は法定相続人について八方手をつくして調べたが、さすがに彼女の両親すなわちカール・マルクスの祖父母の誕生日と命日をつきとめることはもうできなかった。祖父はマルクス・レヴィといったが、のちにはただマルクスとだけ名のり、トリーアのユダヤ教の律法学者《ラビ》であった。彼は一七九八年になくなったということだが、いずれにせよ一八一〇年にはもはや存命しなかった。彼の妻エヴァは生家をモーゼスといい、一八一〇年にはまだ生きながらえていたが、一八二五年になくなったということである。

この夫婦のたくさんの子供のなかで、ザームエルとヒルシェルの二人が学問に関係のある職業にいそしんだ。ザームエルはトリーアのラビとして父の後継者となったが、その息子モーゼスのほうはラビ職試補として諸方を転々とし、シュレージエンのグライヴィッツに落ちついた。ザームエルは一七八一年に生まれ、一八二九年になくなった。カール・マルクスの父、ヒルシェルは一七八二年に生まれている。彼は法律学に志して弁護士となり、のちにはトリーアの法律顧問官になった。一八二四年にはキリスト教の洗礼をうけて、ハインリヒ・マルクスと改名し、一八三八年になくなった。彼はオランダ出身のユダヤ婦人ヘンリエッテ・プレスブルクと結婚した。彼女の祖先は、彼女の孫娘エリーナ・マルクス〔すなわちカール・マルクスの末娘〕の語るところによれば、数百年ものあいだ、代々ラビだったという。ヘンリエッテは一八六三年になくなった。ハインリヒとヘンリエッテの二人もまたたくさんの子供を残したが、しかし彼女の遺産整理のさいに存命していたのは、そのうちの四人にすぎなかった。このような系譜のわかったのは、この遺産整理のさいの記録のおかげである。この四人というのが、カール・マルクスとそれにゾフィーエ、エミーリエ、ルイーゼの三人娘であった。当時ゾフィーエはマーストリヒトの弁護士シュマールハウゼンの未亡人となり、エミーリエはトリーアの技師コンラディの妻、ルイーゼはケープタウンの商人ユタの妻となっていた。

カール・マルクスの両親の結婚生活はこのうえなく幸福だったし、ゾフィーエにつぐ長子だった彼は、この両親のおかげで明るくのびのびとした少年時代をおくった。カールの「すばらしい天分」をみて喜んだ父は、この子はいつかは人類の幸福に奉仕するだろうと、期待をいだいたのであったが、母のほうも彼を幸運児とよび、この子の手にかかると何でもうまくゆくよ、と言ったものだった。しかしカール・マルクスはゲーテのようなお母さん子でもなく、レッシングやシラーのようなお父さん子でもなかった。母は夫や子供たちのために万事やさしく心をつかい、家庭の平穏にひたすらうちこんだ。彼女は一生涯舌たらずのドイツ語しか話さなかったし、息子がまともな道を進んでいてくれたら、わたしのカールはどんなにりっぱになれたろう、と母親らしく思いわずらうだけで、自分の息子の精神的苦闘には少しも関心をよせることはなかった。後年カール・マルクスはオランダにいる母方の親類、とくに「叔父」フィリップスと親しくしたらしく、生活の苦境にあっても助力をおしまなかったこの「すてきな老青年」のことを、彼は再三非常に好感をもって語っている。

父はカールの二〇歳の誕生日ののちほんの数日してなくなりはしたが、彼もまたいとしい息子のうちに「魔性《デーモン》」をみて、ときおり心ひそかに不安にかられた。父の悩みの種だったのは、母親が息子の立身出世を気づかいこせこせと思いわずらったのとはちがって、息子のなかに父自身のものやわらかな人がらとはまるで異質な、花崗岩のように固い性格におぼろげながら感づいたことだった。ユダヤ人であり、ライン州人であり、法律家であったから、エルベ河以東のユンカー貴族のやさしげなたくらみにたいしては二重にも三重にも警戒していたにちがいなかったが、それでもやはりハインリヒ・マルクスはプロイセンの愛国者だった。といっても、今日この言葉のもつ気のぬけた意味でいう愛国者ではなく、われわれのあいだでも比較的年をとった人たちがヴァルデクやツィークラーに認めているような類いのプロイセンの愛国者だった。つまり、市民的教養を十分身につけ、老フリッツ〔フリードリヒ二世〕流の啓蒙主義を本気で信じていたのであって、ナポレオンがこうした啓蒙主義をいみきらっていたのにはそれなりの理由のあるような、そうした「観念学派《イデオローグ》」の一人だった。ナポレオンが「観念学《イデオロジー》*とはばかげた言葉」だといったことは、この征服者にたいするマルクスの父の憎悪をとりわけあおりたてたのだが、しかしこの征服者こそはラインのユダヤ人に市民的同権を、ライン諸州にナポレオン法典(三)を贈ったひとであり、そしてこの法典こそは、ライン諸州が油断なく大事に守った宝であったと同時に、旧プロイセン反動の側からはたえずかたきのようににくまれていた宝であった。

* はじめ一八世紀のコンディヤックの感覚論から始まり、コンドルセ等によって展開された哲学で、哲学を人性論、心理学に解消し、この見地から倫理学、教育学、政治学に合理的基礎をあたえようとした。しかし、その後とくにナポレオン以来、幻想的非現実的思弁の意味にまげられて用いられるようになった。ナポレオンは元老院でおこなった演説のなかでこういっている。「このイデオロジー、すなわち微に入り細をうがって第一原因を探求し、これを基礎に人民の立法をうちたてようとするこのまか不思議な形而上学、このイデオロジーこそはフランスのいっさいの不幸の根源である。血の人の支配をもたらし、反逆の原理を義務として宣言し、人民におもねったものこそ、このイデオロジーである。」

プロイセン君主制の「守護神」〔フリードリヒ二世〕によせた彼の信頼は、プロイセン政府が彼に官職を離れたくなければ改宗するように強要したとしても、そのためにぐらつくようなことはなかった。こうした強要があったので改宗したという主張は幾度かなされたことであり、また別の消息通の側からもなされたが、これは、弁護も、いわんや弁解すら必要のないことがらを、弁護したり、しいて弁解しようとするためのようにおもわれる。純粋に宗教的な立場からでさえも、ロックやライプニツやレッシングとおなじように、「神にたいする純粋の信仰」を告白した人は、もはやシナゴーグ〔ユダヤ教の会堂〕に求むべきものとてはなにもなく、プロイセン国教会にいちはやく身をよせたのである。当時プロイセン国教会内では寛容な合理主義が支配していたが、これは、一八一九年のプロイセン検閲勅令にさえも影響をおよぼした、いわゆる理性宗教である。

しかしユダヤ教を捨てるということは、その当時は、宗教的解放の行動であっただけでなく、——何よりもまず——社会的解放の行動でもあった。ユダヤ民族は、われわれドイツ人の偉大な思想家や詩人たちのはえある精神的事業に関与することはなかった。モーゼス・メンデルスゾーンの掲げたつつましやかな啓蒙の光がドイツ人の精神生活への道を照らしだし、自分の「民族」をみちびこうとしたが、そのかいもなかった。そしてちょうどハインリヒ・マルクスがキリスト教に改宗した年の前後にも、ベルリンの若いユダヤ人の一団がメンデルスゾーンの運動を再開し、その中にはエードゥアルト・ガンスやハインリヒ・ハイネのような人々がいたが（四）、運動は同じような失敗に終った。それどころか、この小舟の舵をとったガンスにしても、まっさきに旗をおろしてキリスト教に改宗した。ハイネははじめ彼にたいして、「きのうまでは英雄、きょうははや無頼漢（五）」と、あとからしたたかな悪罵を浴びせかけたのに、彼自身その後まもなく「ヨーロッパ文化への入場券（六）」を自分でも買うほかなくなった。この二人はこの世紀のドイツ人の精神的事業に歴史的な役割を果たしたが、彼ら以上に忠実にユダヤ民族の文化的発展に努力した仲間の名は忘れられ、その後消息をたってしまった。

このように、キリスト教への改宗は数十年の長きにわたって、ユダヤ民族のうちの自由な思想をもつ人々には文明的進歩であった。ハインリヒ・マルクスが一八二四年になって家族とともに改宗をおえたのは、これ以外の意味に解すべきではない。周囲の諸事情にしても改宗それ自体を左右したとはおもえないが、考えられることといえば、改宗の時期を決定したことであろう。二〇年代の農業恐慌のときに猛烈なブームをよんだユダヤ人の土地投機は、ライン諸州でも猛烈なユダヤ人憎悪をひきおこしたが、そのさいマルクスの父のような非のうちどころのない清廉の士にとっては、こうした憎悪のまきぞえを食わねばならぬこともなかったし——ただでさえ子供たちのことを考えるならば——、まきぞえにされていていいはずもなかった。あるいは、彼の母の死はこのころのことであったにちがいないが、そのために、彼は親の気持を大事にするという彼の性格からしてごく自然にわきでた心づかいから解放されたということもあったかもしれない。あるいはまた、改宗の年に長男が就学年齢に達したということも、改宗の一つの動機になったのかもしれない。

いずれにしても、ハインリヒ・マルクスが自由な人間的教養を身につけ、あらゆるユダヤ人的偏見から脱却していたことは疑いない。そして彼はこの自由を息子のカールに貴重な遺産として残した。この若い大学生にあてた彼の手紙はとにかく多いが、ユダヤ人気質や癖をおもわせるようなくだりはまったくうかがえない。それらの手紙は古風な、感傷をこめた、くどい調子で書かれ、生粋のドイツ人らしい、愛するときには熱狂し、怒るときにはがなりたてるといった風の、まだ一八世紀の手紙の文体で書かれている。手紙には市井の俗物に見られるような頑固なところは少しもなく、息子の精神的関心にはよろこんでふみこんでいるが、ただ「ヘボ詩人」として打って出たい息子の気持にたいしては、決然たる、そしてまったく無理からぬ嫌悪をしめしている。自分のカールの将来に思いをめぐらしてしみじみ楽しみながらも、「髪も白くなり、気性も多少衰えた」この老紳士には、息子の心情がその頭脳にふさわしいものなのか、また世間なみのものやさしい感情というものがこの悩み多い世では人間には欠かせない慰めなのに、いったい息子の心にはこうした感情を容れる余地があるのか、といった心配を払いのけることができなかったのは言うまでもない。

彼の考えでは、この疑いはたしかに当然だった。彼はまじりけのない愛情をこめて「心の奥深く」息子を抱きしめていた。この愛情は彼を盲《めしい》にさせないで、未来を見とおさせた。しかし人間というものは、けっして自分の行為の最後の結果を見とおせるものではない。それでハインリヒ・マルクスも、人生にとって最も貴重な贈物として自分が息子にさずけた豊かな市民的教養によって、いったい「天上的」のものか、それとも「ファウスト的」のものかと疑いかつ恐れていた「魔性《デーモン》」を、どのようにして解き放って自由にしてやる助けをしたか、ということには思いおよばなかったし、また思いおよぶこともできなかったのである。しかしハイネやラサールのような人々が、最初の最もつらい人生闘争を必要としたことをカール・マルクスはすでに両親の家でどんなにやすやすと克服したことか！　しかもハイネとラサールの二人はこの傷手からついに癒えきることはなかったのだ！

学校がこの成長しつつあった少年に何をはなむけとしたかは、いっそう明らかでない。カール・マルクスは一度も彼の学友について話したことはなかったし、また学友のうちだれ一人として彼について報告していない。彼は生まれ故郷のギムナジウム〔高等学校〕を早くに卒業した。卒業証書は一八三五年八月二五日の日付になっている。証書は型どおり祝福の言葉と、一つひとつの学科の成績判定をそえて、この有望な少年を送りだしている。しかし、特にとりたてて述べられているのは、カール・マルクスがしばしば古い古典作家の難解な個所、とくに言葉そのもののむずかしさよりも、事柄の本質と思想関連のむずかしいところを翻訳し解明することができたという点である。また、彼のラテン語の作文は、内容的には思想が豊かで、主題に深くふみこんでいることを示しているが、しばしば適切でない言いまわしを用いすぎる、とも述べられている。

本試験〔卒業試験〕では宗教が思わしくなく、また歴史もよくなかった。しかしドイツ語の作文の中には、試験する教師の目からもすでに「興味深く」思われ、いまのわれわれの目にはなおいっそう興味深く思われるにちがいない一つの思想が見られた。テーマとして出題されたのは「職業選択にさいしての一青年の考察」というのであった。その判定にはつぎのようにのべられている。この作は思想の豊かなこととみごとに計画的に整頓されている点で推称に値するが、その他の点では、作者はここでもまた例の欠点、すなわちあまり使われない、比喩の多い表現をむやみにあさるという欠点に陥っている、と。それから次の一節が引用されている。「われわれは、自分が天職と信じる地位をつねにつかみうるとは限らない。社会におけるわれわれの諸関係は、われわれが決定しうる以前に、すでに多少とも始まっているのである。」(七)このようにこの少年の心中に、あの思想の最初の一閃がひらめいた。この思想の全面的展開こそ、まさにこの人の不滅の功績となるのである。

## 二　イェニー・フォン・ヴェストファーレン

一八三六年の夏、カール・マルクスはボン大学に入学したが、ここでの一年間は、「研究のため」に滞在した、というほど法学を勉強したわけではなかったようである。

この時代についても直接に知らせてくれるものはないが、しかし父の手紙によってうかがわれるように、若い血潮はいささか湧きたったようだ。おやじさんはのちになってひどく立腹したおりにはじめて、「粗暴な騒ぎ」だなどと書いたりしたが、この当時はただ「まとまりもなければ締めくくりもないカール流の勘定」について小言をいったにすぎなかった。しかし、後年貨幣理論の大家になっても、こうした勘定は、けっしてきちんと合ったためしはなかったのである。

ボンで愉快な一年を過ごしたのち、カール・マルクスが一八歳という幸福な年に、幼なじみの友だちと婚約したことは、まったく大学生的奇行の類いと思われた。この幼なじみというのは彼の姉ゾーフィーエの仲よしで、ゾーフィーエはこの若い二人の心が一つになる道をつけてくれたのであった。しかしこれは実に、この生まれつき人の心をとらえるに妙を得た人のかち得た最初の最も見事な勝利だった。この勝利は彼自身の父にはまったく「合点のいかぬ」ものと思われたのだが、このフィアンセにも「天才的なところ」のあるのを知り、そして世間なみの少女にはない犠牲的精神のあることを知るにいたって、父にもこの勝利の意味がわかるようになった。

事実、イェニー・フォン・ヴェストファーレンは世にもまれな美しい少女だったばかりでなく、非凡な精神と非凡な性格の持主であった。カール・マルクスよりも四歳年上であったが、ようやく二十代になったばかりだった。若わかしい美しさに満ちあふれ輝くばかりの彼女は、多くの人人にほめそやされ、求婚されて、高官の娘として輝かしい未来がまちうけているにちがいなかった。こうしたいっさいの希望を彼女は、父マルクスのいう「危険にみちた不安な未来」のために犠牲にした。そして父マルクスは自分を不安にした、胸さわぎのする恐怖がときおり彼女にもみとめられるように思った。しかし父は息子に、たとえ王侯でも彼女をお前からそむかせることはできまいと断言したくらい、この「天使のような少女」、この「魅惑的な女性」を信じて疑わなかった。

未来は、ハインリヒ・マルクスがひどく不安な夢のなかでかいま見たよりもはるかに危険で物騒な姿をとるにいたった。イェニー・フォン・ヴェストファーレンの乙女のころの肖像はあどけなく優雅にかがやいているが、彼女こそは最も恐ろしい苦しみと悩みのまっただ中でも、何ごとにもひるまない男まさりの勇気をもって自分の選んだ夫をたすけた。彼女は元来ぜいたくになれたしあわせものであったから、風雪に耐えるプロレタリアの女のように、日々の暮しのこまごまとした難儀には必ずしもたえることはできなかった。だから、通俗的な意味では、おそらく彼女は夫の生活の重荷を軽くはしなかったであろう。しかし彼女が夫の生涯の事業をよく理解していたという高い意味では、彼女は彼に匹敵する伴侶となった。保存されているかぎりの彼女の手紙はことごとく真実の女らしさの息吹きにみちている。彼女はゲーテのいう意味での一つの自然であった。つまり、楽しい日々愛くるしくおしゃべりをする調子のよい時も、貧苦のためにいとし子を奪われ、ささやかな墓にすらもその子をねかすことのできなかったニオーベのような悲痛な嘆きにくれたときも、どんな気持のときでも、同じように真実であった。彼女の美しさは夫の誇りだった。そして二人の運命が結ばれてからほとんど二〇年も過ぎたころ、彼は母親の葬式をすませるために滞在していたトリーアから、彼女にあててこう書いた、——「私は毎日（ローマ人通りの）昔のヴェストファーレン家におまいりしています。私はどんなローマ遺蹟よりもこの家でいるからです。それは幸福な青年時代を思い出させ、私の最善の宝をひめているからです。そのうえ、私は毎日右からも左からも、あの昔の「トリーア第一の美少女」「舞踏会の女王」のことをきかれます。自分の妻が町全体の人々の幻想の中で、「魔法にかけられた王女」になってこうして生きつづけているのは、夫にとってめっぽう愉快なことです。(八)」彼はつねに感傷主義とは無縁であったけれども、死に瀕しつつもなお、ひとの心を悲しみにしずませる口調で、自分の生涯の最も美しい部分はこの女《ひと》とともに終ったのだ、と語ったのであった。

若い二人は少女のほうの両親の意向もきかずにまず婚約したが、これは彼の良心的な父親を少なからず思案にくれさせた。しかし間もなく彼女の両親も同意をあたえた。参事官ルートヴィヒ・フォン・ヴェストファーレンはその家名と称号ににあわず、エルベ河以東のユンカー社会にも、古くからのプロイセン官僚社会にも属していなかった。この人の父は戦史上きわめて著名な人物の一人、あのフィリップ・ヴェストファーレンであった。七年戦争のとき、フェルディナント・フォン・ブラウンシュヴァイク公はイギリスの金でやとわれた混成部隊をひきいて、西ドイツをルイ一五世とその嬖妾《へきしょう》ポンパドゥールの征服欲からりっぱに守りおおせたが、市民出身で、公の秘書官だったフィリップは、ドイツ人やイギリス人のどの将官をもさしおいて、公の事実上の参謀長にのしあがる才幹をそなえていた。彼の勲功はみとめられて、イギリス国王が自分の軍幕僚長に任命したいと思ったほどだったが、フィリップ・ヴェストファーレンはこれを辞退した。ただし、ヘルダーやシラーのような人が〔貴族に列せられるという〕「承諾」したという程度に彼も自分の市民的意地を抑えなかったのと似た理由から、貴族の称号を「承諾」したという程度に彼も自分の市民的意地を抑えなければならなかった。というのも、スコットランドのある男爵家の令嬢と結婚できるようにするためだった。彼女はイギリスの救援軍のある将官に嫁いでいた姉を訪れて、フェルディナント・フォン・ブラウンシュヴァイク公の陣営に姿をみせたのだった。

この夫婦の息子の一人がルートヴィヒ・フォン・ヴェストファーレンだった。彼は父方から歴史的な家名をうけついだが、母方の先祖も代々、世に名高い歴史的な思い出につながっていた。母方の直系の先祖の一人は、スコットランドに宗教改革を導入しようとした闘争で火刑に処せられ、またアーチボールド・アーガイル伯という別の先祖はジェームズ二世にたいする自由闘争にさいして反逆者としてエディンバラの広場で斬首された。こうした家系の伝統からしても、ルートヴィヒ・フォン・ヴェストファーレンにはやせ我慢のユンカー気質やうぬぼれの強い官僚主義のもやもやした空気は窮屈だった。もともとブラウンシュヴァイク公に仕えていた彼は、ナポレオンがこの小公国をヴェストファーレン王国に併合したとき、ためらうことなく、ひきつづき公に仕えた。それは、父祖伝来の王党に関心をよせたためというよりも、フランス人がこの小さな祖国を征服して腐敗した状態から立ちなおらせてくれた改革のほうに、明らかに関心をよせていたからである。だからといって、外国支配そのものをきらわないわけではけっしてなかったから、一八一三年にはダヴー元帥から手きびしいあしらいを受けねばならなかった。彼の娘のイェニーは一八一四年二月一二日にザルツヴェーデルで生まれたが、その二年ののち彼はその地の郡長からトリーアの政庁に参事官として転任させられた。プロイセン国首相ハルデンベルクは、ユンカー的わがままから完全に脱けきった最も有能な頭脳を、新たに領土に加えられたライン諸州にすえなければだめだということを、だれよりも熱心に見ぬいていた。ライン州の人々はあい変わらずフランスに心をよせていたのである。

カール・マルクスはこの人について生涯最大の愛着と感謝をこめて語った。マルクスはこの人の婿であったばかりでなく、この人を「親愛な、父親のような友人」と呼び、この人に自分が「子としての愛」をいだいていることを信じてもらった。ヴェストファーレンはホメロスの詩歌を始めから終りまですっかり暗誦できたし、シェークスピアのたいていの戯曲を英語でもドイツ語でもそらんじていた。この「由緒あるヴェストファーレン家」から、カール・マルクスは自分の家では受けられない、いわんや学校などではとてももえられない多くの刺激をあたえられた。彼自身も小さいときから、ヴェストファーレンのお気にいりだった。ヴェストファーレンは、自分の両親の幸福な結婚生活を思いうかべて、このたびの婚約に同意したのかもしれない。世間なみの目からみれば、古い男爵家の令嬢が、しがない平民秘書官と夫婦のちぎりを結んだのは、このたびと同様に不似合の縁組みだった。

ルートヴィヒ・フォン・ヴェストファーレンの長男には父の志操は生きつづけなかった。彼は官僚主義的出世主義者、いやそれ以上に困ったしろものだった。というのは、彼は五〇年代の反動時代に、プロイセンの内務大臣となり、総理大臣マントイフェルに盾ついてまで、頑迷度しがたい田舎ユンカーの封建的な要求を擁護した。マントイフェルはともかく世故たけた官僚だったのであるが、このフェルディナント・フォン・ヴェストファーレンは妹イェニーとは少しも親密な間がらではなかった。それは、彼が妹よりも一五歳も年上であり、また父の最初の結婚で生まれた息子で腹ちがいの兄にすぎなかったからでもあった。

彼女の実弟エドガー・フォン・ヴェストファーレンは、兄のフェルディナントが父の歩んだ路から右へそれたのとは反対に、左へそれていった。彼は義兄マルクスの共産主義的声明書に署名したこともあった。もちろん、マルクスの変わることのない同志にはならなかった。大西洋を渡り、アメリカで浮き沈みの多い運命をたどり、帰国して東湧西没し、ときにうわさにきく彼はまったくの野人だった。しかし彼はイェニーとカール・マルクスにたいしてはつねに変わることのない好意をよせていた。そして二人も自分たちの長男を彼の名にちなんでエドガーと名づけた。

# 第二章　ヘーゲル学徒

## 一　ベルリンでの第一年

カール・マルクスの父は、息子が婚約を結ぶずっと前から彼をベルリンにやって研究をつづけさせることにきめていた。今も保存されている、一八三六年七月一日付の証明書で、ハインリヒ・マルクスは、息子カールにボンで始めた法学と財政学の研究をつづけさせるため、次の学期にはベルリン大学に転学する許可をあたえたが、そうすることは私の意志でもある、としたためている。

婚約そのものは父の決心を弱めるよりも、むしろ強めたことであろう。というのは、二人の長い前途を想いやれば、慎重な性質《たち》の父は、恋仲になった二人をさしあたり遠く離しておくほうがよいと考えたであろうからだ。そのほか、彼がベルリンを選ぶにあたってきめ手となったのは、彼のプロイセンにたいする愛国心であったのかもしれない。また、用心深いおやじにいわせれば、カール・マルクスはにぎやかな学生生活をボンでさんざんに味わいつくし、心配をさせられたが、こうした昔ながらの華やかな大学生生活がベルリン大学には見られないことも、父を決心させることになったのかもしれない。「この強制労働所に比べるとほかの大学などまったくの酒場だ」とはルートヴィヒ・フォイエルバッハのベルリン大学評である。

いずれにせよ、この若い大学生は自分でベルリン行きをきめたのではない。カール・マルクスは陽気な故郷を愛し、プロイセンの首都は死ぬまで嫌いだった。ヘーゲル哲学は、その開祖の生前よりも死後、ベルリン大学を完全に風靡したが、カールにはまったく縁がなかったから、この哲学が彼をひきつけるはずもなかった。そのうえ、恋人から遠く離れていた。なるほど彼は、将来を誓う彼女の承諾の言葉だけで満足し、いまのところ表だった愛のしるしはいっさいあきらめると約束はしたものの、彼らのような人たちのあいだでさえ、恋人同士のこうした誓いなどはすぐ立ち消えになるくらいがとりえだった。カール・マルクスは後年子供たちに語っていうには、わたしはあのころ、おまえたちのお母さんに恋するあまり、まったく狂気のローランド〔カール大王伝記中の英雄〕だった。だから、フィアンセとの手紙のやりとりが許されないうちは、若い心は燃えに燃えておちつかなかった、と。

それにもかかわらず、彼女からの最初の手紙をようやく受けとったのは、彼がベルリンですでに一年を送ったのちのことだった。そしてある点では、この一年間のことは、それ以前またはそれ以後の生涯のどの時期よりも正確に知ることができる。それは、一八三七年一一月一〇日付で両親にあてて、「ここで過ごした一年をしめくくるにあたって、この一年のありさまをみて」もらうために書かれた部厚い手紙のおかげである。この注目すべき記録は、この青年がたしかに若年とはいえ、まったく申し分のない男であり、真理のためには心身のかぎりをつくしてたたかいぬくりっぱな男であることをしめしている。すなわち、飽くことを知らぬ知識欲、つかれを知らぬ勉学力、容赦のない自己批判、そして心情に迷いが生じたと見えたときでもそれをふりすてることしか知らぬあの戦闘精神を。

一八三六年一〇月二二日、カール・マルクスは大学入学を許可された。アカデミックな講義はあまり問題にしなかった。九学期のあいだに受講したのは一二にすぎなかったし、それはおもに法学の必修講義だったが、それも聴講したのはわずかだったようだ。正規の大学教官のなかではエードゥアルト・ガンスだけが彼の精神的発展にいくらか影響をあたえたようだ。彼はガンスのもとで刑法とプロイセン国法を聴講したが、ガンス自身もカール・マルクスがこの両講義に出席したさいに「すばらしく熱心だった」と証言している。かなりひいきめになされるのがこうした証言のつねだとしても、それ以上にマルクスの熱心な勉強ぶりを証拠だてているのは、彼が最初の諸著作でおこなった歴史法学派にたいする容赦のない攻撃である。この学派の狭量と無気力にたいして、立法と法の発達とにおよぼすその有害な影響にたいして、哲学的素養のある法学者ガンスは雄弁に論駁していたのである。

しかしマルクスは、彼自身にいわせると、法学の専門的研究は、ただ歴史と哲学のかたわら、副次的な学科として学んだにすぎなかった。その歴史と哲学にしても、講義などははじめから問題にしておらず、ガーブラーの論理学の普通必修講義の聴講を申しこんだのがせめてものところだった。ガーブラーはヘーゲルの公認の後継者だったが、凡庸な受け売り連中のなかでもいちばん凡庸だった。マルクスは大学在学中はやくも思索する頭脳としてみずから独創的に研究をおこなったが、彼が一年間にものにした知識内容は、大学の悠長な小だしの講義では、一〇年かかってもこなしきれるものではなかった。

　ベルリンに着いたのち、まっさきに彼の心にとどまって、去ろうともしなかったのは「愛の新しい世界」だった。「あこがれに酔いしれ、のぞみは空しく」、この思いは三冊の詩篇となってあふれて、「わがいとしい、永遠に愛するイェニー・フォン・ヴェストファーレンに」ささげられた。これらの詩篇は一八三六年の一二月にはもうすでに彼女の手にわたり、姉ゾフィーエがベルリンに伝えたところでは、「あまりのうれしさ、哀しさに涙をうかべてよろこばれました」ということだった。しかし、詩人自身はそれから一年後に両親にあてた長い手紙のなかで、自分のムーサイのこの産みの子に容赦のない判定を下した。「とりとめもなく、ぶかっこうに打ちのばされただけの感情。自然なところがまるでなく、すべてはうわの空のつくりごと。現にあるものと当《まさ》にあるべきものとのまったくの対立。詩的着想ならぬ修辞学的こねまわし。（九）」若い詩人自身はこうした罪状のありったけをならべたて、そして「おそらく、感情が事実ある程度燃えあがっていて、詩的感動をとらえようとしてけんめいであること」は、酌量すべき情状としてみとめてほしいといってはいるが、こうした殊勝な特徴があたっているとしても、それはシラーのラウラ賛歌にみとめられるような意味でしかなく、またその域をこえるものでなかった。

　だいたい彼の青年時代の詩は、ありきたりのロマン主義を発散し、純粋の調子のひびいてくることはほとんどない。そのうえ詩句の技巧は、ハイネやプラーテンがうたってしまったあとでは、もはやがまんのならぬほどまずくて、ぎこちない。マルクスは多分に芸術的才能をもっていて、彼の科学的著作にもそれがしめされているが、この才能はこうした奇妙な迷路をたどって展開しはじめた。言語の造形力ではドイツ文学第一流の巨匠たちと肩をならべたように、彼は、その著書の美的均斉を大いに重んじたし、無気力な退屈を学者の著作の第一の証しにするような貧弱なやからとは類を異にしていた。しかしムーサイが彼のゆりかごの中にいれてくれた様々な贈物のなかには、どうも韻文の才はみあたらなかった。

そうではあるが、一八三七年一一月一〇日の長い手紙のなかで彼が両親に書いたように、詩はただ道づれにすぎなかった。彼は法学を勉強しなければならなかったし、とくに哲学ととりくみたい衝動を感じた。彼はハイネクツィウス、ティボーを熟読し、原典にくまなくあたり、ローマ法令綱要の最初の二巻をドイツ語に訳し、そして法の領域で法哲学を創始しようとこころみた。彼はこの「不運な作品」を三〇〇ボーゲンくらいまで進めたと言っているが、これは多分書きまちがいだろう。結局、彼は「全体の誤り」を認め、新たな形而上学的体系を構想しようとして、哲学の腕に身をまかせた。しかしそのあげくは、これまでの努力の逆立ち、そのばかげた企てに気づくのがおちだった。それとならんで、彼は自分の読んだすべての書物、たとえばレッシングの『ラオコーン』、ゾルガーの『エルヴィン』、ヴィンケルマンの『芸術史』、ルーデンの『ドイツ史』から抜き書きをしていたし、しかもそこには、読後感を書きとめるのが慣わしになっていた。それと同時に、タキトゥスの『ゲルマニア』、オヴィディウスの『挽歌』を訳し、独力で、すなわち文法書によって英語とイタリア語を学習し始めたが、そのときにはものにならなかった。そしてクラインの『刑法』および年報を読み、また最新の文学作品にはすべて目をとおしたが、これも片手間にやったにすぎなかった(一〇)。そののちはこの学期はふたたび「ムーサイの踊りとサテュロスの音楽」で幕をとじることになったが、突如として、真実の詩の世界がはるかかなたに仙宮のように彼の前に輝き、彼の創作物はことごとく崩れ去って無に帰した。

こうして、「いくたびも夜を徹し、いくたびも苦闘をかさね、いくたの内外の刺激を耐え忍び」、しかも得たところは少なく、自然と芸術と世界はなおざりにされ、友だちはつき放された。これがこの最初の学期の結果だった（二二）。そのうえ、青春の肉体は勉強のしすぎがもとでそこなわれ、マルクスは医師の忠告にしたがって、当時はまだもの静かな漁村だったシュトラーラウに転地した。ここで急速に健康を回復すると、あらためて精神的格闘を開始した。第二学期にも、多岐にわたって大量の知識をこなした。しかし、生滅する現象の流れのただなかに、ヘーゲルの哲学が不動の極としてしだいに明らかに姿をみせはじめた。最初マルクスがこの哲学を断片的に知ったときには、その「グロテスクで巌のようにごつごつしたメロディー」がどうにもがまんならなかった。しかしこんどの病気中に、彼はこの哲学を始めから終りまで勉強し、そのうえ、青年ヘーゲル派の「ドクタークラブ」の仲間に入り、そこで意見をたたかわせているうちに、彼はしだいに「現代の世界哲学」の金しばりになっていった。けれどもそれは、それまで彼の心にほがらかに響きわたっていたものがことごとく鳴りをしずめてしまい、そして「多くの否定に否定が重ねられて、まぎれもない皮肉の激怒」が彼を襲ってのちのことであったのはいうまでもない。

以上のことをすべてカール・マルクスは両親にうちあけて、最後に、即刻――それも父がすでに許してくれていた明春の復活祭をまたずに――帰省することを許してほしいと願った。自分の気持が「いろいろと移りかわり、おちつかない様子」を父と語りあってみたかった。両親の「なつかしいそば」にいさえすれば、この「たかぶっておさえようのない幽霊」はとり鎮めることができるだろう、と。

この手紙は若いマルクスの姿をまざまざとうつしだす鏡として今日のわれわれに貴重なものなのに、彼の両親の家では冷たくあしらわれた。すでに病気がちの父は「魔性《デーモン》」を目の前にみた。息子の内にひそむこの魔性は彼がつねに恐れていたものだった。「ある人」をわが子のように愛するようになってからは、そしてある非常にりっぱな家庭が二人の関係を許してくれてからは、彼はこの魔性を二重に恐れた。りっぱな家庭の愛を一身にうけたこの子にとっては、二人の婚約関係は、また世の常の習いからしても危険をはらみ前途は暗澹としていたからだ。もしもかりに「神聖な義務」を果たすことのできるような道さえあれば、彼は息子に人生行路を指定するほど頑固であったわけではない。だが父がいま目の前に見たものは、どんな安全な投錨地もみあたらない、嵐のたける海原だった。

そこで父は、自分で一番よく知っている自分の「弱さ」をおし殺して「もう一度きびしく」なろうと決心した。そして一二月一日付の返事で、極端に誇張したり、ときには悲しげにため息をもらしたりして、彼なりのやり方で「きびしく」なった。彼は息子に、どのようにしてその課題を解決したかと問い、そして自分で答えた、——「なげかわしい!!! だらしがない。知識のあらゆる領域をぼんやりほっつきまわり、暗いランプのかたわらでぼんやり考えこむ。前にはビールのコップを手にしてすさんでいたのが、こんどは学者の部屋着を着、髪をぼさぼささせてすさんでいる。礼儀はまるっきりおかまいなし、父にたいする思いやりもなく、人をつきのけるようにして、交際もしない。——世間との交際術は不潔な部屋のなかだけにかぎられ、そこはおそらく申し分なくとりちらかされ、イェニーの恋文も、父の心のこもった、しかもおそらく涙ながらに書かれた訓戒の手紙も、多分パイプのつけ木に使われていることだろう。しかし、それでももっと無責任にとりちらかされ、あげくのはてに他人《ひと》の手にわたるよりはまだましだろう。」ここで、父は憂いにうちしおれ、だが医師の処方した丸薬をのんで元気をつけ、なおも心を鬼にする。カールのむだづかいは厳重に非難される。「まるでわれわれが黄金の小人でもあるように、息子どのは、どんな金持でも五百ターラーは出さないのに、約束はみんなやぶり、慣習もすべて無視し、一年間にほとんど七百ターラーもお使いになる。」なるほどカールは放蕩もしないし、浪費もしない。しかし一週間か二週間で新しい体系を発明して古い体系を破棄せねばならないような人間が、どうしてそんな瑣事にかまけておられようかとでもいいたいのか？　だれもがお前のポケットに手を突っこみ、お前をだましているのだ、と。

こんな風に、まだ長々と書きつづられ、そして最後に父はカールの帰省をことわった。「こんな時に、こちらにやって来るのは、無意味だろう。私は、おまえが講義なんかたいしたものと思っていない——が、授業料は払っているらしい——ことは知ってるが、しかし、少なくとも礼儀だけは守ってほしい。私はもちろん世人の意見の奴隷ではないが、しかし自分で銭を払っているのに、ひとから陰口をたたかれるのも好きではない。」復活祭の休暇にはカールはやってきてもいい。一〇日前でもいい。父はそれほどこせこせするつもりはないのだから、と。

父親の苦情のどこにも、息子には温い情というものがないという非難がうかがえた。だがこの非難はカール・マルクスに向かって再三再四あびせられたものである以上、ここで——というのは、この種の非難がはじめて、おそらく最も早いころになされたといってよいここで——さっそくこれについて少しばかり意見をのべておいてもよいだろう。柔弱な文化が臆病な利己心をとりつくろうためにひねりだした「享楽にふける権利」などという当世風の流行語では、これはもちろん説明できるものではない。また、天才は並の人間以上のことをやってもよろしいという「天才の権利」などというささか古くさくなった言葉でも、説明できるものでもない。カール・マルクスにおいては、最高の認識に到達するための不断の苦闘は、心の最も深い感情に由来するものだった。かつて彼があけすけに言ったように、彼は「人類の苦悩」に背をむけるほど鉄面皮ではなかった。あるいはフッテンがすでに同じようなことをいったように、神は彼に心情の重荷を負わせたので、普通の苦しみも他人よりつらく感じ、深く心にくいいる思いをしたのであった。「人類の苦悩」の根を断ちきるために、カール・マルクスほどの大業をなしとげたものはかつていなかった。彼の船が嵐を冒し、敵の不断の弾雨をあびつつ人生の大海原を蛇航したとき、彼の旗はつねにマストに高くひるがえっていた。しかし、これは船長にとっても乗組員にとっても気楽な船旅ではなかった。

だからといって、マルクスは家族にたいして無情ではなかった。戦闘精神はなるほど感情をおしころすことはあっても、けっしてその息の根をとめることはなかった。壮年になっても彼は、彼の最も近しい人たちが、彼の生涯の冷酷な運命のために、彼自身よりも苦しまねばならなかったことを、痛ましく思って嘆いたことがしばしばだった。若い学生時代にも父のなげきに耳をかたむけないわけではなかった。彼はトリーアをすぐにも訪れることをあきらめたばかりでなく、復活祭の帰郷すらあきらめた。これは母を悲しませたが、しかし、父を大いに満足させる結果となり、父の憤りは急にやわらぎはじめた。父はあいかわらず不平を抱いていたが、それをおおげさに言いたてることはあきらめた。抽象的な小理屈をこねることではおまえには太刀打ちできないし、まして学問の殿堂にはいろうとして専門の術語を学ぶには、私はあまりに年をとりすぎている。しかし、ただ一つの点では、どんなに超絶的なものとてもまったく役にはたたないのだ。しかもこの一点ではおまえは賢明にも上品な沈黙を守っている。つまり、下らぬ金《かね》のことだ。おまえは一家の父親の身にとって金《かね》がどんなに値打ちのあるものかをあいもかわらず知らないでいるようだ。しかし、私は疲れているから、武器をおこうと思う、と。以上の言葉は、ここでも手紙の行間ににじみでた軽いユーモアからうかがわれる以上にまじめな意味をもっていた。

この手紙は一八三八年二月一〇日付になっており、ハインリヒ・マルクスが五週間の病床からようやく起きあがったばかりの時だった。それは長つづきのする本復ではなかった。病気は肝臓病のようだったが、再発して重くなり、それからちょうど三ヵ月たった五月一〇日ついに父はなくなった。死は父の心を落胆からまぬかれさせるのにちょうどよい時に到来した。もしこれ以上生きていたら、父は落胆するたびに、一切れまた一切れと心をひき裂かれる思いをしたことであろう。

カール・マルクスは、しかし、父が自分にとっていかなる人であったかを思って、つねに感謝した。父が息子を胸中深く抱いていたように、息子も墓に入る日まで、父のおもかげを心に抱いていた。

## 二　青年ヘーゲル派

父をなくした一八三八年春からカール・マルクスはなお三年間ベルリンで、ドクタークラブの仲間としてすごした。このクラブでの精神生活が、彼にヘーゲル哲学の秘密をあかしたのである。

この哲学はそのころはまだプロイセンの国定哲学とみなされていた。文相アルテンシュタインと彼の子分である枢密顧問官ヨハネス・シュルツェはこの哲学を特に保護した。ヘーゲルは国家を、人倫的理念の実現として、絶対的に理性的なものとして、絶対的な自己目的として、したがって、国家の一員たることは個人の最高の義務であり、国家は個人にたいする最高の法である、として礼賛した。この国家学説はとくにプロイセンの官僚政治のお気に召した。まったく、この哲学はデマゴーグ狩り*の罪業をさえも神聖なものとした！

* デマゴーグというのは一八一五年から一八四八年までの、オーストリア宰相メッテルニヒが勢威をふるった時代に、ドイツの官憲が急進主義者、自由主義者、民主主義者をさしていったもの。一八一九年のカルルスバート決議はあらゆる形態の民主主義的アジテーションを厳禁し、デマゴーグは法律の保護をうばわれた。デマゴーグ狩りとはこのデマゴーグにたいする迫害キャンペーンをいう。

ヘーゲルはしかしこの学説でけっして偽善の罪を犯したというわけでもない。というのは、彼は君主制が最も理想的な国家形態であるとし、この政体において国家の公僕は最善をつくさねばならないということを、彼の政治的発展の説明によって明らかにしたからだ。ヘーゲルはせいぜいのところ、君主制のほかに、支配的諸階級によるある種の間接的な共同統治が必要であると考えていたが、それもただ身分上の制限内でのことだった。近代的立憲的な意味での一般的人民代表制度などは、プロイセン王や王が一も二もなく信頼するオーストリア宰相メッテルニヒと同じように、ヘーゲルは頭から問題にしなかった。

ところで、ヘーゲルが自分自身のために形をととのえた体系は、みずから哲学者として主張した弁証法的方法とはまったくあいいれなかった。有の概念とともに、無の概念もあたえられる。この両者の闘争からいっそう高い成の概念が生まれる。一切は流動し、たえざる変化、たえざる生成と消滅のなかにあるから、一切は有《あ》ると同時に無《な》い。それゆえ、歴史は、永遠の変革のなかにあって、低きより高きに上昇する一つの発展過程であった。ヘーゲルは歴史科学のじつにさまざまな分野全般につうじた教養を駆使して、この発展過程を証明しようとした。だがその証明は、彼の観念論的見方に合った形式を用いさえすればよかった。それに従えば、絶対的理念はあらゆる歴史的生起のうちに自己を発現するというのである。ヘーゲルは、この絶対的理念こそ世界全体に生気をふきこむ精神であると説明したが、この精神についてては別になにものべなかった。

したがって、ヘーゲルの哲学と歴代のフリードリヒ・ヴィルヘルムの国家との同盟は理性的な結婚にすぎず、双方がたがいに相手の理性を証明しあうあいだだけ続いたにすぎなかった。この同盟はカルルスバートの決議やデマゴーグ狩りの当時には、どうにかやっていけた。しかしはやくも一八三〇年の七月革命がヨーロッパの発展に強い衝撃をあたえて前進させたので、ヘーゲルの方法は、その体系とは比べものにならないほど洗いのきくものであることを実地にしめすことになった。七月革命のドイツに及ぼした影響はなんといってもまだ弱かったので、息の根をとめられ、詩人思想家を生んだ国民の上にふたたび墓場の静寂がのしかかるやいなや、プロイセンのユンカー貴族はあたふたと、中世的ロマン主義の使いふるしたがらくたを持ちだして、もう一度近代哲学をやっつけにかかった。これは彼らにはいともやさしいことだった。というのは、ヘーゲルはユンカー貴族を礼賛したというよりも、むしろ半啓蒙的な官僚政治を礼賛したのであり、しかも官僚国家を礼賛はしたけれども、国民のために宗教を残してやるためにはまったくなにもしなかったからである。ところで、国民のために宗教を残してやることは、第一に封建的伝統の、だが、結局はすべての搾取階級のアルファでありオメガなのだ。

　そこで最初の衝突も宗教の領域でおこなわれた。ヘーゲルは、聖書にある聖なるできごとは世俗的なできごとをみるようにみるべきものであり、世俗的で現実的なできごとの知識は信仰とはなんの関係もない、といったが、シュヴァーベンの青年ダーフィト・シュトラウスはこの師の言葉をおそろしくまじめに受けとった。彼は福音書にしるされたできごとを歴史的批判にゆだねよと要求し、この要求の正当なことを、その著書『イエスの生涯』によって論証した。一八三五年に世にでたこの書はたいへんなセンセーションをまきおこした。ヘーゲルは市民的啓蒙を「にせ啓蒙」などといってあまりにも軽蔑したことをいったが、シュトラウスはこの書によって市民的啓蒙運動にむすびついた。しかし弁証法的思惟という賜物によって彼は、老ライマールス、すなわちレッシングの「無名氏」（二）とは比較にならないくらい深くこの問題をつかむことができた。もはやシュトラウスは、キリスト教を欺瞞の産物としたり、使徒たちをペテン師の一群と見たりすることなく、福音書の神秘的構成要素を解明して、初期のキリスト教団の無意識的創作によるものであるとした。しかし彼は一般に最も重要な問題点にはいぜんとして歴史的核心があると前提したように、福音書の中の多くのできごとも、やはりイエスの生涯の歴史的報告として、そしてイエスその人も歴史的人物として、認めたのである。

　政治的には、シュトラウスはまったく無害だったし、生涯を通じてそうだった。多少とも鋭いひびきがあったのは、『ハレ年誌』にのせられた彼の政治的覚え書きだった。この年誌はアルノルト・ルーゲとテオドール・エヒターマイアーが青年ヘーゲル派の機関誌として一八三八年に発刊したもので、なるほどこれも文学と哲学から出発し、さしあたっては老人ヘーゲル派のかびの生えた機関誌『ベルリン学術批判年誌』の向こうを張ろうとしただけのことだった。しかしアルノルト・ルーゲ——早死したエヒターマイアーの姿は間もなくこのルーゲのかげにかくれてしまった——は前にブルシェンシャフト運動*で活動し、気狂いじみたデマゴーグ狩りの犠牲になってケーペニクとコールベルクで六年間牢獄にいれられたこともあった。むろん彼はこの運命を悲劇的にうけとらないで、幸福な結婚をし、ハレ大学講師として安楽な生活をするようになった。こうした生活ができるようになったので、彼はプロイセン国家制度にはいろいろ難点はあってもこの国家は、自由で公正なものと表明するにいたったのである。プロイセンでは転向したデマゴーグくらい出世の早いものはない、という旧プロイセン高官たちの意地のわるい言葉は、彼のことを言ったのだと言われても、彼は一言も返す言葉はなかったろう。ところが、まさにこの点で面倒なことになった。

* ブルシェンシャフト——一八一八年神聖同盟反動時代ドイツの大学生によって組織された自由主義的組織。ヴィーン会議の反動的反国民的決議に反対し、ドイツの統一と民主主義的権利を要求してたたかったが、政治的には不明確で民族主義的な点があった。一八一九年のカルルスバート決議によっていわゆる「デマゴーグ」として迫害され逮捕されたり投獄されたりした。一八三〇—三三年、四八年の人民運動には積極的に参加した。その後はブルジョア的受動的になった。

ルーゲは独創的な思想家ではなかったし、まして革命的な人物でもなかった。しかし学術誌をうまく経営するだけの教養と功名心と勤勉と闘争心とは十分もちあわせていた。彼自身、自分は思想の問屋商人だと言ったことがあるが、当たらなくもない。彼は『ハレ年誌』をあらゆる不穏な人物のたまり場とした。こうした人物というものは、とにかく長所――どんな国家的秩序からしてもやっかいな――をもっていて、雑誌に最大の興をそえるものだ。ダーフィト・シュトラウスは同誌の寄稿者となり、おびただしい読者をひきつけたが、それは、神学者たちがたばになって、神の授け給うた福音書の無謬性のために必死になってたたかったとしても太刀打ちできるものではなかった。なるほどルーゲは、同誌が「ヘーゲル的キリスト教者とヘーゲル的プロイセン人」の立場をとることは終始変わらないと誓いはしたが、しかし文相アルテンシュタイン、そうでなくてもすでにロマン主義的反動からひどく窮地においやられていたこのアルテンシュタインは、この和解の申し出を信用しなかったし、業績を認めて国家の官職をあたえてほしいというルーゲの切なる願いにも、かかわりあおうとはしなかった。そこで『ハレ年誌』も、プロイセン国内の自由と正義を締めつけていたたがをはずしてしまわなければならないということを、おぼろげながら勘づくにいたった。

さて『ハレ年誌』の寄稿には、ベルリンの青年ヘーゲル派も参加した。カール・マルクスはこの派の一人となって三年の青春時代をすごしてきた。ドクタークラブにあつまるのは少壮の意気盛んな大学講師や教師や著述家たちだった。ルーテンベルク、彼はカール・マルクスがはじめ父あての手紙にベルリンの友人のうち「最も親しい人」と言って名をあげた人で、ベルリン学生軍事教練隊で地理を教えていたが、解職された。解職のおもてむきの理由は、彼がある朝、酔っぱらって溝の中にねていたというのであったが、事実はハンブルクかライプツィヒの新聞に「けしからぬ」論文を発表したという疑いをかけられていたからであった。エードゥアルト・マイエンはある短命の雑誌〔『アテネーウム』〕に関係していた。マルクスはその雑誌に二篇の詩を発表したが、これは幸いにも日の目をみることになった彼の唯一の詩篇だった。女学校で教えていたマックス・シュティルナーが、マルクスのベルリン大学時代すでにこのクラブのメンバーであったかどうかは、いまでは確かめるよしもない。両人が個人的に知りあいだった証拠はない。またこの問題にこれ以上たちいるだけの興味をそそるものはない。というのは、マルクスとシュティルナーのあいだには、精神的なつながりといったものはなにもなかったからである。それだけに、ドクタークラブの精神的に優秀なメンバーたちがマルクスにあたえた影響はいっそう強かった。優秀なメンバーとは、ベルリン大学講師だったブルーノ・バウアーと、ドロテーエンシュタット実科高等中学校の教師だったカール・フリードリヒ・ケッペンである。

カール・マルクスがドクタークラブに入会したとき、彼はやっと二〇歳になったばかりであったが、後年新しい団体に入ったときにしばしばみられたように、彼はこのクラブを活気づける中心となった。バウアーとケッペンは彼よりも一〇歳ばかり年長だったが、彼らはいち早く彼のきわだった精神的力量を認め、だれよりも愛すべき戦友として、この青年に心をよせた。だが、彼のほうはこの二人からずっと多くのことを学ぶことができたし、事実学んだのであった。ケッペンは一八四〇年、プロイセン国王フリードリヒ〔三世〕誕生〔実は即位〕百年にさいして公刊した猛烈な論争書を「トリーア出身の友人カール・ハインリヒ・マルクスに」献呈した。

ケッペンは非凡な歴史的才能をもっていた。『ハレ年誌』によせた彼の論文が今日もなお、このことを証明している。フランス大革命の赤色恐怖時代の、最初の真に歴史的な評価を、われわれは、彼に負っている。彼はレオ、ランケ、ラウマー、シュロッサーなど、その当時の歴史記述の代表者に、きわめて効果的で的をいた批判を加えることができた。彼自身も歴史研究のきわめて多様な分野に通じていた。それは北欧神話文献序説から仏陀にかんする大著に及び、前者はヤーコプ・グリムやルートヴィヒ・ウーラントの研究に匹敵するものであり、後者は、すたれたヘーゲル学派にたいしていつもなら好意をよせたことのないショーペンハウアーでさえその価値を認めたものであった。ところで、ケッペンのようなすぐれた頭脳の人でも、「神の約束の国の入口にたちはだかる敵をことごとく焼きはらい、なぎたおそう」とするなら、プロイセン史上最悪の専制君主の「精神的再来」を願うほかないと考えたのだから、それだけでもすでにこのベルリン青年ヘーゲル派の生活していた一種独特の環境が思いやられるのである。

このさい、むろん、二つのことがらを見落としてはならない。ロマン主義的反動とそれにくみした者がすべて、極力追想の老フリッツ〔フリードリヒ二世〕を誹謗したことである。こうした誹謗は、ケッペンの言葉でいうと、「聞くにたえない発情狂騒曲であり、旧新約聖書のラッパ、道徳のビアボン〔鉄製馬蹄形の小楽器〕、信心のバッグパイプ、歴史の風笛、その他がらくたの鳴物であり、それにまじってきこえるのは原始チュートン族のしわがれ声がなりたてる自由の賛歌」だった。だが、そのうえ、このプロイセン王の生涯と事業を多少とも正当に評価した批判的学問的研究がまだあらわれていなかったことがあげられる。しかし、老フリッツの歴史のための決定的に重要な史料がまだ発表されていなかったのだからそうした研究があらわれるはずもなかった。彼は「啓蒙主義者」だという評判だった。そのために、ある者は彼を憎み、他の者は賛美した。

ケッペンは、じつはその著書で、一八世紀の啓蒙主義に救いの手をさしのべようとしたのだった。ルーゲはバウアーやケッペンやマルクスについてこう言った、――彼らの特徴は市民的啓蒙をひき継いでいることである。彼らは、哲学的山岳党であって、風雲急なドイツの空にメネ・メネ・テケル・ウファルシン*という、あの無気味な文字を書いたのだ、と。ケッペンは一八世紀の哲学に反対する「浅薄な長広舌」をしりぞけて言った、――ドイツの啓蒙主義者は退屈ではあるが、われわれは彼らに負うところがじつに多い。彼らの欠陥はただ彼らが十分啓蒙されていなかったことにある、と。ケッペンはこう言って、主としてヘーゲルを受け売りする無思想の盲従者、「概念の孤独な懺悔者」、「論理学の老婆羅門《ばらもん》」に一考をもとめた。老婆羅門は永劫に安祥《あんじょう》として結跏趺坐《けつかふざ》し、単調な鼻声で聖なる三吠陀《ヴェダ》を反復して誦《ず》し、時折バヤデーレ〔インドの舞妓〕の踊っている世界に好色なまなざしをおくるにすぎない、と。そこでファルンハーゲンも老ヘーゲル派の機関誌上でケッペンの著書を「嘔吐をもよおす」「不快な」ものとしてはねつけた。ケッペンのほうでは老ヘーゲル派を「泥沼のひきがえる」とよび、こんな虫けらどもには祖国も確信も良心も心情もなく、情熱も冷淡もなく、歓喜も悲哀もなく、愛情も憎悪もなく、神もなければ悪魔もなく、地獄の門前をうろつき、地獄にもゆけない下らぬ奴といったが、ファルンハーゲンはこの猛烈な言葉でしたたかやられたと感じたことであろう。

* 旧約聖書、ダニエル書、五章二五節。

ケッペンは「偉大な王」フリードリヒ二世をただ「偉大な哲人」として賛美しただけのことだった。しかしここで彼は当時普及していたフリードリヒ認識の水準からみても許せないようなへまをやった。彼はいった。「フリードリヒはカントとちがって二重理性をもたなかった。二重理性とは、一つは理論的理性であって、これはかなり正直に向こうみずにためらいや懐疑や否定をもちだしてくるものであり、もう一つは実践的理性であって、これは後見人的なもので、第一の理性の犯した罪をつぐない、そのやらかした書生ぽいいたずらをもみ消すために公然と雇われた理性である。哲人としてのフリードリヒの理論的理性は、国王としての彼の実践的理性に比べると、きわめて先験的にみえるとか、老フリッツは自分がサンスーシ宮の隠者であることなどほとんど忘れていたなどと主張することのできるのは、まったく学校生徒じみた青二才だけである。彼においては、国王が哲人のかげにかくれたことは一度もなかった。」今日ケッペンの右の主張をあえてくり返そうとするものはすべて、プロイセンの歴史を叙述するにあたっても、学校生徒じみた青二才と非難されるであろう。しかしカントのような人物の生涯にわたる啓蒙の仕事を、にせ啓蒙家の冗談なみにあつかったのは、いかに一八四〇年とはいえ、いたずらがすぎた。このプロイセン専制君主は、彼の宮廷道化師になりはてたフランスの文芸家たちと、こんな冗談をとばしていたのである。

ここにうかがわれるのは、ベルリン生活独特のみすぼらしさと空しさで、これがベルリンの青年ヘーゲル派にとってわざわいとなった。その影響はこうした状態を結局だれよりも早く阻止したはずのケッペン自身に、最もいちじるしくあらわれ、しかも彼が情熱を傾けて書いた論争書にあらわれたのである。ベルリンには、ライン諸州のように、早くから豊かに発達していた工業がそこでの市民的自己意識の支えになったような、そうした力強い後楯はまだ存在しなかった。しかも、時代の闘争が実践的になりはじめると、プロイセンの首都はケルンだけでなく、ライプツィヒにも、ケーニヒスベルクにまでもおくれをとった。東プロイセンの人ヴァレスローデは当時のベルリン人についてこう書いている。「彼らはカフェーでツェルフや二人のハーゲンやケーニヒや日々のできごとなどを例の調子で、街ののらくら者流に茶化していさえすれば、自分たちは途方もなく自由だと思っている。」ベルリンはまず軍隊都市であり王城都市であって、小市民的住民は、意地のわるい下らんおしゃべりで、宮廷馬車にむかってうわべだけは敬意を表する自分の不甲斐なさを、みずからなぐさめていた。こういう政府反対派にもってこいの場所が、ほかならぬファルンハーゲンのおしゃべりサロンだった。ケッペンがフリードリヒ的啓蒙を理解していたとは正反対にファルンハーゲンのほうではそれを嫌って十字を切った。

マルクスの名をはじめて公けにして敬意をもって呼んだのはケッペンの著書であったが、青年マルクスがこの書と所見を同じくしたことを疑うべき理由はない。彼はケッペンとごく親しく交際し、この年長の僚友の多くの著述上の様式を摂取した。二人の人生行路はにわかに分かれるにいたったが、二人はいつまでも親しい友人だった。マルクスは二〇年後ベルリンを訪れたとき、「昔とちっとも変わらない」ケッペンと愉快な再会をし、楽しい数時間をすごしている。それから間もなく一八六三年、ケッペンはなくなった。

## 三　自己意識の哲学

しかし、ベルリンの青年ヘーゲル派の本当の中心は、ケッペンではなく、ブルーノ・バウアーだった。彼は師の評判の弟子としても認められ、とくに思弁の力にものをいわせてシュヴァーベン出身のシュトラウスの『イエスの生涯』を反駁し、シュトラウスからしたたか反撃をくらうにいたって、世に認められたのであった。文相アルテンシュタインはこの有望な才能に庇護の手をさしのべた。

とはいっても、ブルーノ・バウアーは出世主義者ではなかった。バウアーはけっきょく正統派の頭目ヘングステンベルクの「かちかちのスコラ学」におちつくだろうとシュトラウスが予言したのは当たらなかった。それどころか、バウアーは一八三九年の夏には、旧約聖書の復讐と怒りの神をキリスト教の神にたかめようとしたヘングステンベルクと、学問上のことで反目しあうにいたった。この確執はまだアカデミックな論争問題の域をでてはいなかったが、老いぼれてひどく心配性になっていたアルテンシュタインは、この論争をしおに、自分の子分を、執念ぶかい篤信の正統派の疑いの目から遠ざけようとした。そこで彼は一八三九年秋、ブルーノ・バウアーをさしあたって講師に、やがて一年以内に教授に任命するつもりでボン大学にやった。

ところがそのころ、ブルーノ・バウアーは、マルクスあての手紙からもわかるように、まさに精神的発展のさいちゅうにあって、シュトラウスを遠く抜くにいたった。彼は『福音書批判』に着手し、ついにはシュトラウスのまだ残しておいた最後の廃墟まで一掃するにいたった。ブルーノ・バウアーは、福音書には歴史的アトムの一つも含まれていないこと、すべては福音書記者の自由な著作の所産であることを論証した。またキリスト教は世界宗教として古代のギリシア・ローマ世界に押しつけられたものではなく、まさしくこの世界の固有の産物であることを論証した。こうして彼は、キリスト教の成立を科学的に探求できる唯一の路を開いた。今日、支配階級のために福音書の体裁を整える宮廷付の、当世はやりの、サロンの神学者ハルナックは、ブルーノ・バウアーの切り開いた道を進むのは「あさましい」ことだとちかごろののしっていたが、なるほど、彼の勘も悪くないというものだ。

この思想がブルーノ・バウアーの心中に熟しはじめていたころ、カール・マルクスは彼と離れられない僚友となった。そしてバウアーのほうでも九歳年下の友人を最も有能な戦友とみていた。ボンに落ち着くと、友をなつかしむ手紙を書いてマルクスをひっぱろうとした、――いつも知的関心にあふれているベルリンのドクタークラブにくらべると、ボンの教授クラブは「まったくの俗物主義」だ。世間の人間がおもしろがっているものはボンにもたくさんあるので僕も大いに笑っているが、しかしベルリンで君と街を歩きまわったときのように、まだ一度も笑ったことはない。君は「下らぬ試験」だけは、さっさとすましたがよい。それにはアリストテレスとスピノザとライプニツだけでけっこう。ほかにはなにもいらぬ。こんなばかげた、ただの茶番狂言にぐずぐずしているのはやめるべきだ。ボンの哲学者たちなど、君には軽くあしらえるだろう。しかし僕らが共同で発刊しなければならない急進的な雑誌には、なにをおいてもすぐ取りかからねばならない。ベルリンのばか話や『ハレ年誌』の無気力にはもう我慢がならない。ルーゲには気の毒だが、なぜ彼はあの虫けらどもを彼の雑誌から追っぱらわないのだろうか、と。

　これらの手紙からは時折なかなか革命的なひびきが聞こえるが、これはあいかわらず哲学革命を意味したにすぎず、そこではバウアーは国家権力から反対よりも、むしろはるかに多く、援助をあてにしていたのである。一八三九年一二月、彼がマルクスあてに、プロイセン国はイェーナの敗戦によってしか進歩しない運命にあるようにみえるが、戦いはもちろん屍をさらす戦場で戦いぬかれなければならぬというわけのものではない、と書いてからわずか数ヵ月しかたたないうちに――彼の庇護者アルテンシュタインと老国王〔フリードリヒ・ヴィルヘルム三世〕がほとんど同時に死んだとき――彼は、わが国家存立の最高の理念であるホーエンツォレルン侯家代々の精神に誓いをたて、四百年来教会と国家の関係を整えるために最善の力をつくしてきたこの精神をかたく守ると誓ったのである。それと同時にバウアーは断言した、——学問は倦むことなく、教会の越権に反対して国家の理念を擁護するであろう。国家はときには迷うこともあるだろうし、学問にたいして疑念をいだき、強制手段にうったえることもあるだろう。だが、理性は国家とはきわめて親密な関係にあるのだから、国家は長く誤ることはありえない、と。ところが、この恭順に答えて、新国王はアルテンシュタインの後任として、正統派の反動家アイヒホルンを任命した。この男こそは、学問の自由が国家の理念にかかわりをもつものである以上、この自由、すなわち大学の教授の自由を教会の越権の犠牲に供することにもっぱらつとめたのである。

　政治的には、バウアーのほうがケッペンよりはるかに定見がなかった。ケッペンは、ホーエンツォレルン家の標準を抜いたただ一人の君主については見当ちがいをしたかもしれないが、この王家の「家代々の精神」について見当ちがいをするようなことはなかった。ケッペンはバウアーほど深くヘーゲルのイデオロギーにはまりこんではいなかった。しかしバウアーの政治的短見こそは、まさに彼の哲学的炯眼《けいがん》と表裏一体をなしていたことを見のがしてはならない。彼は福音書を、福音書の生まれた時代の精神的沈澱物だとみた。そこで、ギリシア・ローマ哲学と習合して渾沌たる醱酵状態にあったキリスト教でさえ、古代文化を克服することが可能だったのだから、近代的弁証法のとらわれない、明快な批判にとっては、キリスト教的ゲルマン文化の悪夢をはらいのけるのは、いっそう容易なことであろう、とバウアーがまったくの観念論的立場から考えたのはそう不都合ではなかった。

　彼にこうした断固たる確信をあたえたのは自己意識の哲学であった。ギリシア社会生活の国民的衰微の中から生まれ、キリスト教を結実させるうえに最も多く貢献したギリシア哲学者の諸派、すなわち懐疑派、エピクロス派、ストア派は、かつてこの自己意識の哲学という名称で総括されていたのである。これらの学派は思弁的な深さではプラトンに、普遍的知識ではアリストテレスに及ばなかったので、ヘーゲルからかなり軽蔑的にあしらわれた。これらの学派に共通した目標は、恐るべき国民的崩壊によってばらばらにされ、それまで彼らを結びつけ支えていたものの一切からひきはなされた諸個人を一切の外的なものからも自立させて、彼自身の内的生活につれもどすことであった。そしてたとえ世界が頭上に崩れかかろうとも、毅然として屈しない精神と心情の平静のうちに幸福を求めることであった。

しかし、とバウアーは述べた、――滅びさった世界の廃墟にたたずむ疲れ果てた自我は、唯一の力である自分自身を恐れた。自我は自分の普遍的力を、自分に無縁のものとして自分に対立させ、こうして自分の自己意識を疎外し、ローマの世界君主にゆずりわたした。ローマの世界君主はいっさいの権利を一身におさめ、その唇のうごきひとつで万人の死命を制し、福音物語の主を敵対的兄弟ではあるがともかくも兄弟として創造した。というのはこの敵対的兄弟は口からはく一息で自然の抵抗を制し、あるいは敵を打倒し、はやくもこの地上で自分は世界の主、世界の審判者であると告知するからだ。しかし人類は、キリスト教の奴隷となって育てられた。それは人類がいっそう根本的に自由を準備するためであり、そしてその自由がついに得られたあかつきには、心からこれを抱かんがためである。自己に復帰し、自己自身を理解し、自己の本質を把握した無限の自己意識こそは、自己疎外の創造物を支配する力をもっている。こうバウアーは説いた。

当時の哲学者用語の表現をすてさるならば、バウアー、ケッペン、そしてマルクスをギリシアの自己意識の哲学にひきつけたものが何であったかを、もっと簡単にわかりやすく言いあらわすことができる。要するに彼らもこの哲学で市民的啓蒙をひきついだのである。古代ギリシアの自己意識の諸学派は、さきに古代の自然哲学者たちがデモクリトスとヘラクレイトスを、またその後の概念哲学者たちがプラトンとアリストテレスを、それぞれ誇りとしたような天才的代表者をまったくもたなかったが、それにもかかわらず、彼らは偉大な歴史的存在だった。彼らは人間精神のために新たな遠望を開き、プラトンやアリストテレスをまだまったく捉えていたギリシア民族の国民的限界と奴隷制の社会的限界をうち破った。彼らは原始キリスト教を決定的に結実させた。原始キリスト教は苦しむ者、抑圧されている者の宗教であったが、のちに搾取し抑圧する支配者の教会となったときに始めて、プラトンとアリストテレスにのりかえた。ヘーゲルはいつも、いかにも無愛想に自己意識の哲学をあざけりののしったけれども、その彼でさえ、精神的個性の高貴なものや美しいものがことごとく荒々しい手にかかって抹殺されたローマ世界帝国の不幸のどん底にあってもなお、主体が内面的自由を堅持した重大な意義をつよく指摘したのである。だからこそ、すでに一八世紀の市民的啓蒙も、ギリシアの自己意識の哲学懐疑派の懐疑と、エピクロス派の宗教憎悪と、ストア派の共和主義的信念とを、登場させたのである。

ケッペンが、彼が啓蒙の主役とみなした国王フリードリヒ〔二世〕について書いた著書のなかでつぎのように言ったのも、まさに同じ趣旨である。――「エピクロス主義とストア主義と懐疑主義とは古代有機体の神経筋であり内臓系統であって、それらの直接的自然的統一は古代の美と人倫の基礎となっていたが、それは古代の死滅にさいして崩壊しさった。フリードリヒはおどろくべき力でこの三つのものをとりいれて完成した。それらは彼の世界観、性格、生活の主要契機となった。」少なくともケッペンが右の文中でこれら三体系とギリシア社会生活との関連に言及していることには、マルクスは「重要な意味」を認めていた。

マルクスは年長の友人たちにおとらずこの問題を討究したが、その捉えかたは、もちろん彼らとはちがっていた。彼は他のいかなるものの並存もゆるさぬ「最高の神性たる人間の自己意識」を、ものをゆがめて映す宗教の凹面鏡の中にも、専制君主の哲学的安逸の中にも、認めようとはしなかった。彼はこの哲学の歴史的根源にさかのぼった。自己意識の哲学の諸体系は彼にとっても、ギリシア精神の真の歴史を開く鍵だった。

## 四　学位論文

一八三九年の秋、ブルーノ・バウアーがマルクスに、とにかく「下らぬ試験」をすますようにとせきたてたときには、マルクスはすでに八学期をおくっていたのだから、そのかぎりではバウアーがしびれをきらしたのには、多少理由があった。しかしバウアーはいやな意味での試験の心配など、マルクスにあるとは思っていなかった。でなければ、マルクスがボン大学の哲学教授たちを一挙になぎ倒せるなどとは信じなかったろう。

いったい、マルクスは飽くことを知らぬ知識欲に駆られて、きわめて困難な問題にもすぐに手をつけたが、その一方では、きびしい自己批判にはばまれて、すばやく結着をつけることもできなかったが、なんといってもこれが彼の流儀で、それは死ぬまで変わらなかった。こうした仕事の流儀にしたがって、ギリシア哲学の暗い深淵に沈潜したのであろうし、自己意識の三体系を叙述するだけでも、二、三学期ですませるような問題ではなかった。ところが、バウアーはなみはずれて速く、著作期間を考えるとはやすぎるくらいだったので、マルクスの流儀をほとんど理解しなかった。後年マルクスが自己批判のけじめをつけられなかったとき、エンゲルスも幾度かしびれをきらしたのであるが、そのエンゲルス以上に理解がなかった。

しかし「下らぬ試験」にはバウアーにとってよりも、マルクスにとってほかにも困ったことがあった。彼は父の存命中すでに学者として生涯をおくる決心をしていたが、かといってそのために実務的職業につく気持がまったくなくなったわけではなかった。ところがいまやアルテンシュタインが死ぬと、「大学教授をする」さいに最も心をそそる一面が――じつはこれがあるので教授職にある多くの好ましくない面からなんとかすくわれたのだが――消えはじめた。その一面というのは、大学の講壇の哲学にはかなりの自由が許されていたことである。大学の時代おくれのかたくなさがどんなに始末のわるいものであるかを、ボンのバウアーは懸命にのべたててやまなかった。

それから間もなくバウアー自身、プロイセンの大学教授の学問的研究というものは奇妙な首尾をみるものだということをはじめて思い知らされることになった。一八四〇年五月アルテンシュタインが死んでから数ヵ月間、文部省の局長ラーデンベルクが同省を監督した。彼は前の上役のことを忘れずに尊敬していたので、上役のした約束を果たし、バウアーのボン「定着」に尽力しようとした。ところがアイヒホルンが文部大臣に任命されるやいなや、ボン大学の神学部はバウアーの教授任命を拒否した。表むきの理由は、バウアーは同学部の一致をみだすというのであったが、じつは、ドイツの大学教授が上役の内密の同意が確実に得られる場合に、いつも発揮する豪勇をふるいおこしての拒否だった。

バウアーは秋季休暇をベルリンですごしてからボンに帰ろうとした矢先に、この決定書を受けとった。そこで彼の友人たちのあいだで、宗教の進路と科学の進路とのあいだにはどうにもならない断絶があるものかどうか、また科学を信奉するものは神学部に所属することと自分の良心とを一致させることができるものかどうか、という問題が論議された。しかしバウアー自身はプロイセン国家制度にたいする楽観的見解に固執し、著述家的仕事――これには国費の援助があるはずであったが――をやってみないかという半官的提案も断わって、満々たる闘志を抱いてボンに帰ってきた。ここで、やがて彼の後を追ってやってくることになっていたマルクスと一緒に、彼らの最も重大な時期に、のるかそるかの危機の到来を待ちかまえていたのであった。

二人は発行しようとした急進的雑誌の計画をあきらめなかった。しかしライン州の大学での教授生活をおくる見こみは、マルクスにとって今では非常にわるくなった。バウアーの友人であり協力者である彼はボン大学教授閥から非常な敵意をもって迎えられることを覚悟しなければならなかった。しかもバウアーが勧めたように、アイヒホルンかラーデンベルクにとり入るなどということはまったくマルクスの念頭にはなかった。バウアーがこうしたことを勧めたのは、そうすればボンの教授閥の策略が「いっさいご破産」になるだろうという、それ自身としてはすこぶるありそうな期待からであった。しかしこういうことがらではマルクスはいつもきわめて厳格に考えた。しかし万一彼がこのいかがわしい道をたどる気になったとしても、彼はやがて足をすべらすだろうことは確実に予想できた。というのは、アイヒホルンは誰の精神の申し子であるか、間もなく正体をあらわしたからである。彼は、かちかちのおいぼれヘーゲル学者たちをかたづけるため、いまでは啓示を信じるようになった老シェリングをベルリン大学に招いた。また、大学総長兼国王にうやうやしく請願書を奉呈してシュトラウスのハレ大学招聘を懇願した学生たちを処分させたのである。

こうした形勢をみて、マルクスは、青年ヘーゲル派の見解をいだいていたから、けっきょくプロイセンで試験をうけることをあきらめた。しかしアイヒホルンごときに手をかす輩にいじめられたくはなかったが、といって、闘争を避けたわけではなかった。避けるどころか！　彼は小さな大学でドクター帽を手にいれること、それと同時に彼の力量と努力を証明する学位論文に不敵な挑戦的前文をつけて公表すること、またバウアーといっしょに計画中の雑誌を発刊するためにボンに定住することを決心した。大学もそのころは彼にたいしてまったく門戸を閉ざしたわけではなかった。少なくとも大学の学則によれば、大学講師として就任を許されるには、彼は「外国」の大学の正式のドクターとしてなお二、三の手続きをとりさえすればよかったのである。

この計画をマルクスは実行した。一八四一年四月一五日、彼は『デモクリトスとエピクロスの自然哲学の差異』を論じた論文によって、欠席のままイェーナ大学でドクターの学位を授与された。マルクスはエピクロス派、ストア派、懐疑派の一連の哲学を、ギリシア的思弁全体と関連させて叙述したいと考えていたが、この学位論文はそうした大部の著述の一部をとりあえず取りだしたもので、まずもって、この関連をただ一つの例について、そしてまた古い思弁哲学と関連させて、展開するつもりであった。

ギリシアの古代自然哲学者のなかでは、デモクリトスが最も厳密に唯物論に徹している。無から生ずるのは無であり、存在するものは何一つとして絶滅されえない。一切の変化は諸部分の結合と分離にすぎない。何一つとして偶然に生起するものとてはなく、一切は一つの原因から、必然性をもって生起する。原子と空虚な空間以外にはなにも存在しない。その他の一切は私見である。原子の数は無限であり、その形態の差異も無限である。無限の空間を永遠に落下する運動の中で、大きな原子は小さな原子よりも速く落下し、小さな原子にぶつかる。このためにおこる側面にそれる運動と渦動とが世界形成の始まりである。無数の世界は空間的に並行し、また時間的に前後して形成され、そして消滅する。

さて、エピクロスはデモクリトスのこの自然観をうけついだが、ある種の変更を加えた。それらの変更の中で最も有名なのは、いわゆる「原子の偏倚《へんい》」である。すなわち、エピクロスは、落下する原子は「偏倚する」、つまり垂直に落下しないで、直線からいくらかそれる、と主張した。この物理学上不可能なことを唱えたために、彼はキケロやプルタルコス、ライプニッツやカントにいたる人々から、原型を改悪することとしか知らぬデモクリトスの盲従者として、さんざん嘲笑された。ところがこれと並んで、エピクロスの哲学を古代の最も完成された唯物論の体系とみたもう一つの思潮が存在した。これはエピクロスの哲学がルクレティウスの教訓詩のなかに保存されて残ったおかげであった。これにたいしてデモクリトスの哲学中、二千年以上の時の流れと嵐にさらされて、たすかったものはほんの断片にすぎなかった。カントは原子の偏倚を、「恥しらず」の発明としてかたづけてしまったが、それにもかかわらず、そのカント自身、エピクロスをば最もすぐれた感性の哲学者であるとして、最もすぐれた知性の哲学者であるプラトンの向うを張るものとみたのであった。

さてマルクスはエピクロスの説が物理学的に不合理であることは否定しなかった。彼はエピクロスが「物理的現象の解明では限りなく軽率」なことを認めた。マルクスは述べた、——エピクロスにとっては感性的知覚が真理の唯一の試金石だった。彼は、太陽が二フィートの大きさに見えるから、二フィートの大きさだと考えた、と。だが、マルクスはこうしたわかりきった愚論に然るべき敬意を表してかたづけてしまうだけでは満足しなかった。むしろ彼は物理学的不合理のうちに哲学的理性を追求した。彼は、論文の注で師ヘーゲルに敬意をはらってしるした、みごとな言葉にしたがって問題を処理した。いわく、——あやまって整合の罪を犯した哲学者をいただく学派は、その師を疑うべきではない。むしろその整合の根ざしている原理の不十分さによって、この整合そのものを解明し、それによって、良心の進歩として現われるものを知識の進歩とすべきである、と。

デモクリトスにとって目的だったものは、エピクロスにとっては目的に達する手段にすぎなかった。エピクロスにとって問題は、自然の認識ではなく、彼の哲学体系を支える自然の見方であった。古代に知られた自己意識の哲学は三学派に分裂したが、ヘーゲルにしたがえば、エピクロス派は抽象的個別的自己意識を、ストア派は抽象的一般的自己意識を、両者ともに一面的独断論として代表し、この一面性があるので、両者には即時に懐疑論が対立するというのである。あるいはまた、ある近代のギリシア哲学史家はこの同じ関連をつぎのように表現している。ストア主義とエピクロス主義において、主観的精神の個別的面と一般的面、すなわち個の原子的孤立化と全体への個の汎神論的献身が、同等の権利をもって融和しがたく対立しているが、懐疑主義においては、この対立は自らを中立性にまで揚棄している、と。

エピクロス派とストア派には共通の目標があったにもかかわらず、出発点が異なっていたので、たがいに遠く離れていった。ストア派は全体への献身によって、哲学的にはいっさいのできごとの必然性は自明のことだとする決定論者となり、政治的には断固たる共和主義者となったが、宗教の領域では迷信的でとらわれた神秘主義から自らを解き放つことができなかった。彼らはヘラクレイトスに依拠し、このヘラクレイトスにとっては全体への献身が最もきびしい自己意識の形をとっていたが、しかしストア派は、あのエピクロス派がデモクリトスをあしらったと同じように、無遠慮にヘラクレイトスをあしらった。これに反して、エピクロス派の孤立した個の原理はこの派を、哲学的には各個人の意志の自由を信奉する非決定論者とし、また政治的には苦しみに耐える忍従者とした。——おまえたちを支配する力をもつお上に従え、という聖書の格言はエピクロスの遺産である。——その反面、孤立した個の原理はエピクロス派を宗教のあらゆる束縛から解放した。

さてマルクスは一連のきめの細かい研究で、「デモクリトスとエピクロスの自然哲学の差異」がどのようにして解明されるかをしめした。いわく、デモクリトスにとっては原子の物質的存在だけが重要なのだが、エピクロスはそれとともに原子の概念をも重要視し、原子の質料とともに形式をも、存在とともに本質をも重要視した。彼は原子を現象世界の物質的基礎と見たばかりでなく、孤立した個のシンボル、抽象的個別的な自己意識の形式的原理と見た。デモクリトスは原子の垂直落下からいっさいのできごとの必然性をみちびきだしたが、エピクロスは原子の落下を直線からいくらかそれるものとした。そうしなければ——エピクロス哲学の最も有名な解説者であるルクレティウスが教訓詩のなかでいっているように——、自由な意志、すなわち運命の手から救いだされた生ける者の意志は、いったいどこに存在するのか？　この、現象としての原子と本質としての原子との矛盾はエピクロスの全哲学を貫き、この哲学をうながして物的現象の限りなく恣意的な説明をさせるにいたったが、こうした説明はすでに古代でも物笑いにされた。エピクロス的自然哲学のすべての矛盾は、天体の運動においてはじめて解決されるが、しかしそれと同時に天体が普遍的に、そして永久に存在するという事実に当面すると、抽象的個別的な自己意識の原理も破綻する。そこでこの原理はすべての物質的覆面をかなぐりすて、そして、マルクスのいわゆる「ギリシア最大の啓蒙主義者」として、エピクロスは、天上から強迫のまなざしをもって地上の人間どもをおどろかせる宗教にたいしてたたかうのである。

マルクスのエピクロス解釈は個々の点では異論をさしはさむ余地があるとしても、いや、まさにそれだからこそ、マルクスははやくもこの最初の著作で、独創的思想家としての姿をあらわしたのである。というのは、もし異論をさしはさむことができるとすれば、それは、マルクスがエピクロスの根本原理をエピクロス自身よりもいっそう鋭く考えぬき、いっそう明確な結論をひきだしたという点だけだからである。ヘーゲルはエピクロスの哲学を原理における無思想性とよんだ。たしかに、この哲学の創始者は独学者としてつねに日常生活で用いられている言葉を非常に重んじたし、ヘーゲル哲学流の思弁的な用語で自分の哲学を基礎づけることはしなかったが、マルクスはそういう思弁的用語を使ってエピクロスの哲学を解明した。これこそは、このヘーゲルの弟子がこの論文で自分自身に授与した卒業証書である。彼は弁証法的方法を縦横に駆使しており、用語は、なんといっても師ヘーゲル特有の、だが、ほかの弟子たちには長く失われた、あの雄勁《ゆうけい》な力をみせている。

とはいえ、マルクスはこの論文でもまだまったくヘーゲル哲学の観念論的立場にたっている。(一三)今日の読者が一見してきわめておかしいと思うことは、この論文がデモクリトスに不利な判定を下していることである。デモクリトスについてはこう言っている、——彼は一つの仮説をたてたにすぎない。この仮説は経験の結果であって、経験の活動的原理ではない。だからこれはいつまでも現実化されることもないし、またこれによって現実的自然研究はもはや規定されることもない、と。デモクリトスとは反対に、エピクロスは次のようにほめたたえられている。——エピクロスは、自然現象の解釈における独断にもかかわらず、また抽象的個別的自己意識にもかかわらず、原子学という科学を創始した。ただし事物自身の自然の内部で支配しているのは個別性ではないという限りでは、この抽象的個別的自己意識は真実の現実的な科学をすべて無効にするものであることは、私も認める、と。

今日では原子学という科学が存在する以上、そしていっさいの現象は極微体の運動によって生ずるとする極微体学説が近代自然研究の基礎となり、それによって音、熱、また物体における化学的物理的変化などの諸法則が解明される以上、原子学の最初の開拓者はデモクリトスであって、エピクロスでないことは、いまさら証明するまでもない。しかし当時のマルクスにとっては哲学、もっと正確にいえば概念哲学こそ、科学だったのである。その限りで彼は一つの結論に到達できたのであるが、彼の性格の本質的なものがもしそこにあらわれていなかったなら、今日のわれわれにはほとんど理解できないものであったろう。

生きることは、彼にとってつねに活動することであり、活動することは、彼にとってつねにたたかうことであった。彼をデモクリトスから遠ざけたのは「活動的原理」のかけていることだった。すなわち彼の後年の言葉でいうと、「これまでのあらゆる唯物論（フォイエルバッハを含めて）の主要な欠陥」[一四]、すなわち、対象、現実、感性がただ客体の、または観照の形式でのみとらえられ、感性的人間的な活動、実践として、主体的にとらえられていないことであった。彼をエピクロスにひきつけたのは、この哲学者が宗教の重圧に抗して立ちむかい、敢然としてこれに挑戦したときの「活動的原理」であった。

稲妻にも、神々の威嚇にも
天の遠雷のごとき怨みにもおびえず……

序文には奔放な闘争心がみごとに燃えあがっている。マルクスはこの序文をそえて論文を公けにし、岳父に献呈しようと考えた。「世界を征服しようとする絶対に自由なその心臓になお一滴の血の脈うつかぎり、哲学はつねにエピクロスとともに敵にたいして叫ぶであろう、――衆愚の神々をさげすむものが背神者なのではない、神々についての衆愚の意見にくみするものこそ背神者なのだ」[一五]、哲学はプロメテウスの告白をかくすようなことはしない。――

率直に言おう、
すべての神々に私は憎悪を抱く

しかし市民としての地位が見たところ悪くなったことを嘆くものにたいして、哲学はプロメテウスが神々の下僕《しもべ》ヘルメスに答えた言葉で答える――

私は断言しておくが、私の不幸な運命を
おまえの苦役とはとりかえたくない。

プロメテウスは哲学者一覧表では最も高貴な聖者であり殉教者である。[一六]マルクスは友人バウアーもおどろいたこの不敵な序文をこう結んだ。しかしながらバウアーには「余計なわるふざけ」と思われたものは、闘争においても苦悩においても第二のプロメテウスとなるべき丈夫《ますらお》の率直な告白にすぎなかったのである。

## 五 『アネクドータ』と『ライン新聞』

マルクスが真新しい学位証書を手にするかしないうちに、彼がこれに期待をつないでいた生活プランは、ロマン主義的反動の新たな暴挙によってつぶれてしまった。はじめ、アイヒホルンは一八四一年の夏、福音書批判を理由に、ブルーノ・バウアーにたいして卑劣な排斥運動をやるよう諸大学の神学部に命じた。ハレとケーニヒスベルクを除くすべての神学部は、プロテスタントの掲げる教授の自由の原則にそむいたので、バウアーは屈するほかなかった。ところがそれとともに、マルクスにとっても、ボン大学に安定した地位をしめる見込みはすべて失われてしまった。

同時に、急進的雑誌の計画も水泡に帰した。新しい国王は出版の自由の擁護者として、検閲訓令を緩和する新しい訓令を起草するよう命じた。事実、訓令は、一八四一年末に陽の目をみたが、王はそのさい、出版の自由はロマン主義的一存にまかせるようにという条件をつけた。王は、この問題をどう考えていたかを、同じ一八四一年夏に勅令で明らかにした。王は、この勅令で、ライプツィヒのヴィーガントのもとで発行していた彼の年誌〔『ハレ年誌』〕を、ルーゲはこの勅令で、プロイセンの検閲をうけて編集しなければならなかったが、それがいやなら、プロイセン国内では発禁を覚悟せよと命令された。こうしたいきさつで、ルーゲは彼のいわゆる「自由で公正なプロイセン」についてしたたか思い知らされることになったが、彼は結局ドレスデンに移り、そこで彼の雑誌を『ドイツ年誌』として発行した。いまでは彼は、バウアーとマルクスがそれまでの彼にみられなかったのを不満に思っていた、あの鋭い調子を自然にだし始め、こうして二人は、自分たちの雑誌を創刊するかわりにルーゲの雑誌の寄稿者となることにきめたのであった。

マルクスは学位論文を公刊しなかった。この論文の直接の目的は根拠を失った。そしてこの論文の筆者がのちにもらしたところでは、この書はエピクロス派、ストア派、懐疑派の哲学の全体的論述の一部として本来の場所をあたえられるはずであったが、「まったく別種の政治的・哲学的な仕事」のために、全体の完成は彼の念頭から消えさるにいたった。

この仕事で、彼が第一にもくろんでいたのは、古代のエピクロスだけでなく老ヘーゲルも選り抜きの無神論者であると論証することであった。一八四一年一一月、ヴィーガントの手で『無神論者にして反キリスト者たるヘーゲルにたいする最後の審判のラッパ』という題名で「最後通牒」ともいえるものが出版された。正統派の仮面をかぶったこの匿名のパンフレットは、ヘーゲルの無神論を、聖書の予言者口調で、嘆いていたが、その無神論をヘーゲルの諸著作できわめて納得のいくように論証したのであった。この事件は非常な評判になった。というのは、はじめはルーゲすらもこの著者の仮面をみぬけなかったくらいだから。この『ラッパ』は実はブルーノ・バウアーの書いたものだった。彼は、老ヘーゲル派ではなく青年ヘーゲル派こそ、師の本当の精神をうけついでいることを、ヘーゲルの美学や法哲学によって証明しようとしていたし、そのためにもマルクスと共同して『ラッパ』を続刊するつもりだった。

しかし、そうこうするうちに『ラッパ』は発禁となり、ヴィーガントは続刊をだすことに故障をとなえた。そのうえ、マルクスは病気になり、また彼の岳父は三ヵ月間病床にふしたあげく一八四二年三月三日になくなった。こうしてマルクスが「なにかまともなことをするのは不可能」になった。しかしマルクスはそれでも一八四二年二月一〇日ルーゲあてに一篇の「小さな寄稿文」を送り、『ドイツ年誌』のために自分の力でできるだけのことをしようと言いそえた。この寄稿文は、国王が検閲の運用を従来より緩和せよと命じたあの最新の検閲訓令を論じたものだった。この論文でマルクスは政治的生涯の第一歩をふみだし、訓令があいまいなロマン主義的ヴェールでおおいかくしていた論理的矛盾を、骨をさすような鋭い批判で一つひとつ暴露した。論文は、「にせ自由主義的」俗物どもやかなりの青年ヘーゲル派のものさえもあげた訓令にたいする歓呼の声に、まっこうから対立するものだった。彼らは訓令に「国王の意向」が表明されているのをみ、はやくも「太陽の空高くのぼるを見た」のである。

マルクスは添書きのなかで「もし検閲が僕の検閲を検閲しないなら」印刷をいそがせてほしいと頼んだ。この不吉な予感は彼をあざむかなかった。ルーゲは二月二五日に答えた、——じつにひどい検閲禍が『ドイツ年誌』に襲いかかり、「君の論文は掲載不可能になった」。つきかえされた諸論文のなかから、「ごくすっきりとした辛子《からし》のきいた逸品」を集めたのだが、僕はこれをスイスで『アネクドータ・フィロゾフィカ』として発表したいと思っている、と。三月五日マルクスはこの計画にすこぶる熱心に賛成して言った、——ザクセンの検閲が「突然復活したので」、『ラッパ』の第二部として公刊するつもりだったキリスト教芸術にかんする僕の論文の印刷は、はじめからまったくだめになるだろうと、と。彼はこれを『アネクドータ』のために改訂して、ヘーゲルの自然法のうち国法にかんする部分の批判といっしょに提供した。後者は徹頭徹尾自己自身に矛盾して自己自身を揚棄する半陰陽《ふたなり》体としての立憲君主政に反対する意図をもっていた。ルーゲはこれらすべてに同意した。しかし検閲訓令にかんする論文以外は何一つ受けとらなかった。

三月二〇日、マルクスは、キリスト教芸術にかんする論文〔『宗教と芸術について、とくにキリスト教芸術に関連して』〕では、例の『ラッパ』の調子とヘーゲル流の退屈な固苦しい文体とをすてて、もっと自由な、したがってもっと徹底した文章にかえようと思うとのべ、それを四月なかばまでに仕上げようと約束した。四月二七日には「ほとんど仕上げた」。そこでルーゲに「なお数日間だけ待って」くれるように言い、キリスト教にかんする論文は、手がけているうちにほとんど一冊の書物になってしまったから、君にはその抜き書きだけを送ろうと言った。そのうちマルクスは、七月九日に、――いろいろの支障、「不愉快な雑事」が起こったからというのでは弁解にならないので、弁解はやめようと思うが、『アネクドータ』に寄稿する論文を完成するまでは、なににも手をつけないつもりだ、と書き送った。ついにルーゲは一〇月二一日に知らせた、――『アネクドータ』の準備は終わって、チューリヒのリテラーリシェス・コントールで出版されるはこびとなった。いままで君は実行よりも期待で僕をよろこばせたが、いまもなお君のためにスペースはちゃんととってある。君がいったん仕事にかかれば、どんなに多くのことをやりおおせるかは、僕がよく知っている、と。

ルーゲはマルクスよりも一六歳も年長であったが、編集者としての彼の忍耐をこんなにきびしい試練にかけたこの力強い青年にたいして、彼はブルーノ・バウアーやケッペンのように最大の敬意をはらっていた。マルクスは協力者にとっても、出版業者にとっても、けっして都合のいい執筆者ではなかった。しかし彼らのうちだれ一人として、彼がだらしないとか、なまけものだとか考えたものはいなかった。それはただあふれるばかりの思想の豊富によるものであり、また決してこれで十分ということを知らない自己批判によるものだったからである。

この場合にはとくに、ルーゲから見ても、マルクスの遅延には無理もないと思われるような事情がもう一つ加わった。すなわち、いまや、哲学的関心とはくらべものにならないほどの強い関心が彼をとらえはじめたのである。マルクスは検閲訓令にかんする論文で政治闘争を始めたが、いまや彼は『アネクドータ』誌上で哲学の糸を紡ぎつづけるかわりに、『ライン新聞』紙上で政治闘争をつづけることになった。

『ライン新聞』は一八四二年一月一日以来ケルンで発行された。同紙ははじめは政府反対派の新聞というよりは、むしろ政府の新聞だった。三〇年代のケルン大司教の紛争以来、八千人の購読者をもつ『ケルン新聞』はローマ教皇党の要求を代弁していた。この党派はライン河流域地方で勢力をはり、政府の憲兵政策をさんざんてこずらせた。同紙がこの党派の要求を代弁したのは、なにもカトリックの大義にたいする聖なる感激からではなくて、ベルリンの思召《おぼしめ》しによる祝福など頭から受けつけようとはしない読者にたいする営業上の配慮からであった。『ケルン新聞』の独占はじつに強く、その所有者はつぎつぎとあらわれでる競争紙を、たとえそれがベルリンの支持をうけている場合でも、きまって買収で片づけるのに成功した。この同じ運命が『ライン一般新聞』をおびやかすことになった。同紙は一八三九年一二月に、当時ではどうしても必要だった発刊許可を検閲相からとりつけたが、それは、ほかでもないこの『ケルン新聞』の独占を打破するためだった。しかし結局は富裕な市民の一団が協力して、『ライン一般新聞』を根本的に改組するために株式で資本を調達することになった。政府はこの企てに便宜をあたえ、このたび出る『ライン新聞』にたいして、その前身である『ライン一般新聞』にあたえた認可を一時的に承認した。

プロイセンの支配は、ライン地方の住民大衆にはまだ外国支配と見られていたけれども、そのプロイセンの支配にたいして、なにか面白からぬことをしてやろうという魂胆は、ケルンのブルジョアジーにはまったくなかった。事業は順調にはかどったから、彼らはフランスには心をよせなくなっていた。そして関税同盟の樹立〔一八三四年〕以後は、彼らはプロイセンが全ドイツを支配することを本心から望んだ。彼らの政治的要求は極度に緩和され、経済的要求のかげにかくれた。経済的要求というのは国家財政の緊縮、鉄道網の完成、裁判費用と郵便料金の軽減、関税同盟のための共通の旗と共通の領事、その他ブルジョアジーの所望表にのるのがならわしだった事項であって、ライン河の流域ですでに高度に発達していた資本主義的生産様式をいっそう促進することを目的としていた。

ところが、ブルジョアジーから新聞の編集部の設置をまかされていた若い連中のうち、司法官試補ゲオルク・ユングと陪審判事ダゴベルト・オッペンハイムの二人は、あきらかに熱烈な青年ヘーゲル派で、とくにモーゼス・ヘスの影響をうけていた。このヘスもライン州の商人の息子で、ヘーゲル哲学とともにすでにフランスの社会主義にも精通していた。二人は思想上の同志、とくにベルリンの青年ヘーゲル派のなかから、新聞の寄稿家を募った。なかでもルーテンベルクはドイツの記事の編集までひき受けた。彼はマルクスから推薦されたのであったが、これはマルクスには特別名誉にならない結果となった。

マルクス自身はこの企画に早くから関係していたにちがいない。彼は三月の末にトリーアからケルンに移りたいと思っていたが、ケルンの生活は彼には騒がしすぎた。一時ボンに居所をさだめたが、ブルーノ・バウアーはその間にそこから去っていった。「聖者どもを怒らせる人間が、ここに一人も残っていないのも残念なことだ。」ここからマルクスは『ライン新聞』に寄稿しはじめ、これによってまもなく他のすべての寄稿家を凌ぐにいたった。

ユングとオッペンハイムの個人的関係が同紙を青年ヘーゲル派の舞台にする最初のきっかけをつくったとしても、こうした方向転換が、実際の株主の同意もなしに、あるいは彼らの関知しないのにおこなわれたとはどうも考えられない。株主たちは、当時のドイツ国内ではこれ以上有能な知的労働者をみつけだせるものではないと悟るくらいには抜けめがなかったようだ。青年ヘーゲル派自身も親プロイセン的すぎるほどだった。そしてふつうこの派のもののやることでわからないことや不審に思うことがあっても、ケルンのブルジョアジーの目には、たわいない気まぐれとしかうつらなかったのだろう。いずれにしても、発刊後早くも最初の数週間のうちにベルリンからこの新聞の「破壊的傾向」について苦情がまいこみ、最初の三ヵ月の終りにはあやうく禁止されそうになったときでさえ、ブルジョアジーは干渉しなかった。ことにベルリンの思召《おぼしめ》しをおどろかせたのは、ルーテンベルクの招聘だった。彼はおそるべき革命家とみなされて、きびしい政治的監視をうけていたが、一八四八年の三月革命のときにもまだフリードリヒ・ヴィルヘルム四世は、革命の張本人は彼だとみて、おののきおそれていた。弾圧の一閃は一時は同紙からそれたけれども、それは第一に文相のおかげだった。文相アイヒホルンはきわめて反動的志向をもってはいたけれども、『ケルン新聞』のローマ教皇党的傾向に対抗する必要を大いに感じていた。――『ライン新聞』の傾向は「ほとんどそれ以上危険」かもしれないが、しかし同紙は、社会生活に堅実な地歩をしめている人ならとうてい誘惑されないような思想をもてあそんでいるにすぎないのだ、と。

こうした意向はもちろん、マルクスが『ライン新聞』のために書いた寄稿文の欠点ではなかった。彼が現実問題に手をつけた実務的なやり方は、ブルーノ・バウアーやマックス・シュティルナーの寄稿よりも念入りに、同紙の株主と青年ヘーゲル派とを融和させたことであろう。そうでなければ、マルクスが最初の寄稿文を送りこんでから、わずか数ヵ月後の一八四二年一〇月にはもう株主たちが彼を同紙の主筆にすえた事情は理解できないからだ。

ここではじめてマルクスは、類いない手腕を発揮した。すなわち、事物をあるがままにとりあげ、そしてかちかちになった時勢にそれ自身のメロディーを歌ってきかせることによって、踊らせる手腕を。

## 六　ライン州議会

マルクスは続きものの五篇の大論文で、ちょうど一年前、九週間にわたってデュッセルドルフで開かれたライン州議会の議事の詳細な検討にとりかかった。州議会というのは、無力な、みせかけの代表機関で、これを開設することで、プロイセン国王は一八一五年に彼がおこなった憲法発布の確約不履行を不問に付そうとこころみたのだった。議会は非公開で開かれ、できることといえばせいぜいこまごました地方自治の案件にほんの少しばかり口をはさむことでしかなかった。一八三七年にケルンとポーゼンでカトリック教会とのあいだに紛争がおこって以後は、州議会はもはや召集されることはなかったが、それでもなおラインとポーゼンの州議会には、ローマ教皇党的な意味での反対派にすぎないとはいえ、いちはやく政府反対派になるだろうとの期待がもたれた。

このけっこうな代表団体は自由主義などに逸脱することのないようあらかじめ十分に守られていた。というのは、土地所有が議員であることの不可欠の条件だったからであり、しかも騎士身分の土地所有者が全議員の半数を、都市居住の土地所有者が三分の一を、農民的土地所有者は六分の一をだすことになっていた。このけっこうな原則はすべての地方でそっくりそのとおりに実施されたわけではなかったし、とくに新しく領土となったライン諸州では、近代的精神にたいして多少は譲歩しないわけにはいかなかった。しかし、なんといっても、騎士身分が全投票権の三分の一以上をしめていることにかわりはなかったし、決議は三分の二以上の多数で採決されねばならなかったから、結局のところ彼らの意志に反しては何一つなしえなかった。都市居住の土地所有者が被選挙権をもつようになるには、土地は過去一〇年間同一人のものでなければならない、という制限がつけくわえられていたし、そのうえ政府はどの都市の公職者についてもその選挙による選出を忌避してもさしつかえなかった。

これらの州議会は世人の軽蔑の的であったが、しかしフリードリヒ・ヴィルヘルム四世は即位の後、再度州議会を一八四一年に開くよう召集した。それればかりか、彼は州議会の権限をほんの少しばかり拡張した。もちろん、そのねらいが国庫債権者を瞞着することでしかなかったのはいうまでもないことで、国王は一八二〇年に彼らにたいして、新たな国債は、来たるべき帝国身分代表会議の同意と保証なしには起債しないと約束していたのである。ヨハン・ヤコービは有名なパンフレットで、州議会は国王の憲法発布の確約履行を彼らの当然の権利として要求すべきだと勧告したが、そんなことをいっても、馬の耳に念仏だった[一七]。

ライン州議会ですらものの役にたたなかったし、事実またほかならぬ教会政策の問題でそうだったが、政府はこの問題のことではライン州議会を最もおそれていたのだった。不法に拘留されたケルンの大司教を法廷に立たせるか、さもなければ、ふたたびその職につかせよという、自由主義者の立場からもローマ教皇党の立場からも等しくわかりきった動議を、この州議会は三分の二以上の多数で否決した。憲法問題には州議会はまったくほおかむりをした。だが、千人以上の署名でうずめられた請願書は、この州議会によって卑劣きわまるやり方で片づけられてしまった。請願書はケルンから州議会にとどけられたもので、州議会の議場に自由に入場できること、議事は毎日しかも省略することなく公示すること、議事ならびにすべての国内問題を公刊の新聞紙上で自由に論評すること、そして最後に検閲にかわって新聞紙法をつくるよう要求していた。州議会は国王にたいして許しを願いではしたが、それはただ彼らの議事録に演説者の氏名を公表することでしかなかったし、検閲を廃止して新聞紙法をつくるようさらに要求するどころか、検閲官の専断防止の検閲法をわずかに要求したにすぎなかった。すべての臆病者のたどる運命にふさわしく、州議会の懇願もまた国王のもとで拒絶された。

この州議会が生気をおびたのはただ、土地所有者の利益を代弁する必要があるときだけだった。もちろん、州議会は封建的支配権を再興しようとは思わなかった。そうした試みは、ライン州の人々には我慢のならないほどきらわれており、冗談にもそんなことは口にできなかったし、事実また、東部諸州から派遣された官吏がベルリンにそう報告したところでもあった。とくにライン州の住民は土地の自由分割権に手をふれることには反対だった。まんざら見当違いとはいえない政府の言明にあるように、土地所有を際限なく分割してゆけば、ついには土地所有は文字どおり雲散霧消してしまうかもしれなかったから、土地の自由分割権をそのままにしておくことは、「騎士身分」のためにも、「農民身分」のためにもならなかった。しかし、「強力な農民身分を維持するため」に土地分割に一定の制限を加えようとする政府の提案は、この問題では州民と同意見だった州議会によって、八票対四九票で否決された。それだけに州議会は、政府の提出していた木材窃盗、狩猟法違反、森林法違反、耕地犯罪にかんする二、三の法律ではますます活気づいた。だが、ここにいたって立法権は、土地所有者の私的利害のままに身をゆだねる売女《ばいた》に、嘆きも恥も知らぬ売女に堕したのだった。

マルクスは周到な計画にしたがって州議会に審判を下した。六つの長い項目からなる第一の論文で、彼は出版の自由と州議会議事の公表にかんする論議をとりあげた。演説者の氏名をあげることは許されないが議事の公表を許可したのは、国王が州議会を活気づけようとしておこなった小改革の一つだったが、それにもかかわらず国王はこの問題ではほかならぬ州議会の内部でてごわい反対にあった。ブランデンブルクとポンメルンの州議会のように議事録の公表をあっさり拒否するにいたらなかったとはいえ、ライン州議会の内部でもまた、選挙されたものは一種高尚な存在であって、自分の選挙人の批判からはなにをおいても守られねばならないと考えるあのとんでもない思いあがりが幅をきかせていた。「州議会《ランドターク》は白日光《ターク》には耐えられない。私生活の夜のほうが、われわれにはくつろげる。州民全体が特別の個人を信頼して自分たちの権利を委託するならば、個人のほうは如才なくその信頼を受けるのはあたり前のことだ。しかし彼ら個人にたいして、今度は君たちが州民からもらったと同じだけのものを返すべきだといい、そして重大な結果をともなう判断を君たちに下したばかりの州民を信頼して、その判断に、君たち自身、君たちの業績、君たちの人格をゆだねるべきだと要求したとしたら、じつにとんでもないというわけだ。」（一八）後年マルクスが「議会痴呆症」とよんで一生がまんならなかったことが、ようやく姿を見せはじめたばかりだったが、マルクスはみごとなユーモアでこれを嘲笑したのである。

ところで出版の自由のために、彼のふるった利剣のさえは、彼の先にも後にもみられないくらいはなばなしく鋭いものであった。ルーゲはこう告白するにやぶさかでなかった。「出版の自由について、その自由のために、これ以上深遠な言葉はまだなかったし、これ以上徹底した言葉ものべることはできない。凡庸な思想の混乱を抜いてそびえる天才的練達がわが政治評論界に登場したことを、われわれはわれわれ自身の喜びとしてしかるべきだ。」かつてマルクスはこれらの論説のなかで、自分の故郷の自由で晴れ晴れとした風光について語ったが、いまなおこれらの論説は、ライン河のぶどう山に照りはえる陽光のように明るい輝きを失っていない。ヘーゲルは「なにもかもばらばらにせずにはおかない、低劣な新聞のあわれな主観性」といったが、マルクスは『ライン新聞』（一九）紙上で、市民的啓蒙にたち返りカント哲学をフランス革命のドイツ的理論として認めたのであった。しかし彼は、ヘーゲルの歴史的弁証法が彼に開示したいっさいの政治的社会的展望によって豊かにされたうえで、市民的啓蒙にたち返ったのである。われわれは『ライン新聞』紙上の彼の論説を、ヤコービの『四つの問題』(一〇)とくらべてみるだけで、この論説で何が達成されたかを知ることができる。ヤコービが全憲法問題のアルファでありオメガであるとしてくりかえし論じた、一八一五年の国王の憲法発布の約束などは、マルクスからみれば、ことのついでに言及するだけの価値すらないものだった。

しかし偽善という根源的悪徳をともなう検閲出版にたいして――この悪徳から、ほかのあらゆる欠陥、受動性という美学的にみても吐き気をもよおすような悪徳が流れ出る――自由な出版を、国民精神の活眼として賛美したが、しかしその自由な出版を脅やかす危険をも見のがさなかった。都市身分出身のある演説者が営業の自由の一部として出版の自由を要求したが、マルクスはこれに答えていった。――「営業になりさがった出版は自由であろうか？　なるほど、著作家は、生活してものを書くことができるためには、生計の資をえなければならない。しかし彼はけっして生計の資をえるために生活してものを書くのであってはならない……出版の第一の自由はそれが営業ではないという点にある。出版を物質的な手段におとしめる著作家は、この内的不自由の罰として、外的な不自由、すなわち検閲を受けて然るべきである、というよりもむしろ彼の生存そのものがすでに彼の刑罰である。(一一)」マルクスは全生涯をつうじて、彼が著作家に要求したことを身をもって実行した。――著作家の著作はつねに自己目的でなければならない。それは著作家自身にとっても他人にとっても手段ではないから、必要な場合には、著作家はその著作の生存のためには彼の生存をも犠牲にする、と。

ライン州議会にかんする第二の論文は、マルクスがユングに書いたように、「大司教事件」を論じたものである。これは検閲によって抹殺され、ルーゲがこれを『アネクドータ』にのせようと申しでたが、ついに発表されずじまいだった。マルクスは一八四二年七月九日ルーゲあてに書いた、――「ちなみに、われわれはライン河畔で政治的黄金郷にくらしていると考えてはいけない。『ライン新聞』のような新聞をやってゆくには、最も終始一貫したねばり強さが必要だ。教会紛争を論じた州議会にかんする、私の第二の論文は検閲で抹殺された。私はこの論文で、国家の擁護者が教会的立場をとり、教会の擁護者が国家的立場をとったことを指摘した。愚かなケルンのカトリック信者がわなにかかり、大司教を擁護したことが多くの購読者をおびきよせたのだから、検閲がこの論文を抹殺した事件は『ライン新聞』にとってはいよいよもっておもしろくない。そのうえ、権力者がいかに卑劣に、同時にいかに愚劣にカトリック正統派の石頭をあしらったか、あなたにはほとんど想像もできまい。しかし事件はめでたく結着した。プロイセンは全世界の面前で教皇のスリッパにキスしながら、わが政府の自働人形どもははずかしげもなく大道せましとのしあるくのだ。(二三)」この結びの一節は、フリードリヒ・ヴィルヘルム四世が彼のロマン主義的好みにしたがって、教皇庁との平和交渉をはじめたが、教皇庁はその返礼として、あらゆるヴァティカン的術策を弄して彼を欺いたことをさしている。

マルクスがこれらの論説についてルーゲあてに書いたことを、彼がケルンのカトリックをわなにかけようとして、本気で大司教を擁護したというふうにとってはいけない。大司教は教会行事のためにまったく不法に逮捕され、カトリック側はこの不法に逮捕された者にたいして法にてらして訴訟手続きをとるよう政府に要求したことを、マルクスは説明して、これは要するに国家の擁護者が教会の立場をとり、教会の擁護者が国家の立場をとったのだとしたのだから、彼の論理はまったく筋がとおっていた。こうしたあべこべの世界で、正しい立場をとることはたしかに『ライン新聞』にとっては決定的な問題であった。マルクスがルーゲあての手紙のあとの方であげた諸理由からしてもまさにそうだった。すなわち、この新聞のさかんに攻撃した教皇党はライン河畔で最も危険な党であり、この政府反対党は教会内で反対闘争をすることにすっかりなれてしまって、目にあまるものがあったのである。

五つの長い項目からなる第三論文は、州議会が木材窃盗取締法について討議した議事を仔細に検討したものである。この論説でマルクスは「地上」におりてきた。あるいは、別の機会に同じ思想をのべた言葉でいうと、ヘーゲルの観念的体系では予見されていなかった物質的利害について語らざるをえない破目にたちいたったのである。じじつ彼は、この法律によって提起された問題を、後年のように明確にはつかんでいなかった。問題は、土地共有制の最後の残滓にたいする資本主義勃興期の闘争であり、人民大衆にたいする目をおおうばかりの収奪戦争だった。一八三六年、プロイセンでの二〇万七、四七八件の刑事裁判の審理中、約一五万件、すなわち四分の三近くが木材窃盗、森林・狩猟・牧場の軽犯罪にかんするものだった。

木材窃盗取締法の審議にさいして、ライン州議会では私的土地所有者は、搾取者の利益をまったくはずかしげもなく押し通したが、それは政府の原案をしのぐものがあった。マルクスはこれに反対し、切れ味鋭い批判で、「政治的にも社会的にもなにもたぬ貧しい大衆」を擁護したが、しかしまだ経済的理由ではなく、法律的理由をかかげていた。彼は脅迫された貧民のために慣習法の存続を要求し、その根拠を、ある種の所有権のもつあいまいさ、明確に私有権とも共有権とも断定できないといったあいまいさのうちに、すなわち中世のどんな制度においてもわれわれがぶつかるあの私権と公権のいりまじった状態のうちに、見いだした。悟性は、この半陰陽《ふたなり》的な、あいまいな所有権の諸形態を、ローマ法から採用した抽象的私権の範疇を適用することによって、廃棄した。しかし貧民階級の慣習法の中には、本能的な法感覚が生きている。この慣習法の根源は実定法的であり適法的である、と論じた。

この論文の歴史認識はまだ「ある種のあいまいな性格」を帯びているにもかかわらず、というよりも、むしろそのために、この「貧民階級」の偉大な戦士を心の底からよびさましたものがなにであったかをもの語っている。森林所有者の私的利益は、貧しい不幸な人々を犠牲にして私腹をこやすために、恥知らずの悪業をなし、論理も理性も、法律も権利も、そのうえ国家の利益をもふみにじっている。その悪業の描写のいたるところから、この人の精神の底からわきおこる憤り、歯ぎしりが聞こえてくる。「州議会は森林軽犯罪人たちからみずからを守るために、法の腕と足を折ったばかりか、心臓にも穴をあけてしまった。(三三)」この実例によって、特殊利益を代表する身分代表議会というものが、たとえ立法のために本気で召集されたとしても、なにが期待できるかを、マルクスは立証したかったのである。

この場合マルクスはまだヘーゲルの法哲学と国家哲学に固執していた。しかし彼はヘーゲルの言葉をそのまま受け売りする連中のように、プロイセン国家を理想的国家として礼賛したのではなく、ヘーゲルの哲学的諸前提から生じた理想的国家を尺度として、プロイセン国家を測った。マルクスは国家を大有機体と見、そこに法的・倫理的・政治的自由が現実化されねばならないとし、個々の国家公民は国法においてただ彼自身の理性、人間的理性の自然法にのみ従うものと考えた。当時マルクスの立っていたこうした立場からでもまだ、木材窃盗取締法にかんする州議会の討論を片づけるのには十分だったし、おそらくまた、狩猟・森林・耕地の軽犯罪にかんする法律を論じるはずになっていた第四論文でも十分だったであろうが、しかし構成全体の最後を飾り、「実物大の現世的問題」、すなわち土地細分割問題を詳論するはずになっていた第五論文をしあげることはできなかっただろう。

市民的ライン州が主張したようにマルクスも土地の自由分割を主張し、農民にたいして土地分割の自由を制限することは、彼らの自然的貧困に法律的貧困を加えるものだ、といった。しかしこうした法律的観点では、問題は片づかなかった。だからこそ、フランスの社会主義は、土地の自由な分割がよるべないプロレタリアートを生みだすことをとっくに指摘し、土地の自由な分割は手工業の原子的孤立化と同一段階にあると考えたのである。マルクスがこれを論じようとすれば、社会主義と対決しなければならなかった。

たしかに彼はこの必要を認めていた。そしてもし、計画していた論文のシリーズを完成したとすれば、それを回避しなかっただろう。しかしそういうことにはならなかった。第三論文が『ライン新聞』に発表されたとき、マルクスはすでにその編集者になっていた。そしていまや社会主義の謎は、彼がそれを解くことができないうちに、近づいてきた。

## 七　闘争の五ヵ月

この夏〔一八四二年〕のあいだに『ライン新聞』は社会問題にむかって二、三度出撃をこころみた。モーゼス・ヘスが音頭とりだったようだ。同紙はヴァイトリング主宰の雑誌にのったベルリンの労働者長屋にかんする記事を「重要な時事問題」に寄与するものとして転載した。また、社会主義の諸問題も討議にのぼったストラスブールの学者会議の報告をのせ、その記事につぎのようなつまらぬ論評をそえた、――もし無産階級が中産階級の富をねらうとすれば、それは一七八九年の貴族にたいする中産階級の闘争と比較できるが、こんどは平和的解決が見られるだろう、云々。

こうしたたわいのないきっかけさえあれば、アウクスブルクの『アルゲマイネ・ツァイトゥング』紙が『ライン新聞』を相手どって共産主義に色目をつかっていると非難するのには十分だった。同紙自身はこの点では潔白だったわけではなかったし、フランスの社会主義と共産主義について、ハイネの筆になるはるかに物騒なしろものをのせたこともあったが、同紙は国民的にも国際的にも重きをなすドイツの唯一の新聞だった。だが、この地位は『ライン新聞』におびやかされ始めていた。だから同紙の猛烈な攻撃にはりっぱな動機はなかったが、それだけにこの攻撃はかなりたちの悪いもくろみだった。あの金持の商人のせがれどもは、無邪気にも、単純な気持で社会主義思想をもてあそんでいるが、ケルンの司教座聖堂の建築職人や波止場人足に自分の財産をわけあたえてやろうなどという考えはさらさらないのだ、などとあらゆる種類のいやみを言ったうえに、ドイツのように経済的にまだ非常におくれている国では、自由に呼吸することもあえてしない中産階級にむかって、一七八九年のフランス貴族の運命をつきつけておどすとは、子供じみた脱線にすぎない、などとかさにかかっていったものだ。

咬みつくようなはげしい攻撃を受け流すことが、マルクスの解決しなければならない編集上の

第一の課題だった。これは彼にとって実に不愉快なことだった。彼は自分自身で「まずい」と思ったことにふたをすることは欲しなかったが、共産主義についての所見をのべることもできなかった。そこで彼は敵自身こそ共産主義の情欲にとりつかれていると責めたてて、できるだけ敵の陣営にふみこんでわたりあったが、二つの国民が克服するのに躍起になっている問題を、一つの文句で片づけるなどということは『ライン新聞』のとらぬところだ、と正直に告白した。そしていわく、――『ライン新聞』は共産主義思想の現在のすがたには理論的な現実性など認めておらず、したがってそれが実践によって実現されることなどはなおさら願っておらず、あるいは、その可能性をすら考えることもできないのだから、「長期にわたる深い研究をしたうえで」共産主義の諸理念に根本的な批判を加えるであろう。なぜなら、ルルーやコンシデランの著書、とりわけ烱眼なプルドンの著書などは、皮相なその場かぎりの思いつきで片づけられるものではないのだから、と。

　後年マルクスは言っている、――この論争のために『ライン新聞』で働くのがわずらわしくなり、書斎に退く機会を「懸命に」とらえた、と。しかしこの話で彼は、思い出ばなしによくあるように、原因と結果とをあまりにも近づけすぎた。この間マルクスは、彼にはあまりにも重要と思われたこと〔『ライン新聞』〕に全力をうちこんでいて、ベルリンの古い同志との関係を断ちかねないほどだった。検閲訓令が緩和されてからドクタークラブはいつも「知的関心にあふれていた」が、三月革命前のプロイセンの首都の文士連がほとんど全部この会に集まってきて、鼻息のあらくなった俗物のいでたちで政治的社会的革命家を気取るような、いわゆる自由人の会となってからは、ベルリンの古い同志たちはもはや何の役にもたたなくなっていた。マルクスは夏にはもうこういう騒ぎにいらいらしていた。彼は言った、自己の解放を宣言すること、これは良心的なことであるが、それと自分を始めから大ぼらふきの宣伝機関にしたてて大声でわめきたてることとは別個のことがらだ、と。しかし彼は考えた、――さいわい、ブルーノ・バウアーがベルリンにいる。こいつは少なくとも「ばかげたこと」の起こらぬように、気をくばるだろう、と。

これは残念ながらマルクスの見当ちがいだった。ある信頼すべき報道によると、なるほどケッペンは自由人のばか騒ぎには近よらなかったが、ブルーノ・バウアーはそうではなかった。彼はすこしもためらわず、自由人の悪ふざけに小旗をふって音頭をとった。街なかをねり歩く乞食行列、女郎屋や安酒場での醜態、さてはまたシュティルナーの婚礼のときにバウアーが自分の鉤針《かぎ》編みの財布の真鍮環を、結婚指環としては上等だと言って、おとなしい聖職者に手渡したような野卑ないたずら――こうしたことのために、自由人は、おとなしい俗物には、なかば驚嘆、なかば恐怖の対象となったが、彼らが代表すると称する大義の正体をすっかりさらけだしてしまうことになった。

もちろん、こうした街のあんちゃんじみた馬鹿さわぎは、自由人の精神的所産にも破壊的な影響を及ぼし、マルクスは『ライン新聞』にたいする彼らの寄稿をもてあました。その多くは検閲官の赤鉛筆で抹殺されたが、しかし――とマルクスはルーゲあてにかいた――「僕も検閲官にまけずにどしどし抹殺する。それというのも、マイエン一党は少しばかり無神論と共産主義（しかしこの諸君は共産主義を全然研究したことはないのだ）をまぜあわせて自堕落な文体で書きなぐり、世界変革をはらみながら、思想としては空っぽの駄文を束にして送ってよこすし、ルーテンベルクときては、批判も独立精神も力量もまるでないくせに、『ライン新聞』を自分たちの勝手にできる機関紙とみなすことになれているし、僕はもうこれ以上、いままでのように、こうしたたれ流しをやらせておくわけにはいかないと考えたからなのだ。(二四)」これがマルクスの言うところでは、「ベルリンの空が暗くなった」第一の原因だった。

一八四二年一一月にヘルヴェークとルーゲがベルリンを訪れたとき、決裂が生じた。ヘルヴェークは当時全ドイツをまたにかけた有名な凱旋旅行の途上にあって、その途すがらマルクスともケルンで会って、いちはやく友情を結んでいる。ドレスデンではルーゲと出会い、一緒にベルリンへむかって旅行した。ベルリンでは、二人は自由人たちの狼藉には何の感興ももてなかったのはもちろんだが、ルーゲは彼の協働者ブルーノ・バウアーに腹をたててつかみあいのけんかをしてしまった。それというのもバウアーがルーゲに「ばかばかしいことをおどけて耳打ちしよう」としたからで、概念としての国家、財産、家族は解消されねばならないが、問題の現実的方面など気にする必要はないなどと主張したからだった。ヘルヴェークも同様に自由人を不快に思ったが、自由人はこの軽蔑にたいして、この詩人が世人の知るように国王に謁見したことや、金持の娘と婚約したことを例の調子でこきおろしてしっぺがえしをした。

けんかの当事者は双方とも『ライン新聞』に訴えた。ヘルヴェークはルーゲとしめしあわせて、一通の覚え書きを同紙にのせてくれるようにとたのんだが、そのなかでは、自由人の一人ひとりはたいてい優秀な人たちであることが認められていた。ところがそれにつけくわえて、――ヘルヴェークとルーゲが自由人にあからさまに言ったように、自由人は政治的ロマン主義と天才気どりと大ぼらふきによって、自由の大義と党を危殆に陥しいれた、と。マルクスはこの覚え書きを発表した。すると自由人のメガフォンになったマイエンがだしぬけに乱暴な手紙を送ってよこした。

　マルクスは自由人たちの寄稿をまっとうな方向にみちびこうとして、はじめは冷静に返答した、——「あいまいな論証や、大げさな文句や、自分の姿を鏡にうつして悦にいる自画自賛をやめて、明確に語り、具体的状態にたちいり、専門的知識を明示することを私は要求した。私は共産主義や社会主義の教条が、したがって新しい世界観が片手間の劇評などの形で密輸入されることを不適当、いや、不謹慎と考えているし、そしてひとたび共産主義が論評されるようなことにでもなれば、いままでとはまったくちがったもっと根本的な論評をするように希望する、と言明した。つぎに私は、宗教のなかで政治状態を批判するよりも、政治状態の批判のなかで、宗教を批判することを望んだ。というのは、こうした方向転換は、新聞の本質と公衆の教養とにふさわしいものであるし、また、宗教はそれ自体としては無内容で、天国によって生きるものではなく、地上によって生きるものであって、宗教を自分の理論としている転倒した現実が解体すれば、宗教も自然に崩壊するからである。最後に、いやしくも哲学を語るときには、無神論の屋号をもてあそぶよりも（これはだれでも聞いてくれる人さえあれば、おばけなんかこわくはないよ、と断定する子供たちににている）、むしろ屋号の中味が民衆の中にもちこまれることを私は望んだのだ。」（二五）この説明は、マルクスが『ライン新聞』を指導したとき依拠した諸原則を知るうえでも有益な示唆をあたえてくれる。

　ところが彼の忠告が目的の人にとどかないうちに、当のマイエンから「横柄な手紙」がとどいた。マイエンはこの手紙で、『ライン新聞』は「節度をまもる」べきではなく、「とことんまでやる」べきだ、すなわち、自由人であるがゆえに弾圧されるようにすべきで、それ以上のことも、それ以下のことも私はのぞまないといった。そこでマルクスのほうでも我慢ができなくなって、ルーゲあてに書いた。「以上のことからわかるのは、おそろしくなるような虚栄心である。こういう手合いには、政治的機関紙を救うためには、ベルリン的だぼらなど少しはすててもよいということがわからないのだ。彼らだぼら吹きときては、自分たちの徒党の問題以外のことは、てんで眼中にないのだから。……

　われわれは朝から晩まで、実にいまわしい検閲の責め苦や、内閣への書類や、州知事の文句や、州議会の苦情や、株主のわめき声等々を我慢しなければならないのだ。しかも私は、力の限り、権力側がその意図を実現できないようにすることを義務と考えるからこそ、この部署にふみとどまっているだけなのだ。だから、あなたは、私が多少激して〔マイエンに〕かなりひどい返事を書いたとお考えになってよろしい。（二六）」事実この返事は自由人たちとの決裂だった。彼らはブルーノ・バウアーからエードゥアルト・マイエンにいたるまでことごとく、政治的には多かれ少なかれあわれな最後をとげたのであった。バウアーは後に『クロイツ・ツァイトゥング』紙と『ポスト』紙の寄稿者となり、マイエンは『ダンツィヒ新聞』の主筆として死んだ。そして次のような痛ましいウィットを弄して、その破滅した生涯の結末をつけた、――自分が嘲笑してもよかったのは、プロテスタント的オルトド＝オクセン*だけだった。なぜなら、この『ダンツィヒ新聞』の自由主義的所有者はカトリック教の購読者に遠慮して、教皇の異端排撃教書の批判をすることを、私に禁じたからだ、と。それから二、三〇年後に『プロイシシャー・シュターツアンツァイガー』紙の主筆として死んだルーテンベルクのようなそのほかの自由人たちは、半官的新聞またはまったくの御用新聞にもぐりこんだのであった。（二七）

＊　オルトドクセン Orthodoxen すなわち正統派を Orthod-oxen オルトド＝オクセンと切り、オクセンは雄牛つまり馬鹿者の意味があるから、プロテスタントの正統派の馬鹿者ども、というほどの意味である。

しかしその当時、一八四二年秋には、ルーテンベルクはまだお上《かみ》から恐れられていた男だったので、政府は彼の罷免を要求した。政府はこの夏中検閲によって『ライン新聞』を極度に悩ませたが、同紙が自発的に廃刊するだろうと期待して発行禁止だけはゆるしておいた。八月八日ライン州知事フォン・シャーパーは、購読者の数は八八五名にすぎない、とベルリンに報告した。ところが一〇月一五日にはマルクスが編集をひきうけた。そして一一月一〇日シャーパーは報告して、購読者の数はたえず増加して、八八五名から一、八二〇名になり、同紙の傾向は次第に政府にたいして敵意をつよめ大胆になりつつある、といった。そのうえ、『ライン新聞』のデスクには、どこからか、きわめて反動的な婚姻法の草案がまいこんできた。この法案は離婚を困難にすることを狙っていたので、住民のあいだに猛烈な反対をよびおこしたのであるが、同法案が当局の発表に先だっていち早く紙上に発表されたことは、ますます国王の怒りを買うことになった。国王は、同紙がこの草案の投書人の姓名をあかさないなら、即時発行禁止をもって威嚇せよ、と要求した。しかし閣僚はこの憎むべき新聞の頭上に殉難者の冠をいただかせることは欲しなかった。これほど人を侮辱した不当な要求など、同紙が拒絶することをよく知っていたからである。そこで閣僚の要求は、ルーテンベルクをケルンから退去させること、また、発行禁止の処罰のさいの出頭には、発行人レナルドにかわって新聞の名義人とならねばならない責任編集者を指名することでおちつくことになった。同時に、融通のきかぬことで悪評の高かったそれまでの検閲官ドレシャルにかわって陪審判事ヴィートハウスが任命された。

マルクスは一一月三〇日ルーゲに知らせた、――「ルーテンベルクにはすでにドイツの記事（彼の仕事といえばおもに句読点をうつことだったが）の解任が申しわたされており、なんとか私の斡旋でフランスの記事が一時的にしろまかされたのだが、彼は『ライン新聞』と彼自身以外にはだれにも危険ではなかったのに、わが国家のおぼしめしが途方もなく愚かなおかげで、危険人物とみなされる幸運をになったのである。ルーテンベルクの罷免の要求は有無をいわせぬものとなった。プロイセンのおぼしめし、この最も偽善的で最も狡猾なプロイセンの専制政治は新聞の支配人が不愉快な出頭をしなくてもよいようにしてくれた。だが、顔つきにも、ものごしにも、言葉にも、なかなか巧みに殉難者意識をしめすすべを心えた新しい殉難者ルーテンベルクはこの機会を十分に利用し、われこそは『ライン新聞』の、追放されたる原理であり、『ライン新聞』は政府にたいしていままでとは別の態度をとりはじめていると、全世界とベルリンに書き送ったのだ。」（二八）マルクスは、この事件のために自分とベルリンの自由人たちとのいざこざがひどくなったとみて、このエピソードに言及しているのであるが、しかし「殉難者」ルーテンベルクを嘲笑するあまり、このあわれな男をすこしやっつけすぎたようだ。

ルーテンベルクの罷免は「有無をいわせず要求され」、それによって発行者レナルドは「不愉快な出頭」をしなくてもよいようになった、というマルクスの言葉は、新聞社が「強権」に譲歩して、ルーテンベルクを留任させようとするこころみをすべてあきらめたと解釈するほかない。しかしこうした企てに見こみのなかったことは、疑問の余地がなかった。また発行者が「不愉快な出頭」をしなくてもよいようにしたいという理由もあった。この「不愉快な出頭」というのは、調書をとる訊問のことで、まったく政治的でない出版屋にはたえられない試練だった。新聞禁止にたいする書面の抗議は、出版屋の署名したものであるが、ケルン市の公文書庫に現存する肉筆の草稿が証明しているように、この書面はマルクスの起草したものであった。

この抗議文では、「強権に譲歩して」ルーテンベルクの一時的解任が認められ、責任編集者の任命が約束されている。『ライン新聞』は、廃刊をまぬかれるためには、非御用新聞としての使命と一致するかぎり、どんなことでもよろこんでしよう、そして形式の点では、すなわち内容が形式上の緩和を許す範囲内で、従来の調子をずっとやわらげることにしよう、といっている。この文章はその筆者の生涯で二度と例をみないくらい、外交的に慎重に作製されているが、しかし一語一語が慎重に吟味されているというのが正しくないとしても青年マルクスがこの文章の中で彼の当時の所信をひどくまげていると見るのもまた正しくないであろう。また、彼が同紙の親プロイセン的意向についてのべているときでも、所信をまげてはいない。――わが新聞のプロイセンにたいする好意は、アウクスブルクの『アルゲマイネ・ツァイトゥング』紙の反プロイセン的傾向を反駁した記事によっても、また関税同盟を北西ドイツに拡張せよという言動によっても明らかであるが、そのほかにもとくに、わが新聞がフランスや南ドイツの浅薄な諸理論に対抗してつねに北ドイツの学問に言及していることによっても明らかである。わが『ライン新聞』は南ドイツに北ドイツ精神をひきいれ、そうすることで分離されたドイツ民族の精神的統一に寄与する、最初の「ライン地方の、総じて南ドイツの、新聞」である、と。

この陳情書にたいして州知事フォン・シャーパーはかなりそっけない返事をした。――ルーテンベルクがただちに罷免され、適当な編集者が指名されても、『ライン新聞』に最終的な許可があたえられるかどうかは、同紙の今後の態度いかんにかかっている、と。ただし新編集者の任命のため、一二月一二日まで猶予期間が認められたが、一二月なかばにはもう新たな闘争が始まったので、新編集者が任命されるにはいたらなかった。ベルンカステル発の二つの通信記事が、モーゼルの農民の悲惨な状態を報じたが、これをきっかけにしてシャーパーは二つの訂正を要求したのであった。訂正の内容はたわいないものであったが、形式はぶしつけだった。『ライン新聞』はひとまず、この意地わるい仕打ちをそしらぬ顔でうけながし、この訂正要求の「もの静かな気品のある態度」をたたえていった、——こうした要求のまえでは秘密警察国家のお歴々は顔をあげることはできないだろうし、これは「不信をなくし信頼を強める」上によろしきを得ている、と。しかし同紙は必要な材料を集めると、一月なかば以降、五回にわたって論説[二九]をのせ、こうして、政府がモーゼルの農民の救いを求める叫びを冷酷に抑えつけた文書による証拠の数々が紙面いっぱいにもちだされた。ライン州知事はこのために骨のずいまで大恥をさらすことになった。ところが、同紙の禁止がすでに一八四三年一月二一日、国王の臨席のもとに閣議で決定されたことは、この州知事のここちよい慰めとなった。年末から年頭にかけて起こった一連のできごとが国王の逆鱗にふれたのであった。すなわち、ヘルヴェークがケーニヒスベルクから国王あてにだした、感傷的ではあるが反抗的な書簡が、『ライプツィガー・アルゲマイネ・ツァイトゥング』紙上に、筆者の知らないうちに、その意に反して発表されたこと、大逆罪と不敬罪で告発されたヨハン・ヤコービに最高裁判所が無罪の判決をいいわたしたこと、最後に、「民主主義とその実践的諸問題のために」という年頭の辞が『ドイツ年誌』にのったことである。このため、同誌は即刻発禁となり、またプロイセン領内のことではあるが『ライプツィガー・アルゲマイネ・ツァイトゥング』紙も禁止された。いまや『フーレンシュヴェスター・フォム・ライン』〔ラインの娼婦姉妹〕紙までも、両紙誌にたいする弾圧をはげしく攻撃したというので、一掃されることになった。

『ライン新聞』禁止の表むきの口実にされたのは認可がおりていないということであったが、これではまったく、マルクスのいったように、「プロイセンでは警察の鑑札がなければ、犬一匹生きることもゆるされないが、『ライン新聞』にいたっては、官許の生存条件などただの一日もないのに発行できたかのようだ」。だが「実際の理由」としてあげられたのは、とかく野卑になりがちな新旧のプロイセン的おしゃべりであったが、これはマルクスが嘲笑したように、「くだらぬ信念やむなしい理論をねたにしてならべたてるあいかわらずのたわごとやばかさわぎ」だった（三〇）。新聞の発行は株主のことを考慮した上で三ヵ月の経過するまで許可された。「この処刑猶予の期間中に新聞は二重の検閲をうけるのだ。尊敬できる男であるわが検閲官は、ことなかれ主義で従順な鈍物であるここの県知事フォン・ゲルラハの検閲下におかれている。しかも、印刷準備の終わったわれわれの新聞は、警察の鼻先にさしだされて、においをかがれなければならない。もし非キリスト教や非プロイセンの匂いでもしたら最後、新聞は発行を許されなくなるのだ（三一）。」こうマルクスはルーゲあてに書いた。事実、陪審判事ヴィートハウスは尊敬されてもよい人物だったから、検閲を棄権した。そのためにケルンの合唱団はセレナーデをうたって彼に敬意を表したくらいだった。彼の代わりに内閣書記官サン-ポールがベルリンから派遣された。この男はただただ刑吏の役目にはげんだので、二月一八日には早くも二重の検閲は廃止されるにいたった。

全ライン州民は『ライン新聞』の禁止を、自分自身に加えられた侮辱と受けとった。購読者は

三、二〇〇に急増し、数千の署名で埋められた請願書が、同紙に迫った弾圧を防ぎとめようとベルリンに送られた。株主代表団も出かけていったが、国王に拝謁することは許されなかった。住民から提出された請願書は、これに署名した官吏がきつい譴責をちょうだいしなかったら、内閣の紙屑かごにすてられて跡形もなくなっただろう。だが、もっとゆゆしいことには、株主たちが、こうした哀願的な抗議では功を奏しなくなると新聞の態度を軟化させることで、目的を達しようとしたことだった。主としてこうした事情のために、マルクスはもう三月一七日には編集から手をひいていたが、だからといって彼は、もちろん、最後の瞬間まで極力検閲当局をてこずらせるのを遠慮したわけではない。

サン‐ポールはベルリンでは自由人たちと酒場でのんだこともある若いボヘミアンで、ケルンでも女郎屋の前で夜警とつかみあいをしたこともあった。しかし彼はすみにおけない男で、『ライン新聞』の「主義主張の中核」とその理論の「生ける泉」がどこにあるかを、すぐに見てとった。ベルリンあての報告のなかで彼は、不本意だが敬意をもってマルクスについて語った。サン‐ポールは「深い、思弁上の誤まり」がマルクスにあると見たにもかかわらず、彼がマルクスの性格と才能にひどく感服していたことは明らかだった。三月二日にはサン‐ポールは、マルクスが「現在の状態では」『ライン新聞』とのいっさいの関係を断ち、プロイセンを去る決心でいることを、ベルリンに知らせることができた。そこでベルリンのいとも賢明なお歴々は、その公文書に、こう書きいれたのであった、――マルクスが外国に移住したとしても、何の損失もない。なぜなら「彼のウルトラ民主主義はプロイセン国家の原理とまったくあいいれないからである」と。たしかにそのとおりだった。その後一八日にはこの尊敬すべき検閲官は、「この全企画の指導的精神であるドクター・マルクスは昨日きっぱりと辞職し、まったくおとなしくて、そのうえなんのとりえもない人物であるオッペンハイムが編集をひきうけた。……そこで私ははなはだせいせいし、今日は平日の時間の四分の一しか検閲にあてなかった」と悦に入っている。彼は去ろうとするマルクスにむかって、私は今後無事平穏に『ライン新聞』を存続させるべきだとベルリンに提議するつもりだ、などと追従たっぷりのお世辞をいった。ところが彼を任命した上司たちは、臆病なことにかけては、彼以上だった。彼らは彼にたいして、『ケルン新聞』のヘルメス某なる編集者をひそかに買収し、『ライン新聞』がこの新聞の油断のならない競争相手となるかもしれないぞといって新聞発行人をおどすように指令した。この奸策は成功した。

ところで、マルクス自身は一月二五日、『ライン新聞』の禁止命令が届いた当日、ルーゲあてに書いた、――「私はべつにおどろかなかった。あなたは私が検閲訓令をはじめからどのように考えていたかを知っておられる。ここで私は一つの結果だけしかみていない。私は『ライン新聞』の禁止を政治的意識の一進歩とみるから、あきらめているのだ。そのうえ、私には周囲の空気がひどくうっとうしくなった。たとえ自由を守るためであっても下僕づとめをしたり、棍棒の代わりに針でちくりとやるような闘争はいやなことだ。私は偽善にも、愚鈍にも、粗野な権威にも、またわれわれが順応し、言いなりになり、逃避し、小理屈をならべることにも、うんざりした。そこで政府はふたたび私を自由にしてくれた。……ドイツでは私はもう何もすることができない。ここでは人々は自分自身をいつわっているのだ。(三三)」

## 八　ルートヴィヒ・フォイエルバッハ

この同じ手紙(三三)のなかで、マルクスは、彼の政治的処女論文を寄進した論文集をたしかに受けとったといっている。この論文集は『最新のドイツ哲学および評論へのアネクドータ』という標題で二巻にわけて一八四三年三月初めチューリヒのリテラーリシェス・コントール社から発行された。同社はユリウス・フレーベルがドイツの検閲上の亡命者の避難所として設立したものだった。

この書物で、青年ヘーゲル派の古つわものがもう一度集結した。その隊伍はすでに乱れていたが、そのまっただ中に、あの大胆不敵な思想家がいた。すなわち、ヘーゲルの哲学をいっさい死人のあいだに投げすて、「絶対精神」は神学の死せる精神であり、したがってまったくの幽霊信仰であると宣言し、哲学のすべての秘密は、人間と自然の観照のなかに解明されていると見た思想家である。ルートヴィヒ・フォイエルバッハが『アネクドータ』に発表した『哲学改革の提言』は、マルクスにとっても一つの啓示であった。

後年エンゲルスは、青年マルクスの精神的発展にフォイエルバッハが大きな影響をおよぼしたのは、一八四一年にはすでに出版されていたフォイエルバッハの最も有名な著書『キリスト教の本質』にはじまるといっている。この書の果たした「解放的なはたらき」は、これを自分で体験したものでなければ想像することはできまいといい、それについてこういっている。「世はこぞって感激した。われわれはみなたちまちフォイエルバッハ主義者だった。(三四)」しかしマルクスが『ライン新聞』に発表したものには、フォイエルバッハの影響はまだ見られない。マルクスは批判はすべて保留し、『独仏年誌』ではじめて、この新たな見解を「熱烈に歓迎した。」『独仏年誌』は一八四四年二月に発行され、この標題からしてフォイエルバッハの思想過程にたいしてある種の共鳴をしめしている。

ところで『提言』の思想はたしかに『キリスト教の本質』のなかにみることができる。そのかぎりでは、エンゲルスがその回想の中でおかしている誤まりはどうでもいいことのようにみえる。しかしこの誤まりがフォイエルバッハとマルクスとの精神的関連をかくしているかぎりでは、どうでもよいことではなくなる。フォイエルバッハはいつも田舎に独りでいるときだけ、くつろいだ気持になったが、だからといって、闘士でなかったわけでは決してない。彼はガリレイと同じ意見だったので、都会は瞑想的な気質の人々には牢獄のようなものであるが、反対に田舎の自由な生活は、自然の書いた書物であって、悟性をもって自然を読むひとには、自然は直接目の前にひらかれた書物であると考えた。こう言ってフォイエルバッハはブルックベルクでの孤独な生活をすべての攻撃から守った。彼は田舎の孤独を愛した。といっても、それは、隠れて生きる者は幸いなるかな、といった、古来の平穏無事な孤独という意味でではなかった。彼が田舎の孤独を愛したのは、この孤独のうちから闘争の力をくみあげたからである。そして、精神を集中し、日常のそうぞうしい雑音にさまたげられて自然の観照からひきはなされることのないようにという、思索の必要からであり、そして自然は彼にとってはいっさいの生命とその秘密の偉大なみなもとだったからである。

田舎に隠せいしていたけれども、フォイエルバッハは時代の偉大な戦いの最前線にたって戦った。彼の論文はルーゲの雑誌に、世にも鋭い皮肉と風刺のきいた刃をあたえた。『キリスト教の本質』において彼は、人間が宗教をつくったのであって、宗教が人間をつくったのではないこと、またわれわれの空想のつくりだす高い存在は、われわれ自身の存在の空想的反映にすぎないことを論証した。しかしちょうどこの書が世にでたころ、マルクスは政治闘争に転向し、さきに大体のべた程度においてであったが、この闘争は彼を衆人の集う広場の雑踏のまっただなかに導いていった。フォイエルバッハが著書の中できたえあげた武器はこの闘争には役にたたなかった。ところが、ヘーゲル哲学が、『ライン新聞』紙上で、マルクスの当面した物質的諸問題を解決する力のないことをみずから明らかにしたその時、哲学改革のためのフォイエルバッハの『暫定的提言』が世にでて、神学の最後の避難所であり、最後の合理的支柱であったヘーゲル哲学にとどめを刺した。マルクスは、この提言にたいする批判はただちに留保したとはいえ、提言は彼に深い印象をあたえたのであった。

三月一三日の手紙で、マルクスはルーゲあてにこう書いた。――「フォイエルバッハのアフォリズムは、自然に言及することがあまりに多く、政治に言及することあまりに少ない点でだけ、私には不満である。しかし政治との同盟こそは現在の哲学が真理となることのできるためのただ一つの道である。ともあれ事態はおそらく、自然熱狂者たちに呼応して、それとは別の一群の国家熱狂者たちがあらわれた一六世紀のようにすすむであろう。(三五)」じつはフォイエルバッハも『提言』の中のごく貧弱な注意書で、わずかに政治に言及はしたが、これはヘーゲルをこえて前進したというよりも、むしろ彼から後退したものだった。フォイエルバッハが彼の師の自然哲学と宗教哲学を討究したように、ここでマルクスはヘーゲルの法哲学と国家哲学を徹底的に討究するために登場したのであった。

この三月一三日付ルーゲあての手紙をみるともう一個所で、マルクスが当時どんなに強くフォイエルバッハから影響されていたかがわかる。プロイセンの検閲下で書いたり、プロイセンの空気のなかで生活したりすることはできない、ということが明らかになると、婚約者をつれてドイツを去ろうという決心もついた。彼はそれよりも前に、一月二五日にルーゲに、ヘルヴェークが当時チューリヒで出そうとしていた『デル・ドイッチェ・ボーテ』〔ドイツの使者〕誌でなにか仕事はないかと問いあわせたが、ヘルヴェークがチューリヒから追放されたので、このプランは実行に移されないままつぶれてしまった。そこでルーゲがマルクスにひとつ共同してやろうと別の提案をしたなかに、形も名前もかえて年誌を共同で編集しようという提案もあった。そして、君がケルンで「編集の苦しみ」をかたづけてから、「われわれの再生の地」について直接話しあうためにライプツィヒにくるように、と書いた。

マルクスは三月一三日これに同意したが、「われわれのプラン」にかんする彼の所信を、「暫定的に」つぎのように表明した。「パリが占領されたとき〔一八一四年ナポレオン一世の敗北で〕、あるものは摂政をつけてナポレオンの息子を、他のものはベルナドットを、最後にまた第三のものはルイ・フィリップを、支配者にしようと提案した。しかしタレーランは答えた。ルイ一八世か、然らずんばナポレオン。これこそただ一つの原理、他のすべては陰謀だ、と。そこで私もストラスブール（またはせいぜいのところスイス）以外のほとんどすべては原理にあらずして、陰謀だといいたい。二〇ボーゲン以上の書物などは、民衆むき書物ではない。そこでわれわれの力ででできるせいぜいのところは月刊雑誌だ。『ドイツ年誌』がかりにふたたび許可されるとしても、めでたく永眠した者のひ弱い模写となるのが関の山だろう。そんなものはいまでは、もう不十分だ。

その反対に、『独仏年誌』、これこそただ一つの原理であり、重大な結果をうむただ一つの事件であり、人々を熱狂させるくわだてだろう。(三八)」ここにはフォイエルバッハの『提言』の余韻がきこえる。『提言』にいわく、――生と、人間と同一の、真実の哲学者は、ガリア＝ゲルマン的血をひくものでなければならぬ。心臓はフランス的、頭脳はドイツ的でなければならぬ。心臓は革命をし、頭脳は改革をする。ただ運動、沸騰、情熱、血、感性のあるところにのみ、精神もまた存在する。最初にドイツ人をその哲学的衒学癖とスコラ趣味から救いだしたものは、ただライプニッツのエスプリ、彼の多血質の、唯物論的＝唯心論的原理だった。

ルーゲは三月一九日付の返信で、この「ガリア＝ゲルマン的原理」に全面的に同意するとのべたが、しかし事務上の整理のためになお数ヵ月がすぎさった。

## 九　結婚と追放

マルクスは最初の公的闘争の波乱にみちた数年間に、いくつかの家庭的難問題とも苦闘しなければならなかった。彼はそれについて話したがらなかった。話すのはいつも、不愉快な必要に強いられたときだけだった。小さな身辺雑事にかまけて、神と世界を忘れる俗物のあわれむべき運命とは正反対に、「人類の大問題」のゆえに最もきびしい苦難をものりこえることが彼のさだめであった。彼の生涯にはこうした力をはたらかせる機会がただあまりにも多かった。

彼の「私的瑣事」についての、彼自身の残した最初の言葉のうちに、こうした事がらについての考え方が、きわめて特徴的にしめされている。『アネクドータ』のために約束した論文がはかどらないことを、ルーゲに弁解するために、彼は一八四二年七月九日、いろいろの故障を数えあげてから、こうかいた。「残りの時間は不愉快千万な家庭のいざこざのためにこま切れにされ、調子がくるった。私の家族は難問題で私のじゃまをした。家庭は何不自由ないのだが、この難問題のために、私は一時ひどく苦しい状態におかれた。これらの身辺雑事を話して、あなたをわずらわすのは私にはとてもできない。堅固な性格の人物が公的瑣事にかまけて、私事のために心をいらだたせないということは本当に幸福なことだ。(三七)」ここに示された非凡な性格の堅固さの証拠も、むかしからあの「無情な」マルクスにたいして、「私事のためにいらだつ」俗物どもを憤激させたものなのだ。

この「不愉快千万な家庭のいざこざ」については、くわしいことはなにもわかっていない。こうしたことは『独仏年誌』の発足が問題となったとき、ごく一般的にもう一度ふれられただけだった。その時ルーゲあてにこう書いた。このプランがしっかりした形をとりしだい、私はクロイツナハに旅行し、そこで結婚したいと思っている。そこには私の婚約者の母が夫の死後住んでいるのでしばらくのあいだしゅうとめのもとに滞在したいと思っている。「というのは、われわれはいずれにせよ、仕事にかかる前に二、三の案件はどうしても片づけておかねばならないからだ。……ロマン主義はいっさいぬきにして、私は頭のてっぺんから足の爪さきまで、しかもまったく真剣に愛していることを、あなたに断言できる。私たちはもう七年以上婚約している。そして私の婚約者は健康をほとんど台なしにするような、実に苦しい戦いを私のためにたたかってくれた。あるときには、彼女自身の親類、『天にまします主《しゅ》』なる神と『ベルリンにいます主』なる君とをならべて礼拝の対象にしているあの信心ぶかい貴族と、またあるときは二、三の坊主どもやその他の敵が巣くっている私自身の家族と。だから私と婚約者とは、ほかの多くの、われわれよりも三倍も年上で、始終『生活経験』を口にしている連中より以上に、心身をそこなう、無益な闘争を何年もたたかい抜いてきたのだ。[二八]」このわずかな示唆以外には、婚約時代の闘争についてはなにもつたわっていない。

労苦がなかったわけではないが、それにしては割に早く、しかもマルクスがライプツィヒにでかけることもなく、新しい雑誌の発行は確定した。裕福なルーゲが六、〇〇〇ターラーを出資し有限責任社員として、リテラーリシェス・コントールに入社する用意があるとのべたので、フレーベルは出版をひきうける決心をした。マルクスのために編集給料として五〇〇ターラーが確約された。これをあてにして、一八四三年六月一九日、彼はイェニーと結婚した。

『独仏年誌』をどこで出すかをきめることがまだのこされていた。ブリュッセルか、パリか、ストラスブールか、きまらなかった。アルサス州の都市が最も若いマルクス夫妻の希望にそっていたらしかったが、フレーベルとルーゲがしたしくストラスブールとブリュッセルにいって調べてみた結果、ついにパリにきまった。ブリュッセルでは、新聞は、保証金制度と九月法令*の布かれているパリよりも自由にだせたが、フランスの首都のほうがドイツの社会生活に近かった。パリでは三、〇〇〇フラン少しでくらせるよ、とルーゲは元気づける口調で書いてよこした。

＊　九月法令　注一一七を見よ。

マルクスは計画どおり、結婚後の最初の数ヵ月をしゅうとめの家ですごした。一一月、彼は新婚の世帯をパリに移した。故郷での最後の生活をもの語るものとして、一通の手紙が残されているが、これは彼が一八四三年一〇月二三日クロイツナハからフォイエルバッハあてに、新しい年誌の第一冊のために寄稿、それもシェリングの批判をしてもらうために、さし出したものである。

「私はあなたの『キリスト教の本質』第二版の序文によって、あなたがこのほら吹きについていろいろお書きになる心づもりをしておられることであろうと想像しております。これこそすばらしいデビューでありましょう。

シェリング氏はなんとたくみにフランス人を、はじめはあの浅薄で折衷的なクザンを、のちにはあの天才的なルルーまでも、おびきよせるすべをこころえていることでしょう。ピエール・ルルーとその仲間にはあいかわらず、シェリングは先験的観念論に代わって理性的実在論を、抽象的思想に代わって血肉をそなえた思想を、専門哲学に代わって世間哲学をもたらした人と見られています！……

ですから、もしあなたがただちに第一冊のためにシェリングの性格論を送ってくださるならば、私たちの計画に、いやそれ以上に、真理に一大貢献をなされることになりましょう。あなたはシェリングに真向から対立しておられるのですから、あなたをおいてほかにはありません。あの——私たちは敵の美点を信じてもいいのですから——シェリングのまっとうな青春の思想。しかし彼は、この思想を実現するのに想像力以外にいかなる道具も、虚栄心以外にいかなるエネルギーも、阿片以外にいかなる促進剤も、女性的受容力の敏感さ以外にいかなる器官ももちあわせてはいませんでした。シェリングにあっては空想的な青春の夢としてとどまっていた、彼のあのまっとうな青春の思想、それは、あなたにとっては真理となり、現実となり、男性的真摯となったのです。……ですから、私はあなたこそ、シェリングの必然的な、そして自然的な敵手、すなわちあなたにとっては至尊の存在ともいうべき自然と歴史によって指名されたシェリングの敵手であると思っているのです（三九）。」この手紙は何という好意にあふれた調子で書かれていることだろう！　そして偉大な闘争にいでたつよろこばしい期待がなんとあかるくかがやきでていることだろう！

　ところがフォイエルバッハはためらった。彼ははじめははやばやとルーゲにたいして新しい計画を賞賛したが、のちには寄稿をことわってきた。彼の「ガリア＝ゲルマン的原理」に訴えても彼は意向をひるがえさなかった。第一に彼の書いたものは、権力者の激怒を招いた。それがために彼らはまだドイツにいくらか残っていた哲学する自由を、警察の棍棒で打ちのめした。そして哲学的政府反対派は、めめしく降服したくなければ、国外にのがれるほかなかった。

　降服はフォイエルバッハの本領ではなかったが、死者の国ドイツのまわりに荒れ狂う波濤のなかへ大胆にとびこむことも彼の本領ではなかった。マルクスがフォイエルバッハを味方にひきいれるために吐露した炎のような言葉にたいして、フォイエルバッハが友誼的な関心は十分抱きながらも、拒絶の返答をしたその日は、フォイエルバッハの生涯の凶日だった。彼はいまや精神的にも孤立した。

# 第三章　パリ亡命

## 一　『独仏年誌』

新しい雑誌は幸運の星にはめぐまれなかった。一八四四年二月末に第一号と第二号の合冊がでただけだった。

「ガリア＝ゲルマン的原理」、あるいはルーゲ流にいいかえれば「ドイツ人とフランス人の知的同盟」は実現されなかった。「フランスの政治的原理」はドイツ人がみやげにもってきたヘーゲル哲学の「論理的洞察力」などてんで相手にもしなかった。ところがヘーゲル哲学こそは、フランスの政治的原理にとっては、形而上学的領域における確かな羅針盤として役にたつはずだったのに、ルーゲの見るところでは、フランス人は形而上学の領域では、舵もなく浪風のままに漂っていたのであった。

ルーゲのいうところでは、もちろん、まずラマルティーヌ、ラムネー、ルイ・ブラン、ルルー、そしてプルドンをひきいれることになっていた。しかし、この名簿そのものがすでに色さまざまのとりあわせだった。その中でドイツ哲学を多少知っていたのはルルーとプルドンだけで、プルドンは地方でくらし、ルルーは一時文筆の仕事をやめて、鋳込植字機の発明にうき身をやつしていた。しかし、ほかの人々はあれやこれやの宗教上の勝手な意見をならべたてて協力をことわってきた。ルイ・ブランまで政治のアナーキーは哲学上の無神論から生まれると考えていた。

もちろん雑誌はドイツ人の寄稿者では、なかなか堂々たるスタッフをそろえた。すなわち、編集者たち自身のほかに、まず、ハイネ、ヘルヴェーク、ヨハン・ヤコービが第一に名をつらね、それにつづく人たちの中でもモーゼス・ヘスとラインプファルツの青年法律家F・C・ベルナイスも相当なものだったし、最年少のフリードリヒ・エンゲルスにいたっては言うまでもなかった。彼はそれまでなん度か文筆家として腕だめしをしてから、ここではじめて兜《かぶと》の鉄面《かなめん》をあげ、はなばなしくよろいに身を固めて、戦列に加わった。しかしこの軍勢もかなりの雑軍だった。彼らの多くはヘーゲル哲学をほとんど理解せず、この哲学の「論理的洞察力」にいたってはさらに理解しなかった。とくに両編集者自身のあいだにまもなくいざこざがおこり、両人の協働は不可能になった。

この雑誌の唯一のものとして残ることになった第一、二号合冊の巻頭にはマルクス、ルーゲ、フォイエルバッハ、そしてバクーニンのあいだにかわされた「往復書簡」がのった。バクーニンはこれより前に、ドレスデンでルーゲの仲間になり、『ドイツ年誌』に論文を発表して非常に注目された若いロシア人だった。書簡は全部で八通あって、筆者の名前の頭文字が署名してあるが、それによると、マルクスとルーゲのものが三通ずつ、バクーニンとフォイエルバッハのものが一通ずつである。ルーゲは後年になって、この往復書簡には「実際の書簡が部分的に」利用されはしたが、これはじつは自分のかいた戯曲的シーンだったといい、これを彼の「全集」にいれた。しかしおかしなことには、往復書簡全体の核心となっているマルクス署名の最後の書簡は抹殺され、ほかの書簡はひどく改竄されている。それぞれの書簡の内容は頭文字の筆者のかいたものであることに疑問の余地はない。そしてこれらの書簡が統一のある作曲であるとすれば、演奏の第一ヴァイオリンをひいているのはマルクスである。しかしルーゲが自分の書簡にも、フォイエルバッハとバクーニンの書簡にも筆をいれただろうということは、論議の余地はない。

　往復書簡の最初と最後の一通はマルクスのかいたもので、前者は短いが情趣ゆたかな調子でかかれている、――ロマン主義的反動は革命にみちびく。国家は道化芝居にされるにはあまりにも厳粛なものである。ひとはおそらく愚か者でいっぱいの船をさえ、かなり長いあいだ順風に帆をあげてすすませることはできるであろう。しかし船はそれの運命にむかってすすむのであって、まさにそれは愚か者が船の運命を信じないうちにすすむのである、と。これにたいしてルーゲは、ドイツの俗物どもの羊のような永遠の忍耐をなげく長いなきごとをならべて答えている。この返答は、のちに彼自身のべているように「愁訴的で絶望的」なものだったし、マルクスがさっそく・ルーゲにあてて慇懃にこたえていったようなものでもあった。いわく「あなたの手紙はじつにりっぱな哀歌であり、胸のふさがるような挽歌である。しかし徹頭徹尾政治的ではない。(四〇)」なおつづけていわく、俗物がこの世界の主《あるじ》であるなら、この世界の主を研究するのは骨折りがいのあることだ。俗物がこの世界の主であるのは、ただあのうじ虫どもが死体にむらがるように、彼の仲間でこの世界をみたしているからだ。俗物が君主制の材料であるうちは、君主も俗物どもの王であることができる。プロイセンの新王は、父親〔フリードリヒ・ヴィルヘルム三世〕よりも元気よく快活に、俗物国家を土台はそのままにして廃棄しようとしたが、しかし俗物どもが現在のままの俗物であるかぎり、王は自分自身をも、自分の臣民をも、自由な真の人間にすることはできなかった。そこで結局はむかしの化石のような奴僕国家、奴隷国家に帰った。しかしこの絶望的な状態は新たな希望にみちている、と。マルクスは君主の無能ぶりを指摘し、万事神様のお気にめすままにまかせ奉る下僕や臣下の懶惰を指摘し、しかもこの両者はともに一つの破局を招くのに十分であるとした。彼は、俗物社会の敵である思索し苦悩するすべての人間がたがいに了解するにいたったことを指摘し、旧来の臣民の受動的な繁殖体制さえもが新しい人類に奉仕する新手を日日つのりつつあることを指摘する。ところが、営利と商業との、財産と人間搾取との体制は、それ以上にすみやかに現存の社会内部の崩壊にみちびく。旧体制は元来修理したり創造したりするものではなくして、ただ生存し享楽するだけのものであるから、修理する力はない。そこで、旧世界をくまなくあかるみにひきだし、新世界を積極的につくりあげることが課題となるのだ、と。

バクーニンとフォイエルバッハもそれぞれ自分の流儀でルーゲに書簡をよせ鼓舞している。これに答えてルーゲは「新しいアナカルシスと新しい哲学者によって」確信をえたと告白する。フォイエルバッハは『ドイツ年誌』の廃刊をポーランドの滅亡になぞらえ、ポーランドでは腐敗した国民生活全般の泥沼状態のなかでは、少数の人々がどんなに努力しても、ついにむだにおわったと言っている。そこで、こんどはルーゲがマルクスあての手紙の中でいう。「そうだ！　カトリックの信仰と貴族の自由がポーランドを救わなかったように、神学的哲学とお上品な学問はわれわれを解放できなかった。われわれは過去と断然絶縁する以外に、過去を前進させることはできない。年誌は没落し、ヘーゲル哲学は過去のものとなる。われわれは、パリで機関紙を創刊する。自分自身と全ドイツを、完全に自由に、容赦なく率直に判断するために。」彼は販売上のことで奔走することを約束し、雑誌のプランについて意見をのべてくれるようにマルクスに依頼した。

マルクスは最初に発言したように、最後にも発言している。——真に思索する独立した頭脳のために、新たな集合地点を探さなければならないのは明らかだ。しかし、どこから、ということでは何の疑いもないけれども、どこへ、ということでは混乱はますますひろがるばかりだ。「改革者たちのあいだに、全般的な無政府状態があらわれているだけでなく、今後なにがなされるべきかについては、だれ一人として何ら明確な見解をもっていないことを、だれもが自分についてみとめないわけにはゆかないであろう。とはいえ、われわれが世界の将来を教条的にさきどりしないで、まず古い世界の批判の中から新しい世界を見いだそうとしていることは、これはこれで、まさしくこの新しい傾向の長所なのである。これまで哲学者はいっさいの謎の解決を彼らの机の中にしまいこみ、愚かな俗人たちはただ口をぽかんとあけて、絶対的学の焼鳥が口のなかに飛びこんでくるのを待っていればそれでよかった。しかし今や哲学は現世化した。そのことの最も適切な証拠は、哲学的意識そのものが、外部にたいしてだけでなく、内部においても、闘争の苦悩の中にひきいれられていることだ。未来を構想して永遠に決着を宣言することがわれわれの仕事ではないとすれば、われわれが今やりとげなければならないことは、いよいよ確実だ。ここで私が言おうとしているのは、現存するいっさいのものの容赦ない批判のことだ。容赦ないというのは、批判がそれの結果をおそれないという意味でもあるし、さらに現存する諸権力との衝突をもおそれないという意味でもある。[四一]」マルクスは断じて教条的な旗印を掲げることを欲しない。そしてカベーやデザミやヴァイトリングの説くような共産主義も、彼には教条的な抽象物にすぎない。さらにいわく、――こんにちのドイツの主な関心事は第一に宗教であり、つぎに政治である。この二つがたとえどんなものであるにしても、これから出発すべきであって、『イカリア旅行記』のような何らかの体系を、それらに対置すべきではない。

マルクスは、政治問題はまったくくだらぬものだとする「粗野な社会主義者」の意見を非難する。政治的国家の内的衝突から、すなわち国家の観念的な規定とその現実的な諸前提との矛盾から、いたるところで社会的真理を展開することができる。「したがって、われわれの批判を、政治の批判に、政治における党派への加担に、それゆえ現実の闘争にむすびつけることは、なんらさしつかえないことだ。その場合われわれは、ここに真理がある、ここでひざまづけ、というふうに、新しい原理をふりかざして空論的に世界に立ちむかうことはしない。われわれは、世界の現にもつ諸原理のうちから、新しい諸原理を発展させて世界にしめすのである。われわれは世界にむかって、おまえの戦いをやめよ、それはばかげたことだ。われわれがおまえに戦いの真の合言葉を呼びかけてやろう、などといいはしない。われわれはただ、そもそも世界がなぜ戦うかを世界にしめすだけだ。そして意識とは、世界がそれを獲得しようとは思わない場合でも、獲得しないではいられないものなのだ。」（四二）そこでマルクスは新しい雑誌の綱領をつぎのように要約する、――時代が自身の闘争と欲求とについて自己了解（批判的哲学）すること。

この「自己了解」に到達したのはマルクスだけで、ルーゲではない。「往復書簡」を見れば、マルクスは動かす方で、ルーゲは動かされる方だったことがすぐにわかる。そのうえ、ルーゲはパリにきてから病気になり、編集にはほとんど関与しなかった。そのため、彼は自分の最も得意とする能力を思う存分発揮できず、ルーゲの力からすればマルクスのやることは「あまりにもまわりくどく」思われた。彼は自分が最も適していると考えていた形と姿勢とをこの雑誌にあたえることができなかったし、一度も自分自身の労作を発表できなかった。それにもかかわらず、彼はまだこの第一冊全体に冷淡な態度をとったわけではなかった。彼は、「あらけずりのしろものが二、三いっしょくたにならべられて」いて、僕ならこれを直しただろう。しかし今はいそぐので我慢しておく、となじりはしたが、「ドイツで大センセーションをまきおこすような、まったく注目に値するものがのっている」とみていた。外部からの障害で頓挫することがなかったら、雑誌は、おそらくなお続いたであろう。

最初に、リテラーリシェス・コントールの資金がまたたく間に底をつき、フレーベルはこの事業を続けることができないと言明した。つぎには、プロイセン政府が、『独仏年誌』が発行されたという情報がはいるとさっそく弾圧にのりだしてきた。

しかしそんなことをしても、ギゾーはもちろんのことメッテルニヒでさえ、プロイセン政府にとくにいい顔はしなかった。政府は一八四四年四月一八日、全国の州知事に、年誌は大逆罪未遂および不敬罪未遂の犯罪事実明らかなり、という通牒を発するだけですますほかなかった。そこで州知事らはもしルーゲ、マルクス、ハイネ、ベルナイスがプロイセン領内に立ち入った場合には、世間が騒ぎたてないように、ただちに旅券を押収して逮捕せよと警察に指令した。いかに絞り首にしたくても、まずもって取り押さえないことには、絞り首にするわけにもゆかないから、そんなことでは少しも痛くもかゆくもなかった。ところが、心やましいプロイセン国王は意地のわるいくせに不安になって国境の警戒をおこたらなかったから、事態は険悪になった。ライン河の汽船で一〇〇部、フランスとプファルツの国境のブルクツァーベルンでは二〇〇部をはるかにこえる『独仏年誌』が押収された。このことは、もともと採算のとれるように発行部数をかなり少なくしていた同誌には、手痛い打撃だった。

しかし、ひとたび内部にいざこざがおこると、外部からの困難もくわわって、ともすれば、いやらしくひどくなりがちのものだ。ルーゲの言い分では、この外部からの困難が彼とマルクスとの決裂をも促しただけでなく、決裂のそもそもの原因だったというのだが、マルクスにかんするかぎりこれは本当だったかもしれない。というのは、マルクスは金銭上のことでは王侯のように無頓着だったが、ルーゲは小商人《こあきんど》のように疑ぐりぶかいところがあったから、マルクスの当然要求できた給料を、現物賃金制をまねて、『年誌』の現物で支払うようなことを平気でやった。ところが、君には書籍販売の知識などまるでないのだから、雑誌を続けるためには君の資産を投げだしたらどうだと、マルクスが不当にも要求したというので、ルーゲはひどく憤慨してしまった。しかし、同様の状態にあったマルクスはたしかに自分の金は投げだしたが、どうもルーゲにそういう要求をしたとは考えられない。マルクスは、出だしがうまくいかないからといって、やりかけた仕事をすぐにほうりだしてしまうようなことはしないように、と忠告したのかもしれない。だが、ルーゲは、これは自分の財布をねらう危険なたくらみだと邪推したのだろう。というのは、彼は、ヴァイトリングの書いたものを出版するから、いくらか金をだしてほしいという申し出を聞いただけでも「腹をたて」たのだから。

さらに、ルーゲは決裂の直接のきっかけとして、ヘルヴェークについての口論をあげているが、彼自身ここでほんとうの原因をにおわせている。彼がヘルヴェークのことを「たしかにひどすぎるほど」「ルンペン野郎」とののしったのにたいして、マルクスはヘルヴェークには「偉大な未来」があると力説したのであった。この問題はルーゲの勝ちだった。ヘルヴェークには「偉大な未来」などなかったし、(四三)彼がはじめパリでおくった暮らしぶりは、事実やっつけられてもよいものだったらしく、さすがのハイネも彼をきびしく非難していた。マルクスもこのことには少しも同情しはしなかったことは、ルーゲがみとめている。にもかかわらず、「礼儀正しい」「上品な」ルーゲがそのうすきみのわるい本能を鼻にかけてよい以上に、マルクスの寛大な思いちがいは、「辛辣」で「短気」もののマルクスのほまれとなるものだった。つまりマルクスの重くみたのは革命的詩人だったが、ルーゲのほうは難点のない俗物根性を重くみたのである。

これが二人を永久に訣別させるにいたったつまらない事件のより深い経緯だった。マルクスにとっては、ルーゲとの決裂は、たとえば後年のブルーノ・バウアーあるいはプルドンとの決裂のような、客観的意義をもたなかった。革命家としてのマルクスは長いあいだルーゲのことをおもしろくなく思っていたのであろうが、ルーゲの描いたとおりになったとはいえ、ヘルヴェークについての口論がマルクスの癇癪を破裂させてしまったのである。

ルーゲの最もよい一面を知りたければ、それから二〇年後に彼のだした『回想録』を読まねばならない。この四巻の書は『ドイツ年誌』の廃刊までのことを書いている。この時代には、ルーゲの生活は学校教師や大学生の前衛文学派の模範だったし、これらの人たちは小さな商売と大きな幻想で生きていた市民階級を代弁していた。回想録には、リューゲンや前ポンメルンの平野地方で生いたったルーゲの少年時代の美しい風俗画がふんだんに描かれている。活気のあるブルシエンシャフト時代や非道なデマゴーグ狩りの、描写はとても生きいきしていて、それは他のドイツの文献ではほかにみられないくらいのものである。ただこの回想録は運わるく、ドイツの市民階級が大きな幻想と別れて大きな商売をはじめた時代に出版されたので、ほとんど世人の注意をひかずにおわった。その反対に、ロイターの『要塞監獄時代』はこれと同じ種類のもので、歴史上文学上比較にならないほどつまらない書物であるのに、喝采のあらしをまきおこした。ルーゲはほんものの大学生組合員だったが、のんき者のロイターはひょっこり大学生組合員になったにすぎなかった。ところが、はやくもプロイセンの銃剣に色目をつかいはじめていたブルジョアジーのお気にめしたのはルーゲの「不敵なユーモア」ではなくて、ロイターの「黄金のユーモア」だった。ルーゲが描きだしたのは、フライリヒラートのうがった言葉でいうと、獄吏は彼を屈服させることはできず、牢獄は彼の精神を自由にしたことであったが、ロイターのほうはデマゴーグ狩りの恥しらずの正義嘲笑ぶりを茶化しただけのものだった。

だが、ほかならぬルーゲのこの真に迫った描写のうちにまざまざと感じるのは、三月革命以前の革命的民主主義がいかに大言壮語しようとも、それは要するにまぎれもない俗物根性にすぎなかったし、この自由主義の音頭とりたちはけっきょく俗物に終始せざるをえなかった、ということである。これらの俗物のなかでは、ルーゲはまだしも熱血漢で、イデオロギーのわくの中ではともかく勇敢にたたかった。ところがパリで近代社会生活の諸対立が彼の前に大きくあらわれると、ほかならぬこの熱情はますますめまぐるしく彼をひきまわすことになった。

彼は社会主義が哲学的博愛主義の遊びであるかぎりでは、おつきあいをしたが、パリの手工業労働者サークルの共産主義には俗物らしく、すっかりおじけづいてしまって、命どころか財布の心配をするしまつだった。彼は『独仏年誌』でヘーゲル哲学に死亡証明書を交付したのに、おなじ一八四四年のうちにはやくも、この哲学の最も気まぐれな末流であるシュティルナーの書こそ、共産主義すなわち数あるばかげたことのなかでも一番ばかげたものからの解放であるとして歓迎した。彼のいう共産主義とは無邪気な連中の説教する新しいキリスト教のことで、これが実現されれば人間社会はいやしむべき羊小屋になるというのであった。

マルクスとルーゲの交わりは永久にとだえた。

## 二　哲学的遠望

それゆえ『独仏年誌』は死産児だった。同誌の編集者はとうてい長くはいっしょにやってゆけなかったのだから、彼らがいつ、どのようにして、たがいに別れたか、ということは大したことではなかった。どうせ早晩決裂するものなら、早く決裂したほうがよかった。要するに、マルクスは「自己了解」をして、一歩大きく前進したのであった。

マルクスは同誌に二つの論文を発表した。『ヘーゲル法哲学批判』のための『序説』と、ブルーノ・バウアーがユダヤ人問題のために発表した二つの著書の紹介である。マルクスは後年、自分のヘーゲル法哲学の批判を要約して、歴史的発展を理解するための鍵は、ヘーゲルの礼賛した国家にではなく、彼の軽視した社会に求めるべきだとしたが、これについては第一の論文よりも第二の論文でくわしく論じている。

別の観点からみれば、二つの論文は手段と目的のような関係にある。第一の論文はプロレタリアートの階級闘争の哲学的大綱を、第二の論文は社会主義社会の哲学的大綱をしめしている。しかし前者も後者も、青天の霹靂のように突然あらわれでたものではなく、ともに厳密に論理的に一貫した序列をなす著者の思想的発展をものがたっている。第一の論文は直接フォイエルバッハから出発する、――フォイエルバッハはあらゆる批判の前提である宗教の批判を本質的には終わっている。人間が宗教をつくるのであって、宗教が人間をつくるのではない、と。しかし、とマルクスははじめる、人間は抽象的な、この世界のそとにうずくまっている存在ではない。人間、それは人間の世界であり、国家であり、社会である。この国家、社会が倒錯した世界であるから、倒錯した世界意識である宗教をうみだすのである。だから宗教にたいする闘争は、間接的には宗教を精神的香料としているあの世界にたいする闘争である。そこで、真理の彼岸が消えうせた以上、此岸の真理をうちたてることが歴史の課題となる。天上の批判は地上の批判に変わり、宗教の批判は法の批判に、神学の批判は政治の批判に変わる。

ところが、ドイツにとっては、この歴史的課題はただ哲学によってのみ解決することができる。一八四三年のドイツの状態を否定したところで、フランスの年代でいえば、やっと一七八九年になるかならないかであって、いわんや現代の焦点にひとは立つことにはならない。近代の政治的社会的現実が批判にゆだねられるとしても、その批判はドイツの現状のそとにはみだすか、そうでなくても、批判はその対象を対象以下のところでとらえてしまうことになろう。ドイツの歴史が、ぶきっちょな新兵のやるように、これまではただただ古ぼけた歴史の特別訓練にあけくれてきたことの一例として、マルクスは「現代の主要問題」をひきあいにだす。すなわち、政治的世界にたいする産業の、一般的には富の世界の関係である。

この問題は保護関税、禁止制度、国民経済という形をとってドイツ人の心をとらえている。フランスとイギリスで終わりかけていることが、ドイツでは今やっと始まりかけているのだ。これらの国が理論上で反抗し、やっと鎖をしのぶ思いで耐えているにすぎない古くさい状態が、ドイツではすばらしい未来をつげる曙光としてむかえられている。フランスとイギリスでは、問題は政治経済、すなわち富にたいする社会の支配であるのに、ドイツでは国民経済、すなわち国民にたいする私的所有の支配である。あちらでは結びを解くのが問題なのに、こちらではこれから結ぶのが問題なのである。

ところで、ドイツ人は歴史的には現代世界の同時代人ではないが、哲学的には同時代人である。ヘーゲルによって最も徹底した形態をとるにいたったドイツの法哲学と国家哲学を批判することは、この現代の焦眉の問題のまっただなかに身をおくことなのである。ここでマルクスは、『ライン新聞』に共存していた二つの傾向にたいしても、またフォイエルバッハにたいしても断固たる態度をとる。フォイエルバッハは哲学を屑鉄として捨てさった。だが、マルクスはつぎのようにいう――もし諸君が現実的な生命の萌芽と結びつきたければ、ドイツ国民の現実的な生命の萌芽は、これまで彼らの頭蓋の下にしか育たなかったことを忘れてはならない、と。そして、彼は「綿の騎士と鉄の英雄」にむかっては、君たちが哲学を揚棄するのはまったく正しい、だが君たちは哲学を実現することなしには、哲学を揚棄することはできない、といい、旧友バウアーとそのお伴にむかっては反対に、君たちが哲学を実現するのはまったく正しい、だが、君たちはこれを揚棄することなしには、哲学を実現することはできない、といった。

法哲学の批判は、解決の手段としてはただ一つ、実践しかないような課題へとたどりつく。ドイツはいかにして原理の高さにふさわしい実践に到達しうるか。すなわち、いかにすれば、ドイツを近代諸国民と同一水準にひき上げるだけでなく、これら諸国民の来たるべき未来である人間的な高さにまでひき上げるような革命に到達できるであろうか。いかにすれば、ドイツは、命がけの飛躍をし、自分自身の囲いをとびこえるだけでなく、同時に近代諸国民の囲いをも、すなわち、ドイツがその現実世界では現在の囲いから自分を解放するものとして感じ、またそのようなものとして求めざるを得ないような囲いをも乗りこえるだろうか。

批判の武器はもちろん武器の批判にかわることはできない。物質的な力を倒すのは物質的な力によってでなければならない。しかし理論も、大衆をつかむやいなや、物質的な力となる。そして理論がラディカルになるやいなや、大衆をつかむ。しかしながら、およそ根本的《ラディカル》な革命には一つの受動的な要素が、物質的な基礎が、必要だ。理論が一国民のうちに実現されるのは、それがつねに国民的諸要求の実現である場合だけである。思想が実現へ迫るだけでは十分ではない。現実がみずから、思想にまで迫らなければならない。ところが、ドイツにはそれがないように見える。ドイツではさまざまな階層相互の関係は劇的にでなく叙事詩的であり、中間階級の道徳的自己感情でさえ、その他のすべての階級の俗物的な中庸性を自分ひとりで代表していると自任しているだけのことである。また市民社会のどの階層も、勝利を祝わないうちに敗北をなめ、度量の広さを発揮できないうちにその狭量を発揮し、その結果、どの階級も自分より上層の階級と闘争をはじめるやいなや、自分より下層の階級との闘争にまきこまれることになる。

にもかかわらず、以上のことから明らかにされるのは、ドイツでは部分的な革命、単なる政治的な革命、すなわち、家の大黒柱をそのままにしておくような革命は不可能だというだけのことであって、ラディカルな、普遍的人間的な革命が不可能だということではない。ドイツには部分的な革命の諸前提はない。すなわち、一方では、自分の特殊な地位から社会の全般的解放を企て、全社会を解放するような階級は存在しない。しかしそうした解放がなされるとすれば、それは、社会全体がこの階級の地位につくこと、したがって、たとえば金力と教養をもち、あるいはいつでもちうること、を前提とする場合だけのことだが。また他方では、社会のいっさいの欠陥が自己に集中されている階級がない。すなわち、社会全体のおかす名うての犯罪の下手人とみなされている特殊の社会的圏、したがって、この圏からの解放が全般的な自己解放として現われる特殊な社会的圏はドイツには存在しない。フランス貴族とフランス聖職者の否定的＝普遍的な意義は、彼らに最も接近し、しかも彼らと対立していたブルジョアジーに肯定的＝普遍的な意義をあたえたことである。

さて、部分的な革命の不可能から、マルクスは根本的な革命の「積極的な可能性」を結論する。この可能性はどこに存在するか、という問いに、彼はこう答える。「それはラディカルな鎖につながれた一階級の形成にある。市民社会のどんな階級でもないような市民社会の一階級、あらゆる身分の解消であるような一身分、その普遍的苦悩のゆえに普遍的性格をもち、なにか特殊の不正ではなく、不正そのものをおしつけられているために、どんな特殊の権利をも要求しない一圏、もはや歴史的な権原ではなく、ただ人間的な権原だけをよりどころにすることのできる圏、ドイツの国家制度の帰結に一面的に対立するのではなく、その前提に全面的に対立する一圏、そしてけっきょく、社会の他のあらゆる圏から自分を解放し、それと同時に、社会の他のあらゆる圏を解放することなしには自分を解放することのできない一圏。ひとことで言えば、人間の完全な喪失であり、したがってただ人間の完全な回復によってだけ自分自身をかちとることのできる圏。こういった一つの圏の形成のうちにあるのである。社会のこうした解体をある特殊な身分として体現したものこそ、プロレタリアートである。(四四)」プロレタリアートは突然おそってきた産業運動によってドイツではようやく成長しはじめている。なぜなら、プロレタリアートを形成するものは、自然に生まれた貧困ではなくて、人為的につくりだされた貧困であり、社会の重圧によって機械的に押しさげられてできた人間大衆ではなくて、社会の急激な解体、とりわけ中産身分の解体から生ずる人間大衆であるからだ。もっとも、自然発生的に生じた貧困やキリスト教的ゲルマン的な農奴制もだんだんにこの隊列に加わることはいうまでもない、と。

哲学がプロレタリアートのうちにその物質的武器を見いだすように、プロレタリアートは哲学のうちにその精神的武器を見いだす。そして思想の稲妻がこの素朴な国民の土壌のなかにまで底深く貫くとき、ドイツ人の人間への解放が成就されるであろう。ドイツ人の解放は人間の解放である。哲学はプロレタリアートを揚棄することなしには実現されえず、プロレタリアートは哲学を実現することなしには揚棄されえない。いっさいの内的諸条件がみたされたとき、ドイツの復活の日はガリアの鶏鳴によって告げ知らされるであろう。

形式と内容からみて、この論文は青年マルクスの残した労作のうちで第一のものである。彼の根本思想を簡単にスケッチしたくらいでは、あふれるばかりに豊かな思想のほんの大要すらも伝えることはできない。しかも、彼は警句風の簡潔な形式のなかにこの豊かな思想をとらえる腕をもっていた。ドイツの大学教授連は、この論文は文体の点では醜怪であり、無趣味の点では最高である、といったが、そういう教授連こそ、おのれの醜怪さと無趣味さを臆面もなくさらけだしたのである。もっとも、ルーゲでさえこの論文の「警句」は「技巧的すぎる」として、その「不恰好さと型やぶり」を非難したが、しかし、そこに「ときとして傲岸にそれる弁証法となる批判的才能」をみとめた。この判定は当たらなくもない。というのは、青年マルクスはしばしば、彼の鋭く重々しい武器の響きをきくだけで、はや悦にいっていたのだ。傲岸は、あらゆる天才的青年の天稟である。

とはいえ、この論文は未来をのぞんで哲学的な遠望を開いてみせたものにすぎない。いかなる国民も命がけの飛躍をもってしても歴史的発展の必然的な段階をのりこえることはできないということを、後年のマルクス以上に的確に論証したものはなかった。しかし彼が確かな腕で描いてみせたものは、正しくない略図でもなければ、あいまいな略図でもない。個々の点では、事態は彼の予言とはちがった経過をたどったが、しかし全体としては彼の予言したとおりになった。彼のためにそれを証言するものこそ、ドイツ・ブルジョアジーの歴史であり、ドイツ・プロレタリアートの歴史である。

## 三　ユダヤ人問題によせて

マルクスが『独仏年誌』に発表した第二の論文は、形式のうえではさほど人を感動させるものではないが、批判的分析力の点では、おそらくさらにすぐれている。彼はブルーノ・バウアーのユダヤ人問題にかんする二つの論文を手がかりとして人間的解放と政治的解放の相違をこの第二の論文で討究した。

当時この問題は、まだこんにちほど、ユダヤ人ぎらいだの、ユダヤ人びいきだのというむだ話のたねになりさがってはいなかった。住民のなかで商人資本と高利貸資本では一きわ他を抜いた担い手としてしだいに大きな勢力となった一つの階級は、高利貸の営業上黙認されていた特殊の特典をのぞけば、彼らの信奉する宗教のために市民的権利をいっさいあたえられていなかった。「開明的絶対主義」の代表者として最も名高いサンスーシー宮の哲人〔フリードリヒ二世〕は、貨幣偽造その他のいかがわしい財政操作の手助けをしたユダヤ人の金貸しに、「キリスト教徒の銀行家の自由」をさずけてありがたいお手本をしめしながら、哲学者モーゼス・メンデルスゾーンが彼の国家内に居住することについては、しぶしぶ許したにすぎなかった。それもメンデルスゾーンが哲学者だったからでもなければ、またメンデルスゾーンが自分の「民族」をドイツ人の精神生活にひきいれようと尽力したからでもなく、特典をあたえられた金貸しのユダヤ人のところで彼が簿記係りをしていたからなのである。このユダヤ人の金貸しがメンデルスゾーンを解雇すると、メンデルスゾーンは法の保護からはずされてしまった。

ところで、二、三の例外はあったが、ブルジョア啓蒙主義者ですらも、住民中の一階級が彼らの信奉する宗教のために法の保護外におかれているからといって、とりたてて憤るふうもなかった。ブルジョア啓蒙主義者は、イスラエルの信仰を宗教的不寛容の典型とみなし、この信仰によってキリスト教は「人間のあら探し」を教えられたとして、イスラエルの信仰をきらった。ユダヤ人のほうでも、市民的啓蒙に少しの関心もしめさなかった。彼らは、自分たちが昔から呪っていたキリスト教が啓蒙主義から批判されるのをみて面白がった。ところが、同じ批判がユダヤ教に矛先をむけると、ユダヤ人は、これは人間性にたいする裏切りだ、とわめきたてた。彼らはユダヤ民族の政治的解放を要求したのだが、しかしそれは同等の権利をあたえよとの意味からではなかった。彼らは、彼らの特殊な地位をすてるつもりはなく、むしろこれを固めたいと考えて要求したのであり、自由主義的諸原理がユダヤ人の特殊利益に反するときには、いつでも即座に自由主義的諸原理のほうをすてさるつもりでいた。

青年ヘーゲル派による宗教批判は、当然ユダヤ教にも及んだが、彼らはユダヤ教をキリスト教の前段階として論じた。フォイエルバッハはユダヤ教を利己主義の宗教として分析した。「ユダヤ人は、その特性をこんにちまで維持している。彼らの原理、彼らの神は、現世の最も実務的な原理、すなわち宗教の形をとった利己主義である。利己主義は人間の精神を自分自身に集中させる。ところで利己主義は人間を理論的に偏狭にする。というのは、利己主義は人間を、直接自己の福祉には関係のないすべてのものにたいして冷淡にするからである。」ブルーノ・バウアーも似たようなことをいって、ユダヤ人の陰口をたたいた。――ユダヤ人が市民社会のすきまや裂け目に巣くって市民社会の不安定な連中をくいものにするのは、ちょうど、きめられた仕事から解放されて、世界の隙間に住んでいるエピクロスの神々に似ている。ユダヤ人の宗教は動物的なずるがしこさ、悪だくみであり、これによって彼らは官能的な欲求をみたすのである。彼らは昔から歴史的進歩にさからってきたし、あらゆる民族をにくんで、世にも奇怪な、世にも固陋な民族生活をきずきあげた、と。

ところでフォイエルバッハはユダヤ人の本質からユダヤ教の本質を解明したが、バウアーは、マルクスがユダヤ人問題にかんする彼の論文をほめていったように、徹底的で大胆かつ鋭利だったにもかかわらず、この問題をたかだか神学的な眼鏡をとおしてみたにすぎなかった。いわく、キリスト教徒もユダヤ教徒も自分たちの宗教を克服することによってはじめて自由の境地にはいることができる。キリスト教的国家はその宗教的本質上、ユダヤ教徒を解放しえないが、ユダヤ人もその宗教的本質上解放されることはできない。キリスト教徒もユダヤ教徒も、もし彼らが自由になりたければ、キリスト教徒であり、ユダヤ教徒であることをやめなければならない。ところが、宗教としてのユダヤ教は、宗教としてのキリスト教にたちおくれているから、ユダヤ人が自由に到達するには、キリスト教徒よりも困難で遠い道のりをすすまなければならない、とバウアーはいう。バウアーの見解では、ユダヤ人が自由になりうるには、まずキリスト教とヘーゲル哲学の特別訓練を受けねばならない、というわけである。

これにたいしてマルクスはいった。――いったいだれが解放するのか、だれが解放されるのか、ということを研究するだけでは十分ではない。批判は問わねばならない、どんな種類の解放が問題なのか、政治的解放なのか、それとも人間的解放なのか、と。ユダヤ人もキリスト教徒もある国家では政治的には完全に解放されているが、だからといって、人間的に解放されているわけではない。だから、政治的解放と人間的解放のあいだには区別があるにちがいない。

政治的解放の本質は高度に発達した近代国家であり、そしてこの国家は発達の極点に達したキリスト教国家でもある。というのは、キリスト教的ゲルマン国家、すなわち〔キリスト教に〕特権を授ける国家は、まだ不完全な、依然として神学的な、政治的純粋性の点ではまだ高度の発達をとげていない国家だからである。ところで最高の完成に達した政治的国家はユダヤ人を解放したし、その国家の本質上、解放せざるをえないが、ユダヤ人にユダヤ教の廃棄を要求しないし、また人間一般に宗教の廃棄を要求しない。政治的権利の行使は宗教的信仰とは無関係であると憲法が明文でうたっている国家でさえ、無宗教の人間はまともな人間とは考えられない。だから、宗教の存在は国家の完全な発達とは矛盾しない。ユダヤ教徒の、またキリスト教徒の、一般に宗教を信仰する人間の政治的解放は、ユダヤ教やキリスト教からの、一般に宗教からの、国家の解放である。人間が現実に一つの囲いから解放されていなくても、国家はその囲いから解放されうるのであって、この点に政治的解放の限界が示されている、と。

ところで、マルクスはこの思想をさらに展開してみせる。——国家としての国家は私的所有を否定する。選挙権と被選挙権のための財産資格を廃止するとただちに、人間は私的所有の廃止を政治的なやり方で宣言する。これは多くの北アメリカの自由な諸州で見られるとおりである。国家が生まれや身分や教養や職業を非政治的な区別であると宣言するとき、国家がこれらの区別を無視して国民のあらゆる成員を人民主権への平等な参加者であると布告するとき、国家は、生まれや身分や教養や職業の区別を自分なりのやり方で廃止する。にもかかわらず、国家は、私的所有や教養や職業がそれぞれそれなりのやりかたで、すなわち、私的所有として、教養として、職業として作用し、それぞれの特殊な本質を発揮するのをさまたげはしない。国家は、こうした事実上の諸区別を廃止するどころか、むしろそれらを前提としてはじめて存在し、自己を政治的国家として感じ、自己のもつこれらの諸要素と対立することによってはじめて国家は、自己の普遍性を発揮するのである。全面的に発達した政治的国家は、その本質からみれば、人間の類的生活であって、人間の物質的生活に対立している。この利己的生活の諸前提はすべて国家の領域の外に、市民社会の中に、しかも市民社会の特性として存続する。政治的国家のその諸前提——私的所有のような物質的要素であれ、または宗教のような精神的要素であれ——にたいする関係は、一般的利益と私的利益とのあいだの抗争である。ある特殊な宗教の信奉者としての人間と、公民としての自分とのあいだや、共同体の成員としての他の人間とのあいだにおこる衝突は、要するに、政治的国家と市民社会との分裂ということになる。

市民社会は、古代奴隷制が古代国家の基礎であったように、近代国家の基礎である。一般的人権を宣言して誕生することと同様に、近代国家はその出生の地盤を認知した。人権を享受することは、政治的諸権利を享受することと同様に、ユダヤ人にも認められている。一般的人権は、利己的な市民的個人を是認し、彼らの境遇の内実、こんにちの市民生活の内実をなしている精神的および物質的諸要素の勝手きままな運動を是認する。一般的人権は人間を宗教から解放するのではなく、人間に宗教の自由をあたえる。それは、人間を所有から解放するのではなく、人間に所有の自由をあたえる。それは人間をけがれた営利から解放するのではなく、人間に営業の自由をあたえる。政治革命は錯綜した封建制度、すなわち人民と共同体の分離をそれぞれ表現するいっさいの身分、職業団体、同職組合をうちこわし、それによって市民社会をつくりあげた。政治革命は、普遍的な関心事項であり現実的な国家である政治的国家をつくりあげたのである。

そこでマルクスは総括していう。「政治的解放は、一方では市民社会の成員への、利己的な独立した個人への、他方では公民への、法人への、人間の還元である。現実の個別的な人間が抽象的な公民を自分のうちにとりもどし、個別的人間のままでありながら、その経験的な生活において、その個人的な労働において、その個人的な諸関係において、類的存在となったときはじめて、つまり人間が自分の『固有の力』を社会的な力として認識し、組織し、したがって社会的な力をもはや政治的な力の形で自分から切りはなさないときにはじめて、その時にはじめて、人間的解放は完成されたことになるのである。(四五)」

残るところは、キリスト教徒はユダヤ人よりも解放能力においてまさる、というバウアーの主張を検討することだった。バウアーはこの主張をユダヤ教の本質から解明しようとこころみた。フォイエルバッハはユダヤ教からユダヤ人を解明しないで、ユダヤ人からユダヤ教を解明したが、マルクスはこのフォイエルバッハから出発する。ただし彼はユダヤ教に反映している特殊な社会的要素をさぐりあてることによって、フォイエルバッハをものりこえてゆく。いわく、ユダヤ教の現世的基礎はなにか。実際的な欲望、私利である。ユダヤ人の現世の祭祀はなにか。きたない商売である。彼らの現世の神は何か。貨幣である。「よろしい。それではきたない商売からの、貨幣からの解放が、したがって実際の現実的なユダヤ教からの解放が、現代の自己解放であろう。きたない商売の諸前提を、したがってきたない商売の可能性を廃止するような社会が組織されていたならば、ユダヤ人の存在は不可能にされていたことであろう。ユダヤ人の宗教意識は、気の抜けた蒸気のように、社会の現実的な生活の大気のなかにとけこんでいくであろう。他方、ユダヤ人が自分のこの実際的な本質を、つまらぬものと認めて、その廃棄にたずさわるならば、彼らは自分のこれまでの発展から抜けでて、人間的解放そのものにたずさわり、そして人間の自己疎外のあの最高の実際的表現に背をむけることになる。(四六)」マルクスはユダヤ教のなかに普遍的な、現在の反社会的要素を認める。この要素は、ユダヤ人がこうしたいやしい状態に熱心に力をつくすことによってもたらされた歴史的発展の結果、こんにちの高みに押しあげられたのであるが、この頂点で、それは必然的に解消せざるをえない、と。

マルクスがこの論文でえたものは、二重の獲得物だった。彼は社会と国家の関係の根底を見きわめた。国家は、ヘーゲルの考えたような、人倫的理念の現実体、絶対に理性的なもの、絶対的自己目的ではなく、国家は番人としてやとわれ市民社会の無政府状態を防止するという、はるかに控え目な任務を果たすことに甘んじなければならない。この無政府状態は、人と人との、個人と個人との全面的闘争であり、個別性によってたがいにへだてられた万人の戦いであり、封建的束縛から解放された不可抗の生命力の、勝手きままな全面的運動であり、また個人は自由で独立しているようにみえて、じつは奴隷状態なのである。個人は、所有、産業、宗教のような、彼の疎外された生活要素の勝手きままな運動を、彼自身の自由だと思いこんでいても、この自由はかえって完全な隷属状態であり、非人間状態なのである。

つぎに、マルクスは、宗教上の時事問題がいまではもはや社会的意義しかもたないことを認める。彼は、ユダヤ教の発展を、宗教理論においてでなく、ユダヤ教に幻想的に反映されている産業的商業的実践において明らかにした。実践的ユダヤ教は完全に発達したキリスト教世界にほかならない。市民社会は本質的にまったく商業的ユダヤ的であるから、ユダヤ人は必然的にこの社会に属し、一般的人権の享受とともに、政治的解放をも要求しうる。しかし、人間的解放は、社会的な力を新たに組織することであり、この社会的な力が人間を彼の生命の泉の主人公とするのである。ここに社会主義社会の像がおぼろげながらもその輪郭をあらわす。

『独仏年誌』ではマルクスはまだ哲学の畑を耕していたが、彼の批判の鋤のすくうねには、唯物史観が芽ぶき、フランス文明の光をあびてみるみるうちに茎となって生長していくのである。

## 四　フランス文明

マルクスの仕事ぶりからすれば、彼がまだドイツにいて、幸福な結婚生活をはじめてまもない数ヵ月のころ、はやくもヘーゲル法哲学とユダヤ人問題にかんする二つの論文にとりかかり、少なくとも大綱だけでも構想するにいたっていたことは、大いに考えられることである。しかし、この二つの論文の問題意識の核にはフランス大革命があったから、パリに滞在するようになってこの革命の資料、すなわちこの革命の前史であるフランス唯物論と、後史であるフランス社会主義の資料を研究できるようになったマルクスが、ただちに革命史研究に没頭するのはますます考えられることだった。

当時のパリはブルジョア文明の先頭をきって進んでいることを当然誇ってよかった。一連の世界史的な錯覚と破局をへたのち、フランス・ブルジョアジーは一七八九年の大革命ではじめたことを、一八三〇年の七月革命でついに確立するにいたった。ブルジョアジーの才能は気持よく手足をのばした。旧勢力の抵抗はまだなかなかうち破れなかったが、ヨーロッパのどこにも見られなかった、まして墓場のようにしずまりかえっていたドイツではまったく見られなかった思想上の闘争が、よせてはかえす波濤のようにうねっていた。

精神を鍛えあげるこの思想の波濤のなかへ、マルクスは腕をひろげて飛びこんだ。ルーゲは一八四四年五月フォイエルバッハあてに次のように書いたが、これはほめていった言葉ではないだけに、かえって事実を裏書きする力がある。――マルクスはおびただしく読み、おそろしく猛烈に勉強するが、何ひとつやりおおせない。何もかも中途でやめ、そしてまたしても果てしない書物の大海のなかにとびこんでゆく。彼はいらだち、あれている。勉強しすぎてからだをわるくしたり、三晩どころか四晩もたて続けに徹夜したりしたあとが一番ひどい。『ヘーゲル哲学批判』をまたもや棚あげにした。そしてパリ滞在を利用して、これは私としてはとてもよいことだと思っているのだが、国民公会《コンヴァンシヨン》*の歴史を書きたいといっている。彼はそのために材料を集め、非常に実り多い観点に到達している、と。

* フランス大革命のさい、立法議会の後をうけて、一七九二年から九五年まで開かれた議会。立法権と執行権をかねていた。王政を廃止し、ルイ一六世を処刑し、共和制を宣言した。はじめジロンド党が指導したが、ジャコバン党の革命的民主主義的独裁のもとに内外の反革命を制圧した。反革命的ブルジョアジーの陰謀でジャコバン党が倒れたのち、九五年執政府が国民公会に代わった。

マルクスは国民公会の歴史を書かずじまいだったが、だからといって、ルーゲのいったことは否定できないばかりか、むしろますます信用できる。マルクスは一七八九年の革命の歴史的本質を究めれば究めるほど、時代の闘争と時代の欲求について、ヘーゲル哲学の批判をつうじて、「自己了解」に到達しようとすることはとても見込みがないとさとるようになった。それだけにますます国民公会の歴史の研究だけでは満足できなくなった。国民公会はたしかに政治的エネルギー、政治権力、政治的分別を最高に発揮したが、社会的な無政府状態に直面するとその無力ぶりはおおうべくもなかった。

マルクスが一八四四年の春と夏にやった研究の経過を詳細に推測させるような証言は、残念ながらルーゲのわずかな示唆以外には残されていない。しかしこの研究がどんな調子だったかはだいたいわかる。フランス革命を研究していくなかで、マルクスは「第三身分」のあの歴史文献を知るにいたった。ブルボン王朝復位時代〔一八一五—三〇年〕に生まれたこの歴史文献は、すぐれた才能ある歴史家たちによって手がけられたもので、第三身分に属する階級の存在を一一世紀までさかのぼって歴史的に跡づけ、中世以降のフランスの歴史を階級闘争の不断の連続として描いていた。マルクスはこれらの歴史家——彼はとくにギゾーとティエリの名をあげている——から、階級と階級闘争の歴史的本質にかんする知識をあたえられた。さらに彼はブルジョア経済学者——そのなかで彼はとくにリカードの名をあげている——から階級と階級闘争の経済学的な解剖を学んだ。彼は、階級闘争の理論を発見したのは自分ではないといつもいっていた。自分のやったこととして彼が主張したのはただ、諸階級の存在は、生産の発展のもとでの一定の歴史的闘争に結びついていること、階級闘争は必然的にプロレタリアートの執権にいきつくこと、この執権そのものはただいっさいの階級の揚棄と階級なき社会への過渡であるにすぎないことを証明したということだった。この一連の思想はパリ亡命中にマルクスの脳裡に展開されたのである。

「第三身分」が支配階級と闘ったとき、彼らが手にしていた最も輝かしい、最も鋭い武器は、一八世紀においては唯物論哲学だった。マルクスはパリ亡命時代にこの哲学をも熱心に研究したが、この唯物論哲学の二つの路線のうち、デカルトから出発して自然科学となった唯物論哲学よりも、むしろロックを出発点として社会科学に流入した唯物論哲学を研究した。エルヴェシウスとドルバックも同じく青年マルクスのパリでの研究のゆくてをしめすみちびきの星だった。この二人は唯物論を社会生活に移植し、そして人間の知性の自然的平等や、理性の進歩と産業の進歩との統一性や、人間性の自然的善良性や、教育の全能を、彼らの体系の主要観点としていた。マルクスはこの二人の学説を、フォイエルバッハの哲学と同様に「現実的人間主義」と名づけたが、ただエルヴェシウスとドルバックの唯物論が「共産主義の社会的基礎」となった点だけはちがっていた。

マルクスはすでに『ライン新聞』で、共産主義と社会主義を研究することを予告していたが、パリはいまやこの研究のためにはきわめて豊かな機会を存分に提供した。ここで彼の目に映ったものは、目もくらむようなおびただしい思想と人物との絵巻だった。精神的空気は社会主義の芽ばえでむせかえるほどで、政府から年々相当な額のほどこしをうけていた『ジュルナル・デ・デバ』といういまを時めく貨幣貴族の典型的新聞でさえ、ウジェヌ・シューのいわゆる社会主義的スリラー小説を文芸欄にのせただけではあったけれども、この風潮からのがれることはできなかった。同紙の対極にいたのは、たとえばルルーのような、はやくもプロレタリアートの生んだ天才的思想家たちだった。両極の中間に位したのは、サン－シモン主義の落武者連や活発なフリエ主義者の一派で、後者はコンシデランを首領とし『デモクラシ・パシフィク』を機関紙としていた。さらにはカトリック聖職者ラムネーや、以前カルボナリ党員だったビュシェのようなキリスト教社会主義者、シスモンディやビュレやペクールやヴィダルのような小ブルジョア社会主義者がいた。文学も同様で、たとえばベランジェの歌曲やジョルジュ・サンドの長篇小説のような、時としてきわめてすぐれた創作には社会主義の光と陰がちらついていた。

しかし、これらの社会主義の体系に特徴的なことは、これらがすべて有産階級の理解と好意をあてにしていたことであって、平和的宣伝によって、社会改良あるいは社会変革の必要性を、有産階級に説得しなければならない、というのであった。社会主義の体系そのものは大革命にたいする失望から生じたものであるから、この失望をまねいた政治的な道を彼らはしりぞけた。苦悩する大衆は自分で自分自身を救うことができないから、他人の手で救われるべきだとされた。三〇年代の労働者蜂起は挫折し、そして事実最も果敢な指導者、すなわちバルベやブランキのような人々でさえ、社会主義理論も知らなければ社会変革の一定の実践的な手段も知らなかった。

　しかし、そのためにかえって、労働運動は急速に成長していった。そしてハインリヒ・ハイネは詩人独特の予言者の眼光をもって、この運動から生じた問題を次のように特徴づけた。「共産主義者は断然注目にあたいするフランスでただ一つの党派だ。サン－シモン主義の信奉者は、奇妙な看板をかかげてあい変わらず生き長らえてはいるが、このサン－シモン主義の残党のためにも、あい変わらず元気で活発に活動しているフリエ主義者のためにも、私は同じように注意を喚起したい。にもかかわらず、これらの尊敬すべき人々を動かしているのは、たんに言葉であり、疑問としての社会問題であり、伝来の観念にすぎない。彼らは魔性のような必然性にかりたてられているのではない。彼らは、至高の世界意志がそのおそろしい決定を遂行するために地上につかわした神のしもべではない。おそかれ早かれ、四散したサン－シモン一味やフリエ主義者の全幕僚が、しだいに増大しつつあるこの共産主義の大軍に移行し、生《なま》のままの欲求に明確な表現をさずけ、いわば教父の役をひきうけるであろう。(四七)」このようにハイネは一八四三年六月一五日に書いた。そしてこの年のくれないうちに、ハイネが詩人的な言葉で期待していたその人がパリにやってきた。この人こそは詩人がサン－シモン主義者やフリエ主義者に期待していた課題を果たし、生のままの欲求に明確な表現をさずけたのである。

　マルクスはすでにドイツにいたときから、まだ哲学的立場からではあるけれども、未来を前もって構想したり、どんな時代にもあてはまる処方箋を考えだしたり、教条的旗印をかかげたりすることには反対であること、また政治問題にたずさわることはまったく下らぬことだとする粗野な社会主義者たちの見解にも反対であること、を表明していたらしい。彼は、思想が現実に迫るだけでは不十分で、現実のほうでもみずから思想に迫らなければならないと考えたのであるが、いまやこの条件も彼にかなえられることになった。一八三九年に最後の労働者蜂起が鎮圧されてからというもの、労働運動と社会主義は三つの流派のかたちでたがいに接近しはじめていた。

まず民主主義的社会主義政党である。この党は社会主義といってはいるがたいしたものではなかった。というのは、同党は小ブルジョア分子とプロレタリア分子から組織されており、労働の組織と労働の権利という党旗に記されたスローガンは、資本主義社会では実現不可能な小ブルジョア的ユートピアであった。資本主義社会では、労働はこの社会の存立諸条件にしたがって組織されるほかはない。すなわち、資本を前提とし、そしてただ資本と同時に廃棄されうる賃労働として組織されるほかはない。労働の権利も同様であって、これはただ労働用具の共有によって、したがって、ただブルジョア社会の揚棄によってのみ実現される。ところが、この社会の根幹に斧を打ちおろすことを、この党の頭目であるルイ・ブラン、ルドリュ－ロラン、フェルディナン・フロコンらはもったいぶって拒否した。彼らは共産主義者たることも社会主義者たることも欲しなかった。

この党が社会的に目標としたものはひどくユートピア的だったが、それでもこの目標にむかって政治的な進路をとったことで、同党は決定的な前進をしたのであった。党は宣言した、──どんな社会改革でも政治改革なしには不可能であり、政治権力の獲得こそは、苦悩する大衆がみずからを救うために行使しうる唯一の手段である、と。党は普通選挙権を要求した。この要求は、暴動や陰謀にあきあきして、より効果的な階級闘争の武器をもとめていたプロレタリアートの内部に、力強い共感をよびおこした。

それ以上に多数の人々が、カベーのかかげた労働者共産主義の旗のまわりに結集した。カベーははじめジャコバン党員だったが、文学の道をすすむうちに、とくにトマス・モアの『ユートピア』に接して、共産主義に改宗するにいたった。民主主義的社会主義政党が共産主義をあからさまに非難したのと正反対に、公然と共産主義を標榜していたが、しかし政治的民主主義が必然的な過渡段階であるとしたかぎりでは、この党と見解を同じくしていた。そのために、カベーが未来社会を描こうと試みた『イカリア旅行記』は、フリエの天才的な未来空想のおよばないくらい人気を博したが、その他の点では、カベーの構想力はいわば胸幅が狭くて、とうていフリエのものにはおよばなかった。

最後に、プロレタリアートのなかから、高らかな声があがり、この階級が成人しはじめたことをはっきりと人々に知らせた。マルクスはルルーとプルドンとはすでに『ライン新聞』のころから知りあいだった。この二人は、植字工で、労働者階級の一員であったが、当時からマルクスはこの二人の著書を徹底的に研究することを約束していた。ルルーもプルドンもドイツ哲学をひどく誤解していたのはもちろんだったけれども、それを足場にして理論をたてようとしていただけに、マルクスは二人の著書には関心をもったのである。プルドンについては、マルクス自身、私は彼とヘーゲル哲学について長時間、時には夜どおし談論して、彼の啓蒙に努めた、と証言している。二人は一致したが、すぐにまた別れるにいたった。しかしマルクスは、プルドンのデビューがあたえた、しかもマルクス自身疑いもなく受けた大きな衝撃について、プルドンの死後認めるにやぶさかではなかった。いっさいのユートピアを捨てさり、私的所有をいっさいの社会悪の根源として容赦なく徹底して批判したプルドンの処女作こそ、マルクスは近代プロレタリアートの最初の科学的宣言とみなしたのであった。

以上の流派はすべて労働運動と社会主義のあいだに融合の道を開いたが、両者は前にたがいにいがみあっていたように、しばらくするとまた対立するにいたった。マルクスにとっては、社会主義を研究したいまではまずプロレタリアートの研究が問題だった。一八四四年七月、ルーゲはドイツ在住の、マルクスの友でもある一友人にかいた。「マルクスはこの地のドイツ人共産主義者の仲間にとびこんでいった。といっても、おつきあいをしているというほどの意味だ。なぜなら、彼があんなあわれむべき連中の騒ぎを政治的に重要だと考えるなどということは考えられないからだ。ドイツは、手工業職人たちと彼らがここで獲得した一握りの信奉者のあたえることのできる局部的な痛手など、大して手当てをしなくてもがまんできるのだ。」やがてルーゲは、マルクスがなぜこの一握りの手工業職人の活動を重要視したかを思いしらされることになった。

## 五　『フォールヴェルツ！』紙とパリ追放

パリ亡命中のマルクスの個人生活についての消息はあまり多くはつたえられていない。妻は彼のために長女をうみ、親戚の人たちに見せるために郷里に旅行した。ケルンの友人たちとは、昔からの交際がつづいていた。この人たちが数千ターラーの金を贈ってくれたおかげで、パリでのこの年はマルクスにとって、大いにみのり多いものとなった。

マルクスはハイネと親しくいききしていた。そしてこの一八四四年という年は、この詩人の生涯での全盛期だったが、それにはマルクスの力もあずかっていた。『〔ドイツ〕冬物語』と『〔シュレージエンの〕織布工のうた』、それに、ドイツの専制君主を風刺した不滅の詩篇の誕生にも、マルクスはたちあった。この詩人と交際したのはわずか数ヵ月にすぎなかったが、俗物どもがハイネにたいしてヘルヴェークにあびせたよりもひどい非難をあびせかけたときでさえ、ハイネにたいする信義をかえなかった。詩人はギゾー内閣から年金をもらっていたことがあるが、病床のハイネがこの年金はいかがわしいものではないことを証明する証人として、事実をまげてマルクスをひきあいにだしたときにも、マルクスは寛大にも黙ってみすごした。マルクスはまだ年少のころ、詩人の桂冠をこころざして果たさなかったが、それだけに詩人たちにたいしてはつねに深い共感をよせ、彼らのささいな弱点にたいしても寛大だった。彼はこう考えていたのだろう、――詩人というものは変わりもので、やりたいようにさせておくほかなく、凡人の尺度で、あるいは非凡人の尺度で測ってはならない。彼らを歌わせたければ、お世辞をいってやらねばならないし、鋭い批判で彼らにのぞんではならない（四八）、と。

そのうえマルクスはハイネを詩人とみただけでなく、戦士としてもみていた。ベルネとハイネの論争は、当時思想家たちの一種の試金石とまでなったが、この論争ではマルクスは断然ハイネに味方した。彼はこう考えた、――いつの時代でも無作法者のいない時代はなかったとはいえ、ハイネのベルネ論がキリスト教的ゲルマン的ばかものどもからうけたようなひどいあつかいは、ドイツ文学のいかなる時代にもかつてなかつたことだ、と。(四九) エンゲルスやラサールはそのころまだもちろん若かったとはいえ、この二人でさえ、ハイネのいわゆる裏切りに加えられたごうごうたる非難の声に、ついつりこまれて心をなやませたが、マルクスはけっしてまよわなかった。「われわれはちょっと合図するだけで、おたがいに了解しあえる仲なのだ」とあるときハイネはマルクスにかきおくって、マルクスの筆跡の「無茶苦茶な悪筆」をゆるしたが、この言葉は、文字のうえだけの表面的な意味よりも深い意味をもっていた。(五〇)

ハイネはすでに一八三四年、わが古典文学の「自由の精神」は「学者や詩人や文士のあいだではひどく衰え」、むしろ「活動的な人民大衆、ことに職人や工場労働者のなかにあらわれている」ことをみてとったが、そのころマルクスはまだ学生だった。それから一〇年ののち、マルクスのパリ在住時代に、ハイネがみいだしたものこそ、「現状に抗してたたかうプロレタリアであり、彼らが最も進歩的な人々、偉大な哲学者たちを指導者に」もっていることだった。ベルネは亡命者たちの小さな秘密集会で専制君主の敵として大きな顔をしていたが、ハイネがこうした集会のべつ幕なしの酒場談義に、時おり骨をさすような嘲笑をあびせかけたことを思いあわせれば、ハイネの判断が、とらわれるところのない、たしかなものだったことがじつによくわかる。マルクスが「一握りの手工業職人」とつきあっていたことと、ベルネもそうしていたこととは、まったく意味を異にしていたことを、ハイネは認めていたのであった。

ハイネとマルクスを結びつけたものは、ドイツ哲学の精神とフランス社会主義の精神であり、キリスト教的ゲルマン的ものぐさ気質にたいする徹底的な嫌悪であり、そして急進的スローガンで旧ドイツ的愚昧ぶりにすこしばかりモダンな衣裳をきせたあのえせチュートン気質にたいする徹底的な嫌悪であった。ハイネの嘲笑詩の中で生きつづけているマースマンやヴェネダイの輩は、ベルネのあとからついていったにすぎなかった。もっともベルネは知性と機知ではこの二人をしのいでいたかもしれない。ゲーテは韻をふんだ下僕《しもべ》で、ヘーゲルは韻をふまぬ下僕だ、というベルネの有名な言葉をみても、彼は芸術や哲学を解するセンスなどてんでもちあわせていなかった。しかし、ドイツ史の偉大な伝統と訣別したからといって、彼は西ヨーロッパ文化の新しい勢力に精神的に親しい関係を結んだわけではなかった。これに反して、ハイネにとっては、ゲーテやヘーゲルをすてることは自分をすてることでしかなかった。しかも、精神生活の新たな源泉であるフランス社会主義に、熱い思いにかられて迫っていった。彼の著書は永く生きつづけている。それは、むかし祖父たちの怒りをかきたてたが、今もなお孫たちの怒りをかきたてている。ところがベルネの著書は「とぼとぼ歩き」的文体のゆえに、いやむしろそれ以上に内容のゆえに、忘れられている。

ベルネがハイネとまだ肩をならべていたころでも、彼はハイネの陰口をたたいていたが、ベルネの著作権相続者たちは愚かにもそれを遺稿の中から発表した。この陰口にたいしてマルクスはいった、――ベルネがこんなに間抜けで下らぬ男だとは、じっさい考えてもみなかった、と。だからといって、マルクスが計画どおり（五二）、このけんかについて書いたとしても、この陰口屋のベルネが正直な男だったことは疑わなかったことだろう。およそ公生活で、字句の末節にこだわるかたくなな急進主義者くらいたちのわるい奸物《かんぶつ》はざらにいるものではないが、こうした奸物は、道徳堅固というすりきれたマントをまとっていて、彼らより深く歴史的生活の関連を認識する力のある、彼らよりも繊細で自由な精神がこうした輩に疑いの目をむけても一向平気でいるものだ。

マルクスはこの自由な精神にくみし、奸物にはくみしなかった。ことに彼は自分の経験から有徳人種の正体を徹底的に見ぬいていたのだから。

後年、マルクスは彼のパリ亡命中に下にもおかぬもてなしをしてくれた「ロシアの貴族たち」のことを、そういう連中は高く買えたしろものではなかったのはもちろんだが、といって、次のように語った。ロシアの貴族たちはドイツの大学で教育をうけ、パリで青年時代をすごす。彼らはいつも西ヨーロッパのさしだす最も極端なものをすばやくとらえようとする。しかしそんなことは一向、当のロシア人が国の役人になるとすぐに、無頼漢になりさがるのをさまたげはしない、と。マルクスはここで、ロシア政府の密偵だったトルストイ伯爵かだれかのことを頭においていたらしい。マルクスはそのころある一人のロシア貴族の思想的発展に大きな影響をあたえていたが、彼はそのロシア貴族には目をとめなかった。あるいは目をとめるはずもなかった。そのロシア貴族というのはミハイル・バクーニンのことである。彼は二人の行路が遠くへだたってしまったときにも、自分がマルクスの影響をうけたことを告白した。マルクスとルーゲのけんかのときにも断然マルクスにくみし、それまで自分を庇護してくれたルーゲに反対した。

このマルクスとルーゲとのけんかは一八四四年の夏に再燃し、しかもこんどは公然化した。パリでは一八四四年正月いらい『フォールヴェルツ！』紙が週二回発行されていた。この新聞の発足はあまりかんばしいものではなかった。演劇業その他広告業をやっていたハインリヒ・ベルンシュタインという男が、自分の商売をやる目的で、しかも作曲家マイアーベーアからたんまりもらった酒銭《さかて》で、この新聞を始めたのであった。このプロイセン王国総楽長が好んでパリにすみ、手びろく自分の名を売りこむのに浮き身をやつし、事実また売りこみを必要としていたたていたらくを、われわれはハイネの報告によって知っている。ところが、抜け目のない仕事師のベルンシュタインは『フォールヴェルツ！』紙に愛国主義のマントをきせ、アーダルベルト・フォン・ボルンシュテットを編集者にした。この男の前身はプロイセンの士官だったが、のちメッテルニヒの「腹心」となり、またベルリン政府からも銭をもらっていた八方スパイだった。『独仏年誌』は発刊早々『フォールヴェルツ！』紙から罵倒の一斉射撃をみまわれた。この罵倒ときては頓馬というか、野卑というか、どちらとも申しかねるしろものだった。

しかしいろいろやってみたものの仕事はうまくゆかなかった。ベルンシュタインはパリの舞台に上場された新しい脚本を、信じられないくらいすばやくドイツの劇場マネージャーたちに売り込むために、小器用な翻訳者工房をつくり、その利益をあげるために青年ドイツ派の戯曲作家を出しぬかねばならなかった。そしてまた、いまでは政府のいうことをきかなくなった俗物どもを手なづけて目的を達するためには、「穏健なる進歩」についてだぼらを吹き、左だけでなく右の「ウルトラ主義」も拒否しなければならなかった。同じ必要に迫られていたのがボルンシュテットであった。彼は亡命者たちをおどろかせたくなかった。亡命者にあやしまれずにつきあうのが悪銭拝領の前提だったのである。ところがプロイセン政府はすっかりのぼせあがって、おのれ自身の国家を安泰にするには何が必要なのか分別をうしなって、『フォールヴェルツ！』紙をプロイセン国内で禁止した。すると、ほかのドイツ諸政府もこれにならった。

そこでボルンシュテットは五月はじめ、この仕事は見こみがないとみて投げだしたが、ベルンシュタインは投げださなかった。彼はなんとかしてその商売をやろうとした。そして老猾な投機師らしく冷静に考えた。——この新聞がプロイセンでこのまま禁止されるなら、プロイセンの俗物どもがこっそり人目をしのんで手に入れるだけのかいのあるように、国禁の新聞らしくあらゆる薬味をきかせておかねばならん、と。だから、若いせっかち屋のベルナイスが『フォールヴェルツ！』紙のために胡椒のきいた記事を書いてベルンシュタインに提供すると、彼は大いによろこんだ。二、三いざこざのあったのち、ベルナイスがボルンシュテットに代わって同紙の編集をひきうけた。それ以来、ほかの亡命者も『フォールヴェルツ！』紙に関係した。というのも、ほかに機関紙がなかったからで、編集部とは無関係に、各自が自分の責任で寄稿したのであった。

最初の寄稿者の一人にルーゲがいた。彼もはじめ自分の名前を名のってベルンシュタインとこぜりあいをやり、しかも、マルクスと完全に了解があるようなふりをして、『独仏年誌』にのったマルクスの論文を擁護した。それから二、三ヵ月してルーゲは新しい論文二篇、すなわちプロイセンの政治にかんする二、三の評論と、プロイセンの王朝にかんする長文のゴシップ記事を発表した。このなかで「酒のみ国王」や「びっこの王妃」だのや、この二人の「純粋に精神的な」結婚だのくだらぬことをしゃべりたてたのであるが、両論文とももう本名でなく、「一プロイセン人」とだけ署名した。これは筆者がマルクスだとにおわせるやり口だった。ルーゲ自身はドレスデン市会議員だったので、パリのザクセン公使館には同市の市会議員としてとどけていた。ベルナイスはラインプファルツ生まれのバイエルン人であり、またベルンシュタインはハンブルクに生まれ、のちに長くオーストリアに住んだが、プロイセンに住んだことは一度もなかった。

ルーゲはいったいどういう目的で、自分の書いた記事に、誤解をまねくような署名をしたのか、それはもういまではよくわからない。しかし、友人や親戚あての彼の手紙からわかるように、彼はマルクスを「まったく下劣な奴」だとか、「恥しらずのユダヤ人」だとかいって、おそろしく憎んでいた。また、それから二年ののち、前非を悔いてかいたプロイセン内相あての嘆願書の中で、パリの亡命者仲間のことをもらしたうえ、彼自身におぼえのあることなのに、自分が『フォールヴェルツ！』紙上で犯した罪を、これらの「無名の若い連中」にきせたことも、疑えない。しかし、また、プロイセンの諸問題をあつかった記事に重みをもたせるために、一プロイセン人が書いたようにおわせたということも考えられる。しかし、そうだとすれば、ひどく軽率なことをしでかしたものである。そしてマルクスがさっそくこの自称「プロイセン人」の打ちこみを受け流したことは、まったく当然のことだった。

もちろん彼はこれを彼らしいやりかたでやってのけた。彼はプロイセンの政治にかんするルーゲの二、三のいわば事実に即した所見から筆をおこし、プロイセンの王朝にかんする長ながしいゴシップ記事は、この応答にそえた次のような脚注でかたづけた。「特別の理由のため、この論文は私が『フォールヴェルツ！』紙に寄稿した最初のものであることを明らかにしておく。(五二)」ついでながら、これがまた最後の論文でもあった。

さて議論の争点は、ルーゲがくだらぬこととしてとりあつかった、一八四四年のシュレージエンの織布工蜂起であった。ルーゲはのべた。この蜂起には政治的精神がないが、それのない社会革命は不可能だ、と。これにたいするマルクスの駁論は基本的にはユダヤ人問題によせた論文のなかですでにのべられている。政治権力は社会的害悪をいやしえない。なぜなら、国家は、国家をうみだした状態を揚棄しえないからだ。マルクスは、社会主義は革命なくしては成就されない、といってユートピア主義に鋭く反対したが、同時に彼は、政治的思慮分別が無益な小暴動によって前進しようとするならば、それは社会的本能をあざむくものだ、と論じてブランキ主義にも鋭く反対した。警句的なするどい論法で、マルクスは革命の本質を解明した。「革命はすべて旧来の社会を解体する。そのかぎり、それは社会的である。革命はすべて旧来の強権を打倒する。そのかぎり、それは政治的である。」ルーゲの要望するような政治的精神でおこなわれる社会革命は無意味だが、社会的精神でおこなわれる政治革命は合理的である。革命というものはすべて――既存の強権の打倒と従来の諸関係の解体――政治的行為である。社会主義は破壊と解体を必要とするかぎりで、右のような政治的行為を必要とする。しかし社会主義を組織する活動がはじまり、その自己目的、その精神が現われてくると、社会主義は政治的ヴェールをぬぎすてる、と。(五三)

マルクスはユダヤ人問題のための論文から以上の思想を展開したが、シュレージエンの織布工蜂起は、彼がドイツの階級闘争の無力についてのべたことを、早くも証明した。友人ユングはケルンからマルクスあてに書いてよこした、――『ケルン新聞』には、かつての『ライン新聞』以上に共産主義がみられる。『ケルン新聞』は殺害されたり逮捕されたりした織布工の遺族のために、救援金の募集を始めている。同じ目的のために、県知事の送別の宴席で、市の最高の役人や最も裕福な商人から百ターラーの金が集められた。ブルジョアジーのなかでもいたるところに、この危険な反徒にたいする共感が湧きおこっている。「わずか数ヵ月まえあなたのところで大胆でまったく新しい主張だったものが、いまではほとんどありふれた自明のことになっている。」ルーゲがこの蜂起を低く評価したのに反対して、マルクスは織布工にたいするこうした全面的協力を強調した。「しかしブルジョアジーが社会的傾向と理念にたいしてほとんど抵抗しない」からといっても、彼はもうだまされなかった。労働運動が決定的な力をもつにいたると、支配諸階級内部の政治的反目と対立はもみけされ、労働運動は政治からまったく敵視されるにいたるだろう、とマルクスは予見した。マルクスは、ブルジョア的解放を社会的安泰の産物とし、プロレタリア的解放を社会的困窮の産物として証明することによって、二つの解放の最も深い相違をあきらかにした。政治的共同体からの、国家からの隔離がブルジョア革命の原因であり、人間性からの、人間の真実の共同体からの隔離がプロレタリア革命の原因である。この人間性からの隔離は、政治的共同体からの隔離とは比較にならないくらい全面的で、堪えがたく、恐ろしく、内的矛盾にみちているだけに、この隔離の揚棄は、シュレージエンの織布工蜂起のように局部的現象としてであっても、あたかも人間が公民よりも、人間的生活が政治的生活よりも無限のものであるように、無限のものなのである。

　以上のことから、マルクスがこの蜂起にたいしてルーゲとはまったくちがった判断を下したことがあきらかになる。「まずもって織布工の歌を、この大胆な闘争のスローガンを、思いおこすがよい。このスローガンでプロレタリアートは私的所有の社会にたいする彼らの敵対をいきなり、あからさまに、鋭く、容赦なく、力強く絶叫している。シュレージエンの蜂起は、フランスとイギリスの労働者蜂起の終ったところから、つまりプロレタリアートの本質の自覚から、始まっている。行動そのものが、このようなすぐれた性格をおびている。機械、すなわち労働者の競争相手が打ちこわされただけでなく、財産の要求権をしめす会計帳簿までも破毀された。また他の諸運動がすべてはじめは目に見える敵である工業主だけにむけられていたのに、この運動は同時に目に見えない敵である銀行家にもむけられている。最後に、イギリスの労働者蜂起にはどれ一つとして、これほど勇敢に、慎重に、ねばりづよくおこなわれたものはない。[五四]」

　これに関連して、マルクスはヴァイトリングの天才的著作に言及している。それは、説明の点ではプルドンには及ばないが、理論の点ではしばしば彼をしのいでいる。「ブルジョアジーは――その哲学者や経文読みまで含めて――ブルジョアジーの解放――政治的解放――にかんしてヴァイトリングの『調和と自由との保障』ほどの著作をどこにしめしただろうか。ドイツの政治上の文献の気のぬけて元気のない平凡さと、ドイツの労働者のこの並はずれて輝やかしい文筆上のデビューとをくらべてみたまえ。プロレタリアートのこの巨大な子供靴とドイツのブルジョアジーのはきふるした政治靴のちっぽけなのとくらべてみたまえ。そうすれば、君はドイツのシンデレラがいまに大力士になると、予言するにちがいない。(五五)」マルクスは、――イギリスのプロレタリアートがヨーロッパのプロレタリアートの経済学者であり、フランスのプロレタリアートがその政治家であるように、ドイツのプロレタリアートはその理論家であるといっている。

彼がヴァイトリングの諸著書について言っていることは、後世の判断によって確かめられた。それらは当時としては天才的業績であった。そしてドイツの仕立職人がルイ・ブラン、カベー、プルドンより前に、しかもより効果的に、労働運動と社会主義のあいだに了解の道を開いたのであるから、ますます天才的である。マルクスがシュレージエンの織布工蜂起の歴史的意義についてのべたところは、こんにちでは奇異に思われる。彼はこの蜂起の中に、本来は存在しない傾向を読みこんでいる。そして、織布工の反乱は深い意味のない単なる飢餓暴動であるとみなしたルーゲのほうがはるかに正しかったようにみえる。しかしながら、ヘルヴェークについて二人がかつて口論した時のように、このときも、しかもいっそう明らかになったことは天才に比べると俗物のみるところが正しいというそのことに、俗物のすべてのあやまりがあるということだ。結局は、偉大な心情がつねに小さな分別に勝利するのだ!

ルーゲが蔑視し、マルクスが熱心に研究した「一握りの手工業職人」は義人同盟に組織されていた。同盟は三〇年代にフランスの秘密結社と連絡して発展し、一八三九年それらの結社のまきぞえをくった。このために四散した分子は、またもとの中心であるパリに集まってきただけでなく、パリよりも広い範囲にわたって集会結社の自由を同盟にあたえたイギリスとスイスで組織をひろめ、こうして若枝のほうがもとの幹より力強くのびていった。そのかぎりでは敗北は、同盟にとってもっけの幸いとなった。パリの組織はダンツィヒ出身のヘルマン・エヴァーベックの指導下にあった。彼はカベーのユートピアをドイツ語に訳し、カベーの道徳説教的ユートピア主義にとらわれていた。彼よりも知的だったのは、スイスで運動していたヴァイトリングだった。また少なくとも革命的決断の点では、エヴァーベックは、同盟のロンドンの指導者時計工ヨーゼフ・モル、靴工ハインリヒ・バウアー、そしてカール・シャッパーに及ばなかった。シャッパーははじめ林学を学んだ大学生だったが、そののち植字工になったり、語学の教師をしたりして、生きぬいてきた。

この「三人のあっぱれな男たち」のあたえた「堂々たる印象」については、一八四四年九月、旅行の途中パリでマルクスを訪れ、一〇日間彼といききしたフリードリヒ・エンゲルスからマルクスははじめてきいたらしい。二人はこのとき、『独仏年誌』に彼らののせた論文の物語っているように、彼らの思想がじつに多くの点で完全に一致していることを確かめた。ところが、二人の旧友ブルーノ・バウアーは、彼が創刊した『リテラトゥールツァイトゥング』紙上で、二人の見解にたいして反対を表明した。この批評は、二人がいききしていたあいだに、彼らの知るところとなった。二人はさっそくこれに回答することにきめ、エンゲルスはただちに自説を書きおろした。ところが、マルクスは彼らしく、はじめの意図よりも深く問題にふみこみ、つづく数ヵ月間をはりきって執筆にしたがい、二〇ボーゲン分を書きあげ、そして一八四五年一月仕事がすむと同時に、彼のパリ滞在は終ったのであった。

ベルナイスは、『フォールヴェルツ！』紙の編集をひきうけて以来、ベルリンの「キリスト教ゲルマン的阿呆」を手きびしくやっつけ、新聞はしばしば不敬罪にもひっかけられた。ことにハイネはベルリン王宮にいる「新アレクサンダー」を狙ってやつぎばやに炎の矢を放った。そこでプロイセンの正統的王国は、フランスの非正統的なブルジョア王国の警察棍棒に、『フォールヴェルツ！』紙に奇襲の一撃を加えられたしと懇請した。ところが、ギゾーは耳が遠かった。彼は反動的志操のもちぬしではあったけれども、教養のある男であり、そのうえ、彼がプロイセン専制君主に仕える捕吏とわかったら、国内の政府反対派が大さわぎをしてよろこぶだろうということを知っていた。『フォールヴェルツ！』紙が市長チェヒのフリードリヒ・ヴィルヘルム四世暗殺未遂事件を論じた「憎むべき論説」をのせたとき、ギゾーはようやくすこしは懇請に耳をかすようになった。閣議で協議した結果、ギゾーは『フォールヴェルツ！』紙に二様の方途で介入する用意のあるむね声明した。一つは、保証金未納のかどで編集責任者を告発する懲戒警察的方法で、もう一つは、国王殺害教唆のかどで編集責任者を陪審裁判に召喚する刑法的方法である。

ベルリン当局は第一の提案に同意したが、しかし、これを実行したところで、なんの役にもたたなかった。というのは、ベルナイスは法規上必要な保証金を納付していなかったかどで、禁錮二ヵ月と罰金三百フランの判決を受けたが、『フォールヴェルツ！』紙はただちに、以後月刊紙として発行するむね声明した。月刊紙にすれば保証金はいらなかった。ところで、ベルリン当局はギゾーの第二の提案にはまったく賛成しなかった。というのは、ベルリン当局は、パリの陪審官たちはプロイセン国王のために良心をまげるようなことはしないだろう、というすこぶる根拠のある危惧をいだいていたからである。そこでベルリン当局は、ギゾーが『フォールヴェルツ！』紙の編集者と寄稿者を追放してくれればいいのに、などと泣きごとをいいつづけた。

かなり長い折衝ののち、このフランスの大臣はついに泣きおとされた。つまり、当時の人々が推察したように、そしてエンゲルスがマルクス夫人の弔辞のなかで指摘したように、この裏には、プロイセン外務大臣の親類のアレクサンダー・フォン・フンボルトのかんばしからぬ斡旋があったのである。ちかごろ、プロイセンの公文書庫にはこれについての記録はないなどといいたてて、フンボルトには罪がないと弁護するこころみがなされたが、しかしそれは何の反証にもならぬ。第一、こんな浅ましい事件にかんする書類など完全に保存されるものではないし、第二に、こんなことは決して文書で処理されるようなものではないのだから。公文書庫から現にあらたに提出されたものは、むしろ、決定的な一幕が楽屋裏で演じられたことを証明しているだけである。ベルリン当局はハイネにたいしていちばんかんかんになって怒った。プロイセンの騒ぎ、とくに国王にあてつけた辛辣きわまる嘲詩のうち一一篇を、ハイネが『フォールヴェルツ！』紙にのせたからだ。他面、ハイネはギゾーにとっては、やっかいな問題のなかでもいちばんやっかいなものだった。ハイネはヨーロッパに名声をとどろかせた詩人で、フランス人にはほとんど国民詩人とみなされていた。ギゾーのこのいともゆゆしい懸念は――まさか自分でしゃべるわけにいかなかったので――どこかの小鳥がパリのプロイセン公使の耳もとにそっとさえずったにちがいない。というのは、プロイセン公使は一〇月四日だしぬけにベルリンにむけて通告し、ハイネは『フォールヴェルツ!』紙にわずか二篇の詩しかのせなかったのだから、ハイネが同紙の編集に関係していたかどうかすこぶる疑わしい、といって以来、ベルリン当局も了解したからである。

ハイネには迷惑はかからずにすんだが、その反対に、『フォールヴェルツ!』紙のために書いたか、あるいは書いたと疑われた幾人かの亡命者にたいしては、一八四五年一月一一日付で国外追放命令が発せられた。そのなかには、マルクス、ルーゲ、バクーニン、ベルンシュタイン、そしてベルナイスがいた。彼らの二、三は助かった。すなわち、ベルンシュタインは『フォールヴェルツ!』紙発行を断念すると官憲に誓うことによって。またルーゲはザクセン公使やフランス代議士のところにお百度をふんで、自分がいかに忠良な国家公民であるかを誓言することによって。マルクスはもちろんそんなまねはできなかった。彼はブリュッセルに居を移した。

マルクスのパリ亡命期間は一年と少しだったが、彼の修業と遍歴の時代で最も有意義な時代だった。経験と刺激において豊かな年月であったが、一人の戦友をえたことによってさらに豊かなものになった。この戦友こそ、彼が生涯の大業を成就するためには、年を深めるにしたがってますます必要かくべからざる人となったのである。

# 第四章　フリードリヒ・エンゲルス

## 一　事務所と兵営

フリードリヒ・エンゲルスは一八二〇年一一月二八日バルメンで生まれた。彼もマルクスと同様に、両親の家から革命的なものの見方をもちだしてきたわけではなかった。彼を革命的行路におし進めたものが、個人的な窮迫ではなく、高い知性だった点でも、マルクスと同様だった。彼の父は保守的でプロテスタントの正統的信仰をもった裕福な工場主だった。だから宗教的には、エンゲルスはマルクス以上に、克服しなければならないものをもっていた。

彼はエルバーフェルトのギムナジウムに、卒業試験の一年前まで通学してから、商人としての職業についた。フライリヒラートのように、彼もきわめて有能な商人となったが、しかし彼は一度もこの「いまいましい商売」に心をよせたことはなかった。この一八歳の見習い事務員は、ブレーメンの領事ロイポルトの事務所から、学校時代の同窓の友人でそのころ神学を学んでいた大学生グレーバー兄弟にあてて手紙をだしているが、われわれが彼の姿をはじめて目の前にみるのはこれらの手紙においてである。それらの手紙のなかに一度、「二日酔しなかったので、事務机でしたためる」(五六)と書いてあるほかには、商業や取引業務のことは、ほとんど語られていない。青年エンゲルスは陽気な酒客だったが、これは年をとっても変わらなかった。彼はブレーメン市役所の地下食堂で、ハウフのように夢想したり、ハイネのように歌ったりはしなかったが、それでもあるときこの由緒ある場所でかつて自分のやらかした「えらいへべれけぶり」を、したたかなユーモアをまじえて、たくみに語ったものだった。

マルクスのように、彼もはじめ詩人になろうと思ったが、しかしマルクスに劣らずはやばやと、詩人の花園には自分のひたいをかざってくれる月桂樹の繁っていないのをさとった。一八三八年九月一七日付の、すなわち満一八歳になる少し前に書かれた手紙のなかで、『若い詩人たちのために』というゲーテの忠告に従って、自分には詩人の天分があるなどという自信はすてた、と書いている。これはゲーテの書いた二つの短い論文のことをいったもので、そのなかで老巨匠はこう論じている、――ドイツ語は高度の完成の域に達しているから、だれでもリズムと韻とで自分の思うままを表現することができる。だから、そういうことをなにか特別の才能のように考えてうぬぼれてはならない、と。ゲーテはこの忠告をつぎのような「韻」で結んでいる。

精神と感覚のたかまるとき
若人よ、こころせよ
ミューズの神はこれにともなうとも
これをみちびきえざることを

青年エンゲルスは、この忠告には自分のことが実に的確にいわれていると思った。この忠告で、自分の駄作などでは、芸術のためにはなにも貢献できたものではない、ということがよくわかった。ただ、詩作はゲーテのいわゆる「楽しいお添えもの」としてとっておきたかったし、まあ詩の一つぐらいは雑誌にのせてもらいたかった。「というのも、ほかの奴らは僕と同じくらい、あるいはもっと大馬鹿なのに、詩をつくっているのだし、また、僕が詩をつくったからといって、ドイツ文学を高めも低めもしないからだ。(五七)」ところで、エンゲルスはいつも学生流の屈たくのなさを好んだが、青年時代にそそっかしいところのあったのを、かくさなかった。というのは、この同じ手紙で、彼は友だちに、ジークフリート、オイレンシュピーゲル、ヘーレナ、オクタヴィアヌス、シルダの人々、ハイモンの子供たち、ドクトル・ファウストなど中世末の民衆本をケルンでそろえてくれるようにたのんだうえ、ヤーコプ・ベーメを研究していると白状しているからである。「彼の霊は暗いけれども深い。これをいくらかでもわかりたければ、その大部分を途方もなく勉強しなければならぬ。(五八)」

ものごとを深くきわめようとする青年エンゲルスは、だから、早くから青年ドイツ派の深みのない文学をきらった。それから少しあとで、一八三九年一月一〇日の手紙では、この「ごりっぱな一派」がやっつけられている。しかもそれはおもに、彼らが実際にありもしないことをこの世界のなかにあるものとして書きこんだからであった。「このテオドール・ムントという男は、『ゲーテを踊る』タリオーニ嬢について愚にもつかぬことをかきなぐり、ゲーテやハイネやラーエルやシュテークリッツの美辞麗句で飾りたて、ベッティーナについてじつに愉快きわまるばか話しをする。しかしどれもこれもとてもとてもモダンなので、伊達男や、若い、頭のからっぽな、みだらな淑女たちには、こんなものをよむのはきっと楽しみにちがいない。……それからこのハインリヒ・ラウベだ！　こいつはのべつまくなしに、ありもしない人物を登場させ、ゆきもしない旅行の小説をぬたくり、たわごとにたわごとを重ねている。ひどいものだ。（五九）」青年エンゲルスは、文学における「新しい精神」は「七月革命の雷鳴」から、「解放戦争以来の人民の意志の最もすぐれた表明」からはじまる、とした。この新しい精神を代表するものとして、彼はベックとグリューンとレーナウ、イマーマンとプラーテン、ベルネとハイネ、そしてグッコーをあげた。グッコーを青年ドイツ派の諸星の上位においた判断は、さすがにたしかなものだった。この「まったくずば抜けて尊敬に値する男」の発行していた雑誌『テレグラーフ』にエンゲルスは、一八三九年五月一日の手紙によると、一篇の論文をのせたが、そのとき彼は、筆者が私であることはどうか厳秘にしておいてほしい、でなければ、自分は「ひどく困る」だろうから、とたのみこんでいる。

　青年エンゲルスは青年ドイツ派の自由礼賛の長談義にまどわされて、この派の著作には芸術的価値のないのをあるように見そこなうようなことはなかったが、さりとてまた、芸術的価値がないからというので、正統派や反動の側からの青年ドイツ派にたいする攻撃を大目にみるようなこともなかった。彼は迫害をうける者の側に徹底してくみし、自分でもよく「青年ドイツ派」と署名したり、またこんなことをいって友人をおどしたりもした。「フリッツ、僕は君にいっておくが、もし君がいつか牧師になるのなら、君のなりたいように正統派になるがよい。だが、君が敬虔派になるなら……僕を敵にしなけりゃならん。（六〇）」彼が妙にベルネのかたをもったのもおそらくこれと似たことを考えていたことと関連があるのであって、告発者メンツェルに反対したベルネの著書を、青年エンゲルスは文体からみてドイツ第一の作品とした。反対に、ハイネはときおり

「猥せつ漢」の名を甘受しなければならなかった。そのころ、この詩人にたいして世人は非常に憤激し、青年ラサールでさえ日記にこう書いたものだった。「この男は自由の大義にそむいた！しかも奴はジャコバン帽を脱ぎすてて、高貴な捲髪《まきげ》の上に金モール帽をおしかぶった！」

　しかし青年エンゲルスに人生の行手をさししめしたのはベルネでもなければ、ハイネでもなく、またその他の詩人でもなかった。彼の運命が、彼を一個の男子にきたえあげたのである。彼は北ドイツの敬虔主義の一方の砦バルメンに生まれ、もう一つの砦ブレーメンに住んだ。敬虔主義のきずなからの解放こそは、彼のほまれある生涯を一貫した偉大な解放闘争の始まりだった。少年時代の信仰と格闘したときには、後年の彼にはにあわず弱気で語っている。「僕は毎日、ほとんど終日、真理をさずかるようにと祈っている。僕は疑いがおこるとすぐ、祈った。しかし、もう君たちの信仰に帰れない。……こうして君に書いているあいだも、目に涙があふれてくる。僕は徹頭徹尾動揺している。しかし僕は感じる、僕は滅びないだろう、僕は僕の心からあこがれる神のみもとにゆくだろうと。そしてこれは聖霊のあかしでもある。僕はこれによって生き、そして死ぬのだ。バイブルには、たといこれと反対のことが百万べん書いてあっても。(六二)」こうした心霊のたたかいのうちに、青年エンゲルスはその当時の正統派の頭目ヘングステンベルクとクルマッハーから出発して、シュライエルマッハーのもとに留まった、というよりもほんのしばらくたちどまってから、ダーフィト・シュトラウスにたどりついた。そして今では彼は、神学を学ぶ友人に、自分にはもうひきかえす道はない、と告白する。右翼合理主義者なら、奇蹟の自然的解明や浅薄な道徳狂からはいだして、正統派的信仰の狭窄衣《ストレイトジャケツ》のなかにもぐりこむこともできようが、哲学的思弁は「あけぼのの光をあびた雪嶺」から正統派的信仰の「霧ふかい谷間」におりてゆくことはできない。「僕はまさにヘーゲル主義者になる地点に立っている。僕がそうなるかどうか、もちろん僕にはわからない。だがシュトラウスは僕のためにヘーゲルを照らしてくれ、それによって、問題は僕には納得できるようになった。彼（ヘーゲル）の歴史哲学は、いずれにせよ、僕の霊の奥底から書かれたようなものだ。（六二）」そのうえ、教会との決裂がそのまま政治的異端に通じていた。当時のプロイセン国王〔フリードリヒ・ヴィルヘルム三世〕、つまりデマゴーグ狩りをやらかした当人をある坊主がたたえていったことが、このパーシー・ホットスパア*を絶叫させることになった、――「僕はただ、自分の人民から横っ面をはりとばされて頭がガンガンなり、自分の宮殿の窓に革命の石をぶっつけられて粉みじんにされるような、そういう君主からだけしか良いことなど期待しない。（六三）」

＊　シェークスピア『ヘンリー六世』に登場する無鉄砲な人物。

こうした考えをもったエンゲルスはグツコーの『テレグラーフ』誌をのりこえ、『ドイツ年誌』と『ライン新聞』の思想的領域に成長していった。この雑誌と新聞のために時々寄稿したが、当時彼は一八四一年一〇月から四二年一〇月までの志願兵役期間を、ベルリンの近衛砲兵隊に服役し、クプファーグラーベンの兵営にいた。この兵営は、ヘーゲルが生前すんでいてそこで死んだ家から遠くないところにあった。フリードリヒ・オスヴァルトという文筆家としての彼のペンネームは、はじめは保守的で正統派的な彼の家族に遠慮してえらばれたものであったが、「陛下の外套」をきた彼は、まえよりもいっそうやむをえない理由から、この変名を名のりつづけなければならなかった。グツコーは、ある著述家あてに、一八四二年一二月六日つぎのようななぐさめの手紙を書いたが、この著述家は、エンゲルスが『ドイツ年誌』で痛烈に批判した男だった。

「F・オスヴァルトを論壇に紹介したみじめな功績は、残念ながら私のものです。二、三年前、エンゲルスという若いビジネスマンがブレーメンから私に、ヴッパータールの様子をつたえた手紙をおくってきました。私はそれに筆を加え、あまりどぎつい人物は抹殺して、印刷にまわしました。それ以来彼は書いたものを幾つか送ってきましたが、私はきまってそれを直さねばなりませんでした。突然彼はこの訂正を禁止し、それからヘーゲルを研究して、別の機関紙に鞍がえしました。あなたにたいする批評の出される少し前にも、私は彼に一五ターラーをベルリンあてに送ったばかりでした。こうした新参者はほとんどみなこんな調子なのです。彼らがものを考えたり、書いたりできるのは、われわれのおかげなのに、しかも彼らの最初のしうちは、精神的な父親殺しなのです。もとより、こうした下劣なしわざも、『ライン新聞』やルーゲの新聞が迎合しなかったら、どうということもなかったでしょうが。」さて、餓死塔に幽閉された老モール*はもちろんこんなためいきをつきはしなかったが、自分がせっかくひなにかえした子鴨におよいで逃げられためんどりというものは、ガアガアなきたてるものだ。

＊　シラー『群盗』の登場人物。

エンゲルスは事務所で有能な商人になり、兵営では有能な兵士になった。それ以後、そして生涯の最期まで、軍事科学は彼の好きな研究の一つになった。このように、日常生活の実践とたえず密接に接触していたので、彼の哲学的意識は思索では深みを欠いたかもしれない点が、幸いにしてうめあわされた。彼は志願兵役の一年間にベルリンの自由人の面々としたたか飲んだり、二、三パンフレットを書いて彼らの闘争に参加したりしたが、これはもちろん自由人の行動がまだ堕落しないあいだのことだった。一八四二年四月にはすでに、ライプツィヒの出版社から匿名で、彼の『シェリングと啓示』という五五ページのパンフレットがでた。このなかで、彼は「自由な哲学にたいする最近の反動的な企て」を批判した。すなわち、ベルリン大学に招聘されたシェリングがその啓示信仰によってヘーゲル哲学を撃退しようとする企てを批判した。この書をバクーニンの作と思ったルーゲは「この愛すべき青年はベルリン中のどんな老いぼれろ馬をもしのいでいる」などと追従的な賛辞を呈して迎えた。事実、この書は、哲学上ぎりぎりの結論に到達した青年ヘーゲル主義を代表していたが、しかし批評家たちが、この書は鋭い批判が少なく詩的哲学的な点が多すぎるとしたのは、まったくあたらないでもなかった。(六四)

ほぼ同じころ、ブルーノ・バウアーの罷免からなまなましい印象をうけたエンゲルスは、チューリヒのノイミュンスターから、四歌章からなる「キリスト者の英雄詩」をこれも匿名で発表した。「力ずくで罷免された」「悪魔」にたいする「信仰の勝利」を風刺した詩である。(六五)これは、あらさがしをこととする批評をしりめにかける青年の特権を、十二分に行使したものでもあった。エンゲルスが自分自身と、そしてまだ個人的には知っていなかったマルクスを描いた詩句は、彼の持ち前をしめす一つの見本である。

さてさて、遠く左の方で、長脚踏《ふ》んまえおたけびするは
オスヴァルト。灰色の上衣、胡椒色のズボン、
心も胡椒のような、山岳党のオスヴァルト。
身体髪膚、徹頭徹尾急進主義者
かなでる楽器はギヨティーヌ、
あわせて歌うカヴァティーヌ。

いつでもひびくは地獄の歌で、高くとどろくリフレイン——
市民よ！　隊伍を組め、武器をとれ！

……………………………………

……………………………………

背後から、狂い猛って追い打つはだれ？
トリーアの黒んぼ、おそるべき怪物。
あゆまず、走らず、ひらりととんで
憤怒にみちてあれ狂い、さながら広い大空を
つかんで地上に引きおろさんと、
腕《かいな》を高く天にのばす。
兇悪な拳を固め、やすむひまなく猛りくるう、
千万の悪魔に顱頂《ろちょう》をつかまれたように(六六)。

兵役期間の終了後、一八四二年九月末(六七)、エンゲルスは両親の家にかえり、それから二ヵ月ののちには、父の出資していたエルメン・ウント・エンゲルス大紡績工場の事務員として、マンチェスターへいった。その旅行の途中、彼はケルンの『ライン新聞』編集部を訪れ、ここではじめてマルクスに会った。しかし、それはマルクスが自由人たちと決裂したばかりのころだったので、二人のあいさつはすこぶるそっけないものだった。エンゲルスはバウアー兄弟の手紙によって、マルクスに反感をいだいていたし、マルクスのほうではエンゲルスをベルリンの自由人たちの同志とみていたのであった。

## 二　イギリス文明

それから二一ヵ月間エンゲルスはイギリスでくらした。彼にとってこの期間は、マルクスにとってパリの一年間が、もっていたのと似た意味をもった。二人ともドイツ哲学のあの学派から出発し、外国でまったく同じ結論に達した。しかしマルクスは時代の闘争と時代の願望をフランス革命によって了解したが、エンゲルスはイギリス産業によって了解した。

イギリスもブルジョア革命を経験した。しかもフランスより一世紀も前に、しかしまさにそのゆえに比較にならぬほど未発達の状態のもとで、経験した。イギリス革命は結局、貴族とブルジョアジーの妥協に終り、両者は共同して王権を樹立した。イギリスの「中産階級」は王権と貴族にたいして、フランスの「第三身分」のようにねばり強く長期にわたってたたかう必要はなかった。しかし、フランスの歴史記述では、回顧的観察によってはじめて、「第三身分」の闘争が階級闘争であることがあきらかになったが、イギリスにおける階級闘争の思想は、プロレタリアートが一八三二年の選挙法案時代に支配階級とたたかうために登場したとき、いわば新しい根から芽ばえたのである。

この相違は、大工業がフランスの国土よりもイギリスの国土のほうをはるかに深く鋤《す》きかえした、という事情から明らかにされる。大工業は手にとるようにわかる発展過程で旧階級を滅ぼし、新階級をうみだした。近代ブルジョア社会の内部構造は、フランスよりもはるかにイギリスでよく見とおせた。エンゲルスがイギリス産業の歴史と特質を学んで知ったことは、従来の歴史記述ではまったくなんの役割も演じなかったか、あるいははした役しか演じなかった経済的事実が、少なくとも近代世界では決定的な歴史力であることだった。この経済的事実こそは、こんにちの階級対立を成りたたせている土台であり、そしてこの階級対立が大産業によって全面的に展開されているところでは、この対立こそ政党形成の、また諸党の抗争の、したがって全政治史の、土台であることだった。

エンゲルスがその目を、まず第一に経済的領域にむけたのは、もともと彼の職業と関連があってのことだった。『独仏年誌』誌上で彼は、マルクスが『法哲学批判』をはじめたように、『国民経済学批判』をはじめた(六八)。この小論文はまだ青年らしく性急に書かれているが、それにしても、すでにちょっと珍しいくらい成熟した判断をしめしている。これをしも「ひどく混乱したとるにたらぬ著作」だなどというのは、例のドイツ大学教授の十八番《おはこ》というものだ。マルクスがこれを「天才的な素描」といったのはあたっている。これはあくまで「素描」である。というわけは、エンゲルスがアダム・スミスとリカードの経済学についてのべているところは決して遺漏のないものではないし、また必ずしも正しくはないからであり、また彼が個々の点について、彼らの経済学に反対してのべたことは、イギリスやフランスの社会主義者がすでにのべたことかもしれないからである。それでもやはり天才的であるのは、ブルジョア経済学のいっさいの矛盾を、その真の根源から、私的所有そのものから、ひきだそうと試みているからである。この試みによってエンゲルスは早くもプルドンを超えて進んだ。というのは、プルドンは私的所有を私的所有の基礎の上にたって攻撃することしか知らなかったからである。人間性をうばう資本主義的競争の影響、マルサスの人口理論、資本主義生産の熱病的上昇、商業恐慌、賃金法則、科学の進歩——これは私的所有の支配のもとでは人類解放の手段から、労働者階級をますます隷従させる手段となるだろう――等々についてのべたエンゲルスの主張には、経済学的方面で科学的共産主義を成長させる根がひそんでいたのであって、この方面そのものはじつにエンゲルスがはじめて発見したものである。

彼自身はこのことについてあまりにも謙遜して考えていた。彼はあるときは、自分の経済学上の命題にマルクスがはじめて「最終的な綿密な見解」をのべてくれたといい、あるときは「マルクスはわれわれすべてのものよりも高所にたち、遠方をみ、多くのものをすばやく洞察した」（六九）といい、またあるときには、自分が発見したことはマルクスも結局は発見しただろう、といっている。しかし、最後に決戦のたたかわれねばならなかった領域、そして事実たたかわれた領域では、二人の初期のころには、エンゲルスがあたえる側に、マルクスが受ける側にいた。たしかに当時はマルクスはエンゲルスより哲学的天賦のある、とくに哲学的修練をへた頭脳であった。そして、歴史的研究とはなんの関係もない「もしも」とか「しかし」とかいう子供じみた遊びに興じたければ、つぎのことをよく考えてみたらよかろう。つまり、この二人が解いた問題は、エンゲルスひとりで解くことができたかどうか、フランス的なややこしい形をとったこの問題を解くことができたかどうか、ということだ。しかし、不当にも誤認されていることなのだが、イギリスでは問題がフランスよりも単純な形をとっていたからこそ、エンゲルスはマルクスにおとらず首尾よく問題を解明したのだ。ひとがもし彼の『国民経済学批判』を一面的に経済学的立場から考察したならば、これに多くの非難をあびせることもできよう。しかし彼の批判の特徴をなすもの、彼の批判によって経済学的認識を根本的に進歩させた力は、著者が弁証法的ヘーゲル学派からさずけられたたまものによるものであった。

エンゲルスの哲学的出発点は『独仏年誌』に発表した第二論文ではさらにあきらかにうかがわれる。彼はカーライルの著書を手びきとしてイギリスの状態を描き、その一年間のイギリス文学の収穫中で読む値うちのあるのは、この書物一冊だけであって、こうした貧弱さはフランス文学の豊かさにくらべていちじるしい対照をなしているとした。エンゲルスは、イギリスの貴族階級とブルジョアジーの精神的沈滞ぶりを考察し、これを文学の貧困と関連させた。――大陸でイギリスの国民性を判断するさいの基準とされている教養あるイギリス人は、世界中で最も軽蔑すべき奴隷であり、さまざまの偏見、ことに宗教的偏見のために窒息している。「イギリス国民のうちで大陸に知られていない部分だけが、すなわち労働者、イギリスの賤民、貧民だけが、どんなに粗野で堕落していても、真に尊敬に値する。イギリスを救う力は彼らのなかからわきでてくる。今後陶冶されるべき素材は彼らのうちにある。彼らには教養はないが、先入見もない。彼らは偉大な国民的事業にそそぐべき力をなおもっている。彼らにはまだ未来がある。」(七〇) エンゲルスは、マルクスの言葉でいえば、哲学がこの「純真な人民の大地」に根をおろしはじめた、と指摘した。シュトラウスの『イエスの生涯』についていえば、まともな著作家であえてこれを訳そうとしたものは一人もいなかったし、またひとかどの出版業者はだれもそれを出版しようとはしなかったが、ある社会主義的講演家がこれを翻訳し、一部一ペニーの分冊がロンドン、マンチェスター、バーミンガムで売り出されたのである。

エンゲルスはこのカーライルの著書のなかの「ところどころおどろくほどみごとなくだり」のなかでも「一番みごとなくだり」を訳出した。これらのくだりはじつに陰惨な色彩でイギリスの状態を描いている。ところがカーライルの提出した救済案、すなわち新宗教、汎神論的英雄崇拝、その他これに似たしろものに反対して、彼はブルーノ・バウアーとフォイエルバッハを証人としてひきあいにだしている。――宗教のすべての可能性はつきはてた。汎神論また然り。『アネクドータ』の中のフォイエルバッハの提言は、これを永遠にかたづけた。「これまでは問題はつねにこうであった、神とは何か、と。そして、ドイツ哲学はこの問題につぎのような解答をあたえた。神とは人間である、と。人間は自分自身を認識すればよろしい。自分自身を基準としてあらゆる生活関係を測り、自己の本質にてらして判断し、自己の本性の要求にしたがって、世界を真に人間的に処理すればよろしい。そうすれば、人間は現代の謎を解いたことになる。（七二）」そしてマルクスがフォイエルバッハの人間をただちに人間の本質、国家、社会として説明したように、エンゲルスは人間の本質を歴史とみた。――歴史は「われわれの唯一にして一切」であり、過去のいかなる哲学的流派も、ヘーゲルでも、歴史を「われわれほど」高く評価してはいない。ヘーゲルにとっては、歴史はけっきょく彼の論理的計算問題にたいする検算としてしか役だっていないのだから。

エンゲルスとマルクスは『独仏年誌』にそれぞれ二つの論文をのせたが、これらの論文をあとづけて、一方はフランス革命にてらされ、他方はイギリス産業にてらされて、色どりはちがっていても、どのようにして同じ思想が芽ばえたかを、詳細にしらべることは、きわめて興味深いことである。フランス革命とイギリス産業とは、近代ブルジョア社会史の起点となる二つの大きな歴史的変革であるが、本質においては同じものである。マルクスは人権からブルジョア社会の無政府的本質を読みとったが、エンゲルスは、競争が「経済学者の主要な範疇であり、愛娘」であると説明した。「〔商業恐慌の〕周期的な革命によってしか貫かれえないような法則を、われわれはどう考えたらよいであろうか？　それは関与者たちの無意識にもとづいている一つの自然法則にほかならない。[七二]」マルクスは、人間は彼自身の力を社会的力として組織することによって類的存在となるとき人間の解放ははじめて成就する、という認識に到達したが、エンゲルスは、類的意識のない、細分された原子としてではなく、人間として意識的に生産せよ、そうすれば君たちは、これらすべての、人為的な、維持しがたい対立をのりこえるであろう、といった。

二人の一致はほとんど言葉のはしばしにまでおよんでいることがわかる。

## 三　『聖　家　族』

二人の最初の共同の仕事は、彼らの哲学的良心の清算だった。これは、『アルゲマイネ・リテラトゥールツァイトゥング』紙にたいする論戦の形をとった。同紙はブルーノ・バウアーが二人の弟エドガーとエクベルトと一緒に一八四三年一二月以後シャルロッテンブルクで発行していたものである。

ベルリンの自由人たちは、この機関紙で彼らの世界観、というか彼らの自称世界観をうちたてようと試みた。ブルーノ・バウアーは『独仏年誌』に協力するようにとフレーベルから要望されていたが、けっきょく決心がつかずじまいだった。だが、根本的には、彼の個人的自意識がマルクスとルーゲのためにひどくきずつけられたというだけの理由で、自分の哲学的自意識にしがみついた、というわけでもなかった。「いまはなきライン新聞」とか、「急進派」とか、「主の御年一八四二年の賢者たち」とかいう彼のとげのある言葉には、ともかく客観的な背景があったのである。『ドイツ年誌』と『ライン新聞』が哲学から政治に転向すると、ロマン主義的反動はただちに、徹底的に、しかもすみやかにそれらをつぶしたこと、そしてこのように「精神」が「虐殺され」るのを眼前に見ながら「大衆」はまったく無関心の状態のままでいたことなどのために、彼はこうした道をたどっては前進できそうもないと考えるようになった。そこで彼は、ただ純粋哲学、純粋理論、純粋批判へ帰る以外に救いはないと考えた。イデオロギーの雲の上の世界で、世界の全能的支配者をでっちあげるのは、もとよりまったく造作のないことだった。

『アルゲマイネ・リテラトゥールツァイトゥング』紙の綱領――もとより綱領なるものを明確につかみうるかぎりでのことだが――を、ブルーノ・バウアーはこういいあらわした。「これまでの歴史の偉大な行動はすべて、大衆がこれに利害を感じ、熱狂したがために、はじめから失敗であり、有効な成果をあげられなかった。でなければ、みじめな結末をつげざるをえなかった。なぜなら、そのような行動のかなめとなった思想は、皮相な解釈で満足するような、したがってまた、大衆の喝采をあてこまねばならないような類いのものだったからである。」「精神」と「大衆」との対立は、一筋の赤い糸のように『アルゲマイネ・リテラトゥールツァイトゥング』紙を貫いていた。同紙はいった、――精神はいまや彼の唯一の敵対者をどこに求めるべきかを知っている。すなわち大衆の自己欺瞞のうちに、無気力のうちに求めるべきである、と。

この論旨にしたがって、バウアーの新聞は、いんぎん無礼に、時代のあらゆる「大衆的」運動に、キリスト教とユダヤ教に、大衆的貧困と社会主義に、フランス革命とイギリス産業に否定的判定を下した。エンゲルスが同紙を記念して、こうかいたのはまだ丁重にすぎた。「〔バウアーの〕批判は老婆であり、色あせ、やもめとなったヘーゲル哲学であり、これからもそうであろう。ひからびて胸のむかつくような抽象と化した体を飾りたて、めかしこんで、求婚者はいないかと横目をつかいながらドイツ中を歩きまわるのだ。(七三)」というわけは、ヘーゲル哲学が背理におちいったからである。創造的世界精神としての絶対精神はつねに事後的に哲学者の頭の中で意識に到達した、とヘーゲルがいったのは、要するに、絶対精神はみたところ想像のなかで歴史をつくるという意味にすぎなかった。そして彼は哲学者個人が絶対精神であるとする誤った解釈をあらかじめ強くしりぞけた。ところがバウアー兄弟とその弟子たちは、自分たちが批判の、すなわち絶対精神の化身だと考え、絶対精神が彼らにのり移り、意識的に他の人類に対立して世界精神の役割を演じるのだ、と自任した。こんなもやもやしたものは、ドイツの哲学的雰囲気のなかでも、すぐさま消えうせるほかなかった。だから自由人の仲間でも『アルゲマイネ・リテラトゥールツァイトゥング』紙はすこぶる気のりのしない扱いをうけた。もともと気のすすまなかったケッペンも、またひそかに同紙をやっつける用意をしていたシュティルナーも協力しなかったし、マイエンやルーテンベルクも受けつけなかった。バウアー兄弟はただ一人ファウヒャーは別として、自由人の第三流すなわちユングニツという男と、シェリガというペンネームのプロイセンの中尉フォン・ツィヒリンスキーをだきこんで満足するほかなかったが、このツィヒリンスキーはついさきごろ一九〇〇年に歩兵大将として死んだ。騒ぎはこの年のうちにしずまった。『アルゲマイネ・リテラトゥールツァイトゥング』紙は死んだばかりか、マルクスとエンゲルスが同紙を向こうにまわして戦うために、公然と登場したときには、もう世間から忘れられていた。

こうした事情は、二人の最初の共著には、有利ではなかった。二人はこの書の題名を『批判的批判の批判』といい、出版社の提案で『聖家族』と命名された。論敵はさっそく、この書は独りずもうをとっている、とあざけった。そしてエンゲルスもできあがった本を受けとったときいった、――これはまったく素敵だが、それにしても大きすぎる。批判的批判を足腰のたたぬくらい手だまにとってはいるが、それもこの書の二二ボーゲンというかさとは、ひどくふつりあいだ。ここに書いてあることは大部分、多くの読者にはわかるまいし、一般の関心もひくまい、と。これは、こんにちでは、その当時以上にいえることである。ところがそのうちに、この書は、発行されたころにはうけいれられなかったような魅力をもつようになった。少なくとも発行当初世人の感じた魅力は、こんにちの人の感じる魅力のようなものではなかった。それにもかかわらず、ちかごろのある批評家は、この書が論敵のあげ足をとったり、字句にこだわったり、そのうえ、とてつもない思想上のひずみがあると非難しながらも、こういっている、――この書には著者の天才が最もすばらしく発露しているところがあって、巨匠的な形態といい、鉄のようにひきしまった用語といい、マルクスの書いたもののなかでも、最もかがやかしいものの一つだ、と。

マルクスは本書のそうした個所で、イデオロギー的空想を客観的事実によって打ちのめす生産的批判、粉砕すると同時に創造し、破壊すると同時に建設する生産的批判の巨匠として、その本領を発揮している。フランス唯物論とフランス革命にかんするブルーノ・バウアーの批判的な空文句にたいして、マルクスはこの歴史的できごとのかがやかしいスケッチをつけた。「精神」と「大衆」、「理念」と「利害」との対立を語るブルーノ・バウアーのおしゃべりにたいしてマルクスは冷やかに答えた。「『理念』は『利害』と異なっていたかぎり、いつも恥をさらした（七四）。」すべて大衆的な、歴史的に自己を貫く利害が、世界の舞台に登場するときには、理念のすがたをとり、この利害の現実の制限をはるかにこえて進み、人類の利害そのものと混同されるのがつねである。この錯覚こそは、フリエが各歴史時代の調子《トーン》といっているものである。「一七八九年の革命におけるブルジョアジーの利害は『失敗』したどころか、たとえ、『情熱』がさめ、この利害の揺籃を飾った花環の『熱狂的』な花がしおれても、利害はすべてのものを『たたかいとり』、『最も有効な成果』をおさめたのだ。この利害は、マラーのペンをも、テロリスト派のギロチンをも、ナポレオンの剣をも、さらには十字架像をもブルボン王朝の純血をも、かちほこって征服したくらいに強かった。」(七九) ブルジョアジーは一八三〇年に彼らの一七八九年の希望を実現したが、ただ、時代のちがいがあった。それは、彼らの政治的啓蒙が一八三〇年で終ったことだ。彼らは立憲的代議制国家の形では、もはや国家の理想をも、世界の救済をも、普遍的人類の目標をもかちとろうとは努力せず、こうした国家を、彼らの独占的勢力を公的に表現したものとして、また彼らの特殊利害を政治的に承認したものとして認めた。革命が失敗したのは、ただ大衆にとってであり、大衆は政治的理念の中に、彼らの現実の利害の理念をもたず、したがって、彼らの真の生活原理は革命の生活原理と一致せず、彼らの現実の解放の条件は、ブルジョアジーが自分と社会を解放しえた諸条件とは根本的にちがうのである。

国家は市民社会の諸原子《アトム》〔諸個人〕をまとめている、というブルーノ・バウアーの主張にたいして、マルクスは反駁する、――諸原子をまとめているのは、こういう事実だ。すなわち、原子はただ表象のなかで、その想像の天上界で原子であるにすぎず、現実には彼らは原子などとはおそろしくちがったものなのだ。すなわち、神々しい自己主義者ではなく、利己的人間なのだ。「ただ政治的迷信だけが、いまどき、市民的生活は国家によってまとめられなければならないと想像しているのであって、現実には、逆に、国家が市民的生活によってまとめられているのだ。(七六)」またブルーノ・バウアーは産業と自然が歴史認識にたいしてもつ意義を軽視したが、この所説にマルクスはこう問いかけて立ちむかった。――批判的批判は、自然にたいする人間の理論的および実践的なはたらきかけを、つまり自然科学と産業を、歴史的運動から除外しておきながら、しかも、歴史的現実を認識するうえで、起点にだけでも到達したと信じているのだろうか？「批判的批判が思考を感覚から、たましいをからだから、自分自身を世界からひき離すように、歴史を自然科学と産業からひきはなしているのであるが、このようにして批判的批判は、歴史の出生地を、地上のがさつな物質的生産のうちにではなく、天上の霞たなびく雲の上にみているのだ。(七七)」

マルクスが批判的批判にたいしてフランス革命を弁護したように、エンゲルスはイギリス産業を弁護した。エンゲルスはここで『アルゲマイネ・リテラトゥールツァイトゥング』紙の協力者の中でいち早く地上の現実に注意した若いファウヒャーを相手どった。当時彼がいかにみごとに、あの資本主義的賃金法則を分析しえたかを、ここで読むのはうれしいことである。この法則こそは、エンゲルスがそれから二〇年ののち、ラサールが登場したとき、「腐れはてたリカードの法則」とのろって地獄の底につきおとしたものであった。エンゲルスは目にあまるファウヒャーの誤謬を指摘したのであるが――ファウヒャーは一八四四年になってもまだ、イギリスの団結禁止法が一八二四年に廃止されたことを知らなかった――、全然あげ足とりをしなかったわけではなかった。そして根本的な一点では、ファウヒャーとは別の方面においてではあるが、エンゲルスもまちがっていた。ファウヒャーはアシュレイ卿の一〇時間労働法案を、「月なみの中道方策」

とあざけり、こんなものは、根幹に斧を加えることにはなるまいといったが、エンゲルスは、これこそ外国貿易の根幹に、それと同時に、工場制度の根幹に斧を加えることになるだけでなく、深く切り込むことになるだろうから、これはきわめて急進的な原理をできるだけおだやかに、しかも「イギリス流に大げさに」表現したものであると考えた。

エンゲルスとマルクスはまだ彼らの哲学的過去からすっかり抜けきってはいなかった。彼らは序言の冒頭でブルーノ・バウアーの思弁的観念論に反対しフォイエルバッハの「現実的人間主義」を力説している。彼らは率直にフォイエルバッハの天才的発展をみとめ、いっさいの形而上学批判に偉大な巨匠的な綱要をあたえた彼の功績、古いがらくたの代わりに、また無限の自己意識の代わりに、人間を定立した彼の功績をみとめている。しかし彼らはフォイエルバッハの人間主義をのりこえて社会主義へ、抽象的人間から歴史的人間へとたえず前進する。そしておどろくべき洞察力をもった彼らは、混沌としてさかまき流れる社会主義世界のまっただなかにあっても、正しい方向をあやまらない。彼らはみちたりたブルジョアジーが得意になってやっている社会主義のままごとの秘密をあばく。人間の貧困そのもの、施しをうけねばならぬ無限の堕落が、銭と教養をもった貴族どもの娯楽となり、彼らの自愛心を満足させ、彼らの高慢をくすぐるものとなる。ドイツの多くの慈善団体、フランスの多くの慈善協会、イギリスの数かぎりない慈善的馬鹿さわぎ、貧者のための演奏会や舞踏会や演劇や食事、それにまた、不幸におちいった人々のための寄付金募集も、別の意味をもつものではない。

偉大なユートピア主義者のうち『聖家族』の思想内容に最も役だったのはフリエだった。しかしエンゲルスははやくもフリエとフリエ主義を区別し、『デモクラシ・パシフィク』紙の説教する水割りフリエ主義は、一部の博愛的ブルジョアジーの社会的教説にすぎない、といっている。マルクスも彼も、偉大なユートピア主義者が理解しなかったこと、労働者階級の歴史的発展と自立的運動を、たえずくりかえして強調している。エンゲルスはエドガー・バウアーを論駁して書く。「批判的批判は無を創造し、労働者は一切を創造する。然り、労働者は精神的創造においても、すべての批判を赤面させるくらいに一切を創造する。イギリスとフランスの労働者はその証拠をしめすことができる。(七八)」そして「精神」と「大衆」との、いわゆる相容れない対立なるものを、マルクスはとくにつぎのようにのべてしりぞけた、——ユートピア主義者の共産主義的な批判にたいして、たちどころに大衆の運動が実践的に呼応した。この運動がどんなに人間的な貴さをもっていたかを、具体的に想像できるようにするには、われわれは、フランスやイギリスの労働者《ウーヴリエ》たちの学習ぶり、その知識欲、その倫理的エネルギー、その不断の向上心を知らなくてはならない、と。

これですぐわかることは、マルクスがとくにやっきになって、エドガー・バウアーを攻撃したことである。エドガーは『アルゲマイネ・リテラトゥールツァイトゥング』紙上でプルドンの書いたもののやぼくさい翻訳をのせたうえ、それ以上にやぼくさい注釈をそえてプルドンを傷つけたのであった。ここで、マルクスは『聖家族』ではプルドンを絶賛しながら、それから二、三年後には、プルドンその人を猛烈に批判しているではないか、というものがあるが、これはもちろん、学者先生のごまかしというものだ。マルクスは、プルドンの実際の業績がエドガーのわけのわからぬむだ話のためにあいまいにされたことに反対しただけのことで、国民経済学の領域でのプルドンの業績は、神学の領域でのブルーノ・バウアーの業績と同じく、画期的なものとして承認したのである。しかし彼はブルーノ・バウアーの神学的な偏狭に反対したのと同じように、プルドンの国民経済学的な偏狭にも反対した。

プルドンはブルジョア経済学の土台から所有を一つの内的矛盾として論じたのであるが、マルクスはこういった。「私的所有は私的所有として、富として、自分自身を、そしてそれとともにその対立物たるプロレタリアートをも存続させておくことを余儀なくされている。これは対立の肯定的側面であり、自分自身に満足した私的所有である。プロレタリアートは、逆にプロレタリアートとしては、自分自身を、そしてそれとともに、彼らを制約してプロレタリアートたらしめる対立物を、すなわち私的所有を揚棄することを余儀なくされている。これは対立の否定的側面であり対立自身における不安であり、解消された、またみずから解消しつつある私的所有である。……だから、対立の内部では私的所有者は保守派であり、プロレタリアは破壊派である。前者からは対立を維持する行動が生まれ、後者からは対立を絶滅する行動が生まれる。たしかに、私的所有はその経済的運動のなかで、それ自身の解消をめがけてつきすすむが、しかしもっぱらそれは私的所有とは独立な、無意識の、その意志に反しておこってくるところの、事の性質によって制約された発展をとおしてのことであり、私的所有がプロレタリアートをプロレタリアートとして、彼の精神的および肉体的な窮乏を自覚した窮乏、自己の非人間化を意識し、それゆえ自己を揚棄しつつある非人間化として生みだすことによってである。プロレタリアートは、私的所有がプロレタリアートを生みだすことによって自分自身に下した判決を執行する。それは賃労働が、他人の富と自分自身の窮乏を生みだすことによって自分自身に下した判決を、プロレタリアートが執行するのと同じことである。プロレタリアートが勝利しても、それによって決して社会の絶対的な側面になるということはない。なぜなら、プロレタリアートは自分自身とその相手側とを揚棄することによってはじめて、勝利するからだ。プロレタリアートの勝利とともに、プロレタリアートも、またこれを制約する対立物たる私的所有も、消滅する。(十九)」

マルクスは強調した、——私がプロレタリアートにこの世界史的な役割を課するからといって、彼らを神であると宣言するものではない。「かえってその反対である。いっさいの人間性の捨象が、人間性の外見の捨象さえもが、完成されたプロレタリアートにおいて実践的に完了しているために、また、プロレタリアートの生活条件のうちに、こんにちの社会のいっさいの生活条件の最も非人間的な頂点が集中されているために、また、人間がプロレタリアートたることによって自己を喪失しており、しかも同時に、この喪失の理論的意識をかちえているだけでなく、さらに、もはやしりぞけようのない、絶対に有無をいわせぬ窮乏——必然性の実践的表現——によって、この非人間性への反逆へと直接においこまれているために、そのために、プロレタリアートは自分自身を解放することができるし、また解放せざるをえないのだ。しかしプロレタリアートは、彼ら自身の生活条件を揚棄せずには、自分自身を解放するわけにはゆかない。また彼らは、彼らの地位に集約されているこんにちのいっさいの非人間的な生活条件を揚棄せずには、彼ら自身の生活条件を揚棄するわけにはゆかない。彼らは労働という冷酷だが彼らをきたえる学校をいたずらに卒業するわけではない。あれまたはこれのプロレタリアが、あるいは全プロレタリアートそのものが、さしあたり何を目的として念頭においていたかが問題なのではない。問題は、プロレタリアートは一体なにであるか、そしてその存在に応じて、歴史的になにをするように余儀なくされているか、ということである。プロレタリアートの目的と歴史的行動は、彼ら自身の生活状態の中にも、また現在のブルジョア社会の全構造の中にも明白に、とり消しようもないようにしめされている。（八〇）」そしてマルクスは、イギリスとフランスのプロレタリアートの大部分がすでにその歴史的使命を自覚しており、この自覚をまったく明瞭に表明しようとたえず努力していることを、くりかえして強調した。

『聖家族』には生命《いのち》の水の湧きでる多くの清冽《せいれつ》な泉があると同時に、もちろん、多くの乾いたやせ地もある。ことにもったいぶったシェリガのでたらめな知恵とわたりあっている長い二章は、読者の忍耐をきびしくためす。本書は外見上そうであるように、即興作とみるのが至当であろう。ちょうどマルクスとエンゲルスが親しく知りあいになったころ、『アルゲマイネ・リテラトゥールツァイトゥング』紙の第八冊目がパリにとどいた。そのなかでブルーノ・バウアーは二人が『独仏年誌』で到達した見解を、あからさまにではないが、辛辣に攻撃した。

そこで、小冊子でこの旧友におどけて返答してやろうとふと思ったのであろう。それでこの小冊子は手っとりばやく出す必要があった。それは、エンゲルスが一ボーゲンをわずかにこえる一文を即座に書きおろしたことでもわかるし、マルクスが論文を二〇ボーゲン以上の長さに書きのばしたときいてエンゲルスがひどくおどろいたことでもわかる。エンゲルスは、自分のかいた量は少ないのに、書名といっしょに自分の名が、しかもマルクスの名よりも前にしるされているのに「奇異」で「こっけい」な感じをもった。マルクスは彼流に徹底的にこの仕事をやったのだろうし、この場合、よく知られた、しかもあまりにも真実すぎる言葉をつかえば、短くすませるには、時間がなかったのであろう。また、二〇ボーゲン以上の書籍にあたえられていた検閲の自由を獲得するためにも、素材をひきのばしたのであろう。

ちなみに、著者たちは、この論争書は独立した著書の前ぶれにすぎず、その著書で——それぞれ独自に——最近の哲学的また社会的学説にたいする態度を明らかにするであろう、と予告した。彼らがこの点どんなに本気だったかは、エンゲルスが印刷された『聖家族』をはじめて手にしたとき、いまのべた独立した著書の最初のものの草稿をはやくも完成していたという事実をみてもわかることである。

## 四　社会主義の基礎づけ

この著書が『イギリスにおける労働者階級の状態』である。(八一) これは一八四五年ライプツィヒのヴィーガントから出版された。ヴィーガントはまえに『ドイツ年誌』を出したことのある本屋で、この数ヵ月まえにシュティルナーの『唯一者とその所有』を出版した。ヘーゲル哲学最後の支脈であるシュティルナーは資本主義社会の競争にいっさいのかぎがあるとする月なみ哲学にすべりおちていったが、エンゲルスはその著書で、ヘーゲル的思弁から出発しフォイエルバッハによる解体をとおって共産主義と社会主義に到達したドイツの理論家——そのほとんどすべてがそうだった——のために土台をすえたのである。彼はイギリス労働者階級の状態を、身の毛もよだつような現実のままに、ブルジョアジーの支配の典型をあきらかにしている現実のままに、描き出した。

エンゲルスは、ほぼ五〇年後に、この労作を再版したが、そのさいこの書を、近代の国際的社会主義の萌芽的な発展段階の一つと名づけ、そしてそれにつけ加えていった、——人間の胎児の最も初期の発育段階には、われわれの祖先である魚類の弓形の鰓《えら》がいまもなおもう一度できるように、この書も、近代的社会主義がその祖先の一つであるドイツ古典哲学の血統をひいていることの痕跡を、いたるところにしめしている、と。しかしこの言葉は、この痕跡が、『独仏年誌』にエンゲルスが発表した諸論文にみられるよりもはるかに弱い、というかぎりでのみ正しい。ブルーノ・バウアーのことも、フォイエルバッハのことも、もういわれていない。「友人シュティルナー」のことは、一、二度のべられてちょっとからかわれているにすぎない。ドイツ哲学は、時代逆行的な影響ではなく、決定的に前進的な意味の影響を、じっさいこの書にあたえているといえる。

　この書の本来の重点は、プロレタリアの窮乏、つまり資本主義的生産様式の支配するイギリスで生まれた窮乏を描写することではなかった。この点では、エンゲルスにはビュレ、ギャスケルその他彼がふんだんに引用している多くの先駆者がいた。労働大衆に最もおそろしい苦悩をおわせた社会体制にたいするもえるような義憤、読者の心をゆさぶるような真にせまる苦悩の描写、苦悩の犠牲者にたいする深い真実の共感、そうしたものがこの書に独特の調子をあたえたのでもなかった。この書の最も感歎すべき、また同時に歴史的に最も重要な特徴は、この二四歳の著者が資本主義的生産様式の活力をつかみ、そこからブルジョアジーの興隆だけでなく滅亡を、プロレタリアートの窮乏だけでなく救済を、解明しえたその鋭さである。大工業は、非人間化された、知的にも道徳的にも獣性にまで品格をおとされた、肉体的に破壊された種族である近代労働者階級をいかにして創出するか。しかも近代労働者階級は歴史的弁証法——その諸法則は仔細にしめされている——の力によって、いかにして彼らの創出者をうち倒すまでに発展するか、また発展せざるをえないか、これをしめすことが、この書の核心だった。この書は、労働運動と社会主義とが一つになるときはじめてプロレタリアートはイギリスを支配する、とみたのである。

しかし、これをなしとげる力のあったのは、ヘーゲルの弁証法を自分の血肉としてとりいれ、頭でたっていた弁証法を足でたたせることのできるものだけだった。こうして、この書は、著者の意図したように、社会主義を基礎づけるものとなったのである。しかし、この書が世にでたとき、大きな印象をあたえたのは、そういうことによるのではなくて、その純然たる素材的興味によるものだった。この書が——ちょんまげをつけた頭の古い大学教授が笑止にもうぬぼれていった言葉をつかえば——社会主義を「大学で研究するにふさわしいもの」としたというなら、それは、そんじょそこらの大学教授がこの書にたちむかって、自分のさびた槍をへし折られた、というだけのことだ。とりわけ、エンゲルスがもうイギリスに迫ってきたと見た革命が、実際に到来しなかったとき、学者先生の批判は得たりとばかりにふんぞりかえった。エンゲルスはそれから五〇年ののち、一向平気で、こういってもべつにさしつかえなかった、——私が「若き日の情熱」にかられてやったあれこれの予言がはずれたことは、驚くべきことなのではない。私が革命の到来を「あまりにも近い将来」に見すぎたにしても、じつに多くのことが適中したことこそ、むしろ驚くべきことなのだ、と。

こんにちでは、多くのことを「あまりにも近い将来」にみた、この「若き日の情熱」こそ、この画期的な著書が読者をひきつけずにはおかないなみなみならぬ魅力なのである。この陰《かげ》がなければ、この書の光は考えられない。現在から未来を認識する力量のある天才的眼光は、常識以上に鋭く、だからこそまた常識以上に近く、やがて来るべき事物をみるのであるが、この常識というやつは、スープは一二時かっきりにテーブルにだされなくてもよいという考えには、なかなかなじめないものだ。他方、エンゲルス以外にもなお多くの人々が、たとえばイギリス・ブルジョアジーの最高の新聞である『タイムズ』紙でさえ、イギリス革命が迫ってきたとみたのだ。しかし、やましい良心に駆られた不安は、革命に放火と殺人だけをみてとって恐れをなしたのに反して、社会的予言者の眼光は、廃墟のうちから新たな生命の萌えでるのをみたのであった。

しかしエンゲルスは一八四四年から一八四五年にかけての冬のあいだ、この著書だけのために、「若き日の情熱」に駆りたてられたのではなかった。彼がこの著書をまだ鉄敷《かなしき》の上においていたあいだに、もう彼は別の鉄を火の中にいれていた。すなわち、この書の続刊のほかに——というのは、この書はイギリス社会史にかんするいっそう膨大な著書の一部を独立させたものにすぎないということになっていたのだから——モーゼス・ヘスと共同して発刊しようと考えていた社会主義的月刊雑誌や、外国社会主義著作家叢書や、リスト批判、その他があったのである。彼はしばしば自分のプランと鉢あわせをしたマルクスに、同じように活気のある仕事をするように勧めた。「君は国民経済学の著作を完成するようにしたまえ。たとえ君自身多くの点に不満があっても、それはかまわん。人心は熟している。われわれは鉄をきたえなければならない、赤熱しているのだから。……だが、いまこそ潮時だ。だから君は四月以前に完成するようにしたまえ、僕のようにやりたまえ。いつまで実際完成するか、日をきめたまえ。そしてすぐ印刷にかかるように配慮したまえ。そちらで印刷させることができなければ、マンハイムでも、ダルムシュタットでも、どこでもいい、印刷させるようにしたまえ。だがすぐに出さなければいけない（八二）。」『聖家族』

が「おどろくほど」ふくらんだことについても、彼は、まったくそれでいいのだ、といってみずから慰めた。「どんなに長らく、君の机の引きだしにいれてあったかわからぬたくさんのものが、いよいよ世にでるのだ(八三)。」エンゲルスはその後数十年のあいだ、どんなにたびたび、同じ叫びをあげなければならなかったことだろう！

　しかし彼はせっかちに催促したと同時に、この天才が自分自身と苦しい格闘をしながら、なおそのうえに日常生活のみじめな窮乏に苦しめられたときには、じつに辛抱づよく援助もした。マルクスがパリから追放されたという知らせがバルメンにとどくと、さっそくエンゲルスは「このために君のこうむった特別の失費を、われわれみんなで、共産主義者らしくわけあうために」すぐ寄付金募集をはじめる必要があると考えた。この募集が「順調にはかどっている」ことについて報告してつけ加えた。「だがしかし、君がブリュッセルで身のまわりのものを調えるのに、これでたりるかどうか、僕にはわからないから、この最初のイギリスものの僕の稿料、――これは少なくともその一部はすぐに支払ってくれるだろうと思うし、おやじがかねを貸してくれるにちがいないから、当分これはなくてもすませるので、僕はこれを、もちろん喜んで君に用だてよう。少なくとも、犬どものやる破廉恥行為のために君が金銭上のことで困るのを、いい気味とばかり見物する楽しみを、奴らに味わわせてはならない(八四)。」そしてこの友人を「犬どもの楽しみ」から守りとおすことにも、エンゲルスは三〇年終始一貫して倦むことをしらなかった。

　これらの青年時代の手紙でみるとエンゲルスはいかにもかかるはずみのようだが、決してそうではなかった。彼がぞんざいに「最初のイギリスもの」といったしろものは以来七〇年にわたって、挺子《てこ》でも動かぬ重みをもっていた。これは画期的な著作であり、科学的社会主義の最初の偉大なドキュメントだった。この書をかきあげて、古くさい学者先生のちょんまげにたまったほこりをはたき出してやったとき、彼は弱冠二四歳だった。しかし彼は、温室のむし暑い空気のなかでさっさと茂ってやがてしぼんでしまうような、早熟の秀才では断じてなかった。彼の「若き日の情熱」は偉大な思想のまことの太陽から発したものであり、この太陽は彼の青春に熱をあたえたように、彼の老年にも熱をあたえたのである。

彼はこの間両親の家で、「じつにりっぱな俗物」だけが望んだような「まったき敬虔と真摯のうちに静かなおちついた生活」をおくった。しかしこうした生活は彼にはやがて苦痛になった。そして年老いた両親の「沈んだ面もち」にうごかされて、もう一度商売をやってみる決心をした。そこで春にはどうしても家をでて、さしあたりブリュッセルに行こうと考えた。彼の「家庭のいざこざ」は、彼が元気で関係していたバルメン＝エルバーフェルトでの共産主義宣伝のためにひどく昂じていった。彼はマルクスに、三回にわたって開かれた共産主義の集会について報告し、第一回には四〇人、第二回には一三〇人、第三回には二〇〇人の参会者があったと書いた。「すばらしくうまくいった。人々は共産主義以外のことはなに一つ口にしない。そして日ごとに新たな支持者がわれわれに加わる。ヴッパータールの共産主義は一個の真実《ヴェリテ》であり、いなほとんどすでに一個の勢力なのだ。（八五）」この勢力はもちろん警察の一片の命令で四散した。そしてほかの点でもこの勢力はまったく奇妙なありさまだった。というのは、世の中のいかなるものにも興味をいだかない、最も愚鈍な、最も怠惰な、最も俗物的な連中が、この共産主義運動にほとんど夢中になりはじめているのに、プロレタリアートだけはよりつかない、とエンゲルス自身報告しているのだから。

これは、エンゲルスが同じころイギリスのプロレタリアートの展望について書いたこととどうもつじつまがあわない。が、しかし彼もかつてはこんな調子だったのだ。頭のてっぺんからつまさきまで一個の好漢で、つねに注意をおこたらず、はつらつとし、炯眼で、疲れをしらない彼には、感激家で勇敢な青年にすこぶるにつかわしい、あの愛すべき愚かさもなくはなかったのである。

# 第五章　ブリュッセル亡命

## 一　『ドイツ・イデオロギー』

パリから追放されたマルクスは、家族とともにブリュッセルに移った。エンゲルスは、マルクスがけっきょくベルギーでも官憲になやまされるのではないかと心配したが、それがもうはじめから起こった。

ハイネにあてて書いたように、マルクスはブリュッセルにつくとすぐ公安局に出頭し、ベルギーの政局を論評したものはいっさい印刷しない義務を負うという一札に署名しなければならなかった。彼は落ちついた気持でそうできた。彼はベルギーの政局を論評するつもりはなかったし、またそんなことはできもしなかったからである。ところがプロイセン政府は、ベルギー政府にたいしても、マルクスの追放をしつこく迫ってやまなかったので、マルクスは同年、すなわち一八四五年の一二月一日プロイセン国籍の束縛から解かれた。

しかしその時も、それから後も、彼は他国の市民権を取得しなかった。もっとも一八四八年の春、フランス共和国臨時政府は、彼にあつく敬意を表して市民権の授与を申してたが、ハイネと同じく彼はそれを受諾する決意がつかなかった。ところが、その反対に骨のずいまでドイツ人であるフライリヒラートは、この二人の「祖国なき放浪者」をおとしめる敵役《かたきやく》としてしばしばひきあいにだされるのであるが、亡命中はためらうことなくイギリス人に帰化したのであった。

一八四五年の春、エンゲルスもブリュッセルにやってきた。そして両友はイングランドに六週間の共同研究旅行をした。マルクスはそれより前にすでにパリでマカロックとリカードの研究を始めていたが、この旅行中に、エンゲルスのもっていた抜き書きや、書物のほか、「マンチェスターで入手できる書物」を調べることができただけであったけれども、この島王国の経済学の文献をいっそう深く知ることができた。エンゲルスは最初イギリスに滞在したときすでに、オーエンの機関紙『ニュー・モラル・ワールド』にも、チャーティストの機関紙『ノーザン・スター』にも寄稿していたので、旧交をあらたにし、こうしてこの両友は一緒に、チャーティストや社会主義者と新しく連絡をとった。

この旅行が終ってから二人はさしあたってまた共同の仕事を始めた。マルクスが後年簡潔にのべたところでは、「……われわれは、ドイツ哲学のイデオロギー的見解に対立するわれわれの反対意見を共同でまとめあげること、じつは、われわれの以前の哲学的良心を清算することを、決意した。この企てはヘーゲル以後の哲学の批判という形で実行された。分厚い八つ折判二冊の原稿がヴェストファーレンにある出版所にとどいてかなりたってから、事情が変わったので出版できない、という知らせをわれわれは受けとった。われわれはすでに自分のために問題を解明するというおもな目的を達していたので、それだけによろこんでねずみどもが草稿をかじって批判すている草稿の断片をみると、筆者たちはこうした不首尾を大して悲しまなかったことがわかる。残っるにまかせた。」(八六)ねずみは言葉どおりの意味で、この草稿にねずみの仕事をやったのだが、

バウアー一味との徹底的な、あまりにも徹底的な清算というのがすでに読者には、なかなか堅くて割れないくるみだったが、この全部で五〇ボーゲンにおよぶ分厚い二冊は、それ以上にはるかに堅いくるみだったであろう。この著作の題名は『ドイツ・イデオロギー。最近のドイツ哲学――それの代表者フォイエルバッハ、ブルーノ・バウアーおよびシュティルナーにおける――およびドイツ社会主義――それのさまざまなる予言者における――の批判』といった。エンゲルスは後年そのころのことを思いだして、シュティルナー批判だけでもシュティルナー自身のかいた書物におとらない大冊だった、といっている。そしてのちに、その一部の公表されたものをみると、この思い出はまったく信じてよいように思われる。これは、すでに『聖家族』の最も不毛の諸章のしめした以上に、冗漫な超論争であるが、この砂漠のなかにあるオアシスはそれよりもはるかに少ない。といってもまったくないわけではない。だが、弁証法的鋭鋒のあらわれるときにはつねに、せんさくだてと文字拘泥癖におちいり、そのなかにはじつにくだらぬ種類のものもある。(八七)

こうした事がらでは、こんにちの趣味はそのころの趣味よりも、たしかにうるさい。しかしそれだけでは説明にならない。とくにマルクスとエンゲルスは、前にもあとにも、またそのころでも文体こそ少なくとも冗長ではあったが、警句的な鋭い批判のペンを縦横にふるってみせたのだから。決定的だったことは、これらの思想的な闘いがごくせまい範囲内でおこなわれ、しかも論客の大多数が非常に若い連中だったことである。これは文学史上シェークスピアや彼と同時代の

戯曲家にみられたのに似た現象だった。いいまわしをやたらにくりかえしたり、敵役《かたきやく》の語る言葉を言葉どおりに解したり、故意に誤解したりして、できるだけばかげた意味をこじつけたり、誇張したとんでもない表現を好んでつかったりしたことは、大向こうを当てこんだものではなく、玄人仲間の洗練された理解をあてこんだものだった。こんにちのわれわれに、シェークスピアのウイットが面白くないとか、わからないとか思われるのは、シェークスピアが創作するさいグリーンやマーロウ、ジョーンズ、フレッチャーやボーモントなどがどう判断するだろうかという気持が意識的にか無意識的にかつきまとっていた、という事情から説明できる。

　マルクスとエンゲルスが、バウアー兄弟やシュティルナーや、その他むかしいっしょにもっぱら知的訓練をやった仲間を相手にしなければならなかったさいに、意識的あるいは無意識的におちいった調子というものは、大体こんなふうに説明できよう。これにくらべて、二人の著書がフォイエルバッハについてのべるはずになっていたことは、読者には有益だったであろうことはうたがいない。というのはここでは、まったく消極的な批判だけに終らなかったであろうからだ。しかしこの章節は残念ながら完成されなかった。マルクスが一八四五年フォイエルバッハについて書きしるし、エンゲルスがそれから二、三〇年後に公けにした若干の警句（八八）は、とにかくこれについてはっきりしたヒントをあたえてくれる。マルクスはフォイエルバッハの唯物論には、彼が大学生時代すでに唯物論の画期的代表者デモクリトスに欠けていると気づいたもの、すなわち「活動的原理」の欠けているのをみてとった。感性と現実をただ観照または客体の形式でとらえ、人間の感性的活動として、実践として、主体的にとらえないことが、従来のいっさいの唯物論の主たる欠陥である、と彼はいった。したがって、活動の方面は、唯物論に対立して、観念論によって展開されることになった。――しかし観念論はもともと現実的感性的活動を知らないのだから、ただ抽象的に展開されたにすぎない。換言すれば、フォイエルバッハはヘーゲル全体をすてさることによって、あまりにも多くをすてさった。ヘーゲルの世界変革的弁証法を思想の世界から現実の世界に移すこと、これが問題だった。

エンゲルスはバルメンにいたときすでに、フォイエルバッハを共産主義にひきいれようとして、彼らしい強引なやりかたで手紙を書いた。フォイエルバッハは、少なくとも当分はご勘弁ねがいたいとていねいに断りの返事をし、できれば自分は夏にはラインにでかけるつもりだと書いた。そこでエンゲルスはすかさず、フォイエルバッハにブリュッセルにゆくべきだ、と「吹きこむ」つもりだったが、さしあたっては、エンゲルスはマルクスのもとに、フォイエルバッハの弟子ヘルマン・クリーゲを「すばらしいアジテーター」だと紹介して送った。

しかしフォイエルバッハはラインにこなかったし、つぎにだした著書をみると、彼がもはや「古長靴」をぬぎすてないことがわかった。弟子のクリーゲも評判ほどの男ではなかった。なるほど彼は共産主義宣伝を大西洋の彼岸にもたらしたが、ニューヨークでとりかえしのつかぬへまをやらかし、ブリュッセルでマルクスを中心に集結しはじめていた共産主義者の集団はそのために潰滅的な打撃をうけた。

計画された著作の第二部は、さまざまの予言者にあらわれたドイツ社会主義を相手どり、「ドイツ社会主義の気のぬけた味のない全文献」を批判的に解体するはずだった。

## 二 「真正」社会主義

予言者というのは、モーゼス・ヘス、カール・グリューン、オットー・リューニング、ヘルマン・ピュトマンなどのような人々をさしたもので、彼らはごく人目をひく文書とくに多くの雑誌を出していた。すなわち一八四五年夏から一八四六年夏まで月刊雑誌として出た『ゲゼルシャフツシュピーゲル』誌、それから一八四五年と一八四六年にそれぞれ二冊ずつ出た『ライン年誌』と『ドイチェス・ビュルガーブーフ』誌、さらにこれも一八四五年に発刊されドイツ革命中も命脈を保った月刊雑誌『ヴェストフェーリシェス・ダンプボート』誌、最後に『トリーア新聞』など二、三の日刊新聞である。

グリューンがかつて「真正」社会主義と名づけ、マルクスとエンゲルスが嘲笑的な意味をこめてとりあげたこの風変わりな現象はごく短命で、一八四八年にはあとかたもなく消えうせた。革命の第一弾が落下したとき自己解体したのである。そしてマルクスの精神的発展にたいしては、なんら意義をもたなかった。彼はこの現象に、そもそもの始めから優越した批判者として対した。しかし彼が『共産党宣言』の中でこれに下したきびしい判定は、この社会主義にたいする彼の態度を十分にしめしたものではない。彼は一時、この社会主義にたとえばかかげたところがあっても、ひょっとするとこのぶどう汁はぶどう酒になるかもしれないと考えた。エンゲルスはそれ以上に多くの期待をかけた。
エンゲルスはモーゼス・ヘスといっしょに『ゲゼルシャフツシュピーゲル』誌を出したが、これにはマルクスも一度寄稿した。[八九] 二人はブリュッセル時代にヘスといろいろのことでいっしょに働いたことがあり、ヘスは二人の考え方にすっかりなれ親しんだように思われたほどだった。『ライン年誌』のためには、マルクスは幾度かハイネの寄稿をとりつけてやろうとした。そしてマルクスのものはのせたことはなかったが、この雑誌と『ドイチェス・ビュルガーブーフ』誌とはエンゲルスの論文をのせた。両誌ともピュトマンの発行していたものだった。[九〇] 『ヴェストフェーリシェス・ダンプボート』誌にはマルクスもエンゲルスも寄稿した。同誌にはマルクスは『ドイツ・イデオロギー』第二部のうち今まで日の目をみた唯一の個所を発表した。これは、カール・グリューンがフランスおよびベルギーにおける社会運動について出版した雑録的著書を徹底的に鋭く批判したものである。[九一]
「真正」社会主義も同じくヘーゲル哲学の解体から発展したという事実のために、こう主張するものがあらわれた。エンゲルスとマルクスもはじめは「真正」社会主義に属していたので、それだけにあとになるといっそうこっぴどく「真正」社会主義を批判したのだ、と。しかしこの主張は断じて当たらない。実情はむしろこうだった。すなわち「真正」社会主義も、マルクスもエンゲルスも、たしかにヘーゲルとフォイエルバッハから社会主義へ到達したのだが、しかし、マルクスとエンゲルスが社会主義の本質を、フランス革命とイギリス産業にあたって研究したのに反して、「真正」社会主義者たちは、社会主義の公式とスローガンを、「腐ったヘーゲル・ドイツ語」に翻訳するだけで満足した。彼らをこうした立場以上にひきあげようとしたのはマルクスとエンゲルスだった。このさい二人がこの傾向全体をドイツ史の所産としてみとめようとしたのは正しかった。社会主義とは人間的本質の実現についての閑人の思弁であると論じたグリューンたちの解釈が、フランス大革命の意志表示を真の人間意志の法則であると理解したカントの所説とならべて論ぜられたことは、グリューンと彼の仲間をひどくうれしがらせた。

「真正」社会主義を味方にするために、マルクスとエンゲルスのはらった教育的努力は、寛容と厳格をかねそなえていた。一八四五年の『ゲゼルシャフツシュピーゲル』誌では、エンゲルスは共同編集者の、人のいいヘスに、エンゲルス自身にはひどく気にくわなかったにちがいない多くの主張を、まだ大目にみてやった。しかし一八四六年の『ドイチェス・ビュルガーブーフ』誌では、彼ははやくも「真正」社会主義者からひどくこわがられることになった。「ちかごろあのなにやらいうしろものに『人道』という称号を呈しているが、その『人道』をほんのわずかばかりと、この人道の、いやむしろ化け物のほんのわずかな『実現』、所有にかんするプルドンからの――三人か四人の手をへた――ほんのわずかな知識、ほんのわずかなプロレタリアートの悲哀、労働の組織、下層の人民階級向上のためのみじめな協会、おまけに政治経済学と現実社会とについての際限のない無知――話はそれだけだ。そのうえ、この話ときたら、理論的不偏不党と『思想の絶対的平静』のために、最後の血の一滴まで、精力と気力の最後のなごりまでなくしている。しかもこの退屈なたわことをふりかざして、ドイツを革命し、プロレタリアートを運動させ、大衆を思考させ行動させようというのである。」(九二) プロレタリアートと大衆にたいする考慮が何よりも、マルクスとエンゲルスの「真正」社会主義にたいする態度を決定した。マルクスとエンゲルスが「真正」社会主義の代表者中カール・グリューンを最もはげしく攻撃したのは、彼がいちばんぼろを出したからだけでなく、彼がパリに住み、この地の労働者の中にすくいようもない混乱をひきおこし、プルドンにおもしろくない影響をあたえたからであった。そして二人が『共産党宣言』で、それまでの友人ヘスを名ざしにしてまで断固「真正」社会主義と袂をわかったのは、二人がこうして国際プロレタリアートの実践的活動を開始したからであった。

また「真正」社会主義者たちが「無邪気にも知ったかぶりをして」「へたなけいこを大まじめにもったいぶってやり、それを大道商人のように吹聴した」のはまだしも許せたが、しかし「真正」社会主義が表だって政府を支持するといったのは二人には許せなかった。こうしたことも彼らが「真正」社会主義者と縁を切った事情と関連があった。三月革命前に絶対主義と封建主義にたいしてブルジョアジーが闘争をおこしたことは、自由主義的な政府反対派の背後を襲うには「またとない機会」を「真正」社会主義に提供した。「ドイツ各邦の絶対主義政府とそれに従っている坊主や学校教師や田舎貴族《ユンカー》や官僚にとっては、ドイツ〔真正〕社会主義は、おそるべき勢いで台頭してくるブルジョアジーをおどしつけるのに、おあつらえむきの案山子《かかし》となった。それは各邦政府がドイツ労働者の蜂起にくらわせたにがにがしい鞭や銃弾にたいするあまい口直しだった。（九二）」これは事の真相についていえば、はなはだしい誇張であり、人についていえばまったく不当である。

マルクス自身は『独仏年誌』で、プロレタリアートがブルジョアジーに抗してたちあがらない以上、ブルジョアジーは政府に抗してたちあがることはできない、というドイツの状態の特異性を指摘した。これによれば、自由主義がまだ革命的であるあいだはこれを支持し、反動的になったときには、自由主義を攻撃する、というのが社会主義の任務だった。個々の点では、この任務はかんたんには解決されなかった。マルクスとエンゲルスも、自由主義がすでに反動的になったときにも、まだ革命的であるとみて、ときとして擁護した。それ以上にしばしば自由主義を逆の方向に誤認したのは、いうまでもなく「真正」社会主義者で、彼らは自由主義を徹底的に断罪したが、これは政府をよろこばせただけのことで、中でも一番ひどかったのはカール・グリューンであったが、モーゼス・ヘスも同罪だった。一番罪の軽かったのは『ヴェストフェーリシェス・ダンプボート』誌の主幹オットー・リューニングだった。しかし彼らがこの点で過ちをおかしたとしても、それは愚かさと無知からおこったことで、政府を支持しようなどという意図があってのことではなかった。革命は彼らの妄想に死の宣告を下したが、その革命中でも彼らはあくまでブルジョアジーの左翼だった。いわんやヘスのごときはそののちドイツ社会民主主義の隊伍にあってたたかったのであって、そのほかの「真正」社会主義者も政府の軍門に降ったものはいなかった。この点、その当時のみならず、いまの明暗さまざまのあらゆる種類のブルジョア社会主義の中で「真正」社会主義者はきわめて純潔な良心のもちぬしなのである。

彼らはまた、マルクスとエンゲルスにたいしてできるだけの敬意をはらい、彼ら自身いじわるくいじめられたときでも、二人には彼らの雑誌の門戸を開放した。彼らが古い殻からぬけだせなかったのは、二人にたいして心中悪意をいだいていたためではなく、あきらかに彼らの不明のいたすところであった。彼らは好んで、むかしからひとの好く俗物の唄をうたった、――しずかに、しずかに、さわがないで、と。つまり、わかい党の中ではものごとをそうやかましくいってはいけない。やむをえない議論のときでも、少なくとも礼儀を失してはならないし、いわんや辛辣にすぎたり、つっけんどんにしたりしてはいけない。バウアーやルーゲやシュティルナーのようなお歴々はいたわってやらなければいけないと考えた彼らにとって、マルクスがまさに手ごわい相手だったのはいうまでもない。マルクスは「この年より婆《ばば》たちの特徴はむかしもいまも、現実の党派闘争をもみ消したり、砂糖をかけたりしたがることだ……」(九四)といった。しかし彼は「真正」社会主義者の二、三のものにも、この健全な考え方をわかってもらえた。ことにマルクスとエンゲルスは、ヨーゼフ・ヴァイデマイアーを、自分たちの最も忠実な味方のひとりにすることができた。この人はリューニングと姻戚関係があり、『ヴェストフェーリシェス・ダンプボート』誌の編集に関与していた。

ヴァイデマイアーははじめプロイセンの砲兵中尉だったが、その政治的信念のために軍籍を棄て、カール・グリューンの影響下にあった『トリーア新聞』の編集次長となり、「真正」社会主義者のサークルにはいった。彼は一八四六年春、マルクスおよびエンゲルスと知りあいになりたいためなのか、それとも何かほかの動機からブリュッセルにきたのか、どちらかわからないが、いずれにせよこの二人と急速に親しくなり、そしてこの二人の容赦ない批判に泣きわめくやから——そのなかには彼の義弟リューニングもいた——の公然たる敵となった。ヴェストファーレン生まれの彼には、ヴェストファーレン人にたいする世評どおり、もの静かで、鈍重なところもあるかわりに、信義にあつく、ねばり強いところがあった。非常に天分のある文筆家というわけではなかった。ドイツに帰ると、ケルン＝ミンデン鉄道敷設にさいして測量師の地位につき、かたわら『ヴェストフェーリシェス・ダンプボート』誌を手助けしただけだった。しかし彼は彼一流の実務的なやり方で、マルクスとエンゲルスには長びけばそれだけつらく感じられる困難、すなわち出版書店をさがす労力をとりのぞくために助けた。

チューリヒのリテラーリシェス・コントールの門戸はルーゲの意地わるのために二人にたいしてとざされた。ルーゲはマルクスが拙いものを書く人間ではないことは承知していたが、それでも彼は共同出資社員のフレーベルをおどしつけて、マルクスと業務上の関係をいっさい結ばないようにたちまわった。それから青年ヘーゲル派のものをおもに出版していたライプツィヒのヴィーガントは、すでに別の場合にバウアー、フォイエルバッハおよびシュティルナーの批判を拒否していた。そこでヴァイデマイアーは自分の故郷のヴェストファーレンで二、三の金持の共産主義者——ユリウス・マイアーとレンペル——をさがしあてた。この人たちはさっそく出版事業のために必要な資金をだすと言明し、こうして非常によろこばしい展望が開けた。ただちに周到な方法で企画がたてられ、三点を下らない出版が始められることになった。すなわち、『ドイツ・イデオロギー』、社会主義著作家叢書、そして季刊雑誌である。この雑誌の編集者にはマルクスとエンゲルスのほかに、ヘスも予定されていた。

ところがいよいよ金を払いこむだんになると、ヴァイデマイアーばかりかヘスとも口頭で約束していたのに、二人の資本主は出資を拒んだ。「商売上の困難」が彼らの共産主義的犠牲心をまひさせるのに恰好の時にもちあがった。このようにしてにがにがしくもあてがはずれた。ヴァイデマイアーは『ドイツ・イデオロギー』の原稿をほかの出版書店にもちこんだり、またマルクスのひどい困窮を除くために、ヴェストファーレンの同志のあいだから数百フランの金を集めたりしたがすべて不首尾になったために、いよいよあてがはずれた。ヴァイデマイアーがこうした小さなへまをおかしながらも、マルクスとエンゲルスがそれをさっさと忘れたことは、この男の徹底した誠実なもち前を証すものである。

しかし『ドイツ・イデオロギー』の草稿はこれをかぎりにねずみの批判にゆだねられ、かじるがままにされた。

## 三　ヴァイトリングとプルドン

ヘーゲル以後の哲学者と「真正」社会主義者とにたいする批判にくらべて、人間的にみればはるかに感動的で、事件としてみれば、はるかに重要であったのは、マルクスのデビューに重大な影響をおよぼした二人の天才的プロレタリアとの対決であった。

ヴァイトリングとプルドンは労働者階級の隊伍の出身で、生まれつき健康で力強く、豊かな才能をもち、環境にはすこぶるめぐまれていた。だから、働く階級の者でも才能さえあれば、だれにも有産階級の仲間にいれてもらえる登竜門は開かれている、という俗物の知恵の滋養になるような、あの世にまれな例外にかぞえられることもできたであろう。しかし二人ともこの登竜の道をいさぎよしとせず、彼らの階級の苦悩する同志のためにたたかうために、進んで窮乏の道をえらんだのである。

堂々たる男っぷりで、骨のずいまで気力にみちた、人生のあたえるいかなる愉悦にもあつらえむきの男たちであったが、彼らはその目的をめざして、どんなに苦しい欠乏にもたえた。「狭いねどこ、しばしば狭い一部屋に三人、書きもの机には板一枚、そしてときには、ミルクも砂糖もいれないコーヒー一ぱい」――ヴァイトリングの名をきくだけで地上のおえらがたがふるえあがったとき、彼はこうした生活をしていたのだ。そしてプルドンも同じように、彼がすでに全ヨーロッパに名をはせたとき、「毛糸であんだジャケツを着こみ、カラコロなる木靴をはいて」パリの小部屋に巣くっていたのである。

二人の男のなかには、ドイツとフランスの文化がまじりあっていた。ヴァイトリングはフランスの士官の息子で、成長してフランス社会主義の泉の水をくみとれる年ごろになったとき、急いでパリにやってきた。プルドンは、かつてルイ一四世がフランス領に併合した由緒ある自由の国ブルグント「ブルゴーニュ」の出身だった。彼をみたひとは、こいつはドイツ的頭脳、あるいはドイツ的つむじまがりともいいたくなった。いずれにしても、彼は精神的に自覚するにいたったとき、ドイツ哲学にひかれた。ところがヴァイトリングのほうは、ドイツ哲学の代表者たちをあいまいもこたる「霧想家《ネーブラー》」とみたにすぎなかった。反対に、またプルドンは偉大なユートピア主義者たちをいかにしんらつに判定してもなおたれりとしなかったが、ヴァイトリングは彼の最良の思想をユートピア主義者たちに負っていたのである。

二人に共通した点は、何よりもまずその名声と悲運だった。二人は精神と活力とをしめす歴史的証拠、すなわち近代労働者階級は自分自身を解放することができるという歴史的証拠をしめした最初の近代的プロレタリアであり、労働運動と社会主義とがたがいに相手を害する悪循環をはじめて打ち破った最初の近代的プロレタリアだった。そのかぎりでは彼らは時代を画し、彼らのはたらきは模範的であり、科学的社会主義の成立に有効に作用した。ヴァイトリングとプルドンのデビューにマルクス以上におしみない賛辞を呈したものはなかった。思弁的思索の成果であるヘーゲル哲学の批判的解体がまずもって彼にあたえたものが、だれよりもプルドンとヴァイトリングによって現実生活で確証されたことを、マルクスは認めたのである。

ところが二人は名声をひとしくしたように、悲運をもともにした。ヴァイトリングはものごとを深く、かつ遠くまでみていたにかかわらず、その眼界はついにドイツの手工業職人以上には出なかったし、プルドンはフランスの小市民以上には出なかった。そこで彼らは、彼らがはなばなしくはじめた大業をみごとに完成することのできたその人〔マルクス〕と別れてしまった。それは個人的な虚栄心や気むずかしい独善主義からおこったことではなかった。もっともヴァイトリングとプルドンは、歴史的発展の潮流からとりのこされ坐礁したことに勘づくにしたがって、こうした虚栄心や独善主義に多かれ少なかれとりつかれたかもしれない。彼らとマルクスとの対決をみると、彼らにはマルクスがなにをめざしているのかてんでわかっていなかったことがわかる。彼らはせまい階級意識の犠牲となった。この意識は彼らに意識されないままに作用しただろうから、ますます効果的に作用した。

ヴァイトリングは一八四六年のはじめブリュッセルにやってきた。スイスでの彼の扇動が内部対立に当面して無力となり、そのあげく残忍な官権の血祭りにあげられたのち、彼はロンドンにむかった。が、彼はそこで義人同盟の連中とうまくおりあえなかった。彼は冷酷な運命からのがれようとして予言者的妄想にとりつかれ、かえって冷酷な運命の手におちた。チャーティストの運動が高潮に達したとき、イギリス労働運動にとびこんでゆくかわりに、彼は論理学と言語学を勉強した。これは、世界語をつくりだすためで、それ以後しだいに彼の趣味となったが、いままでは彼は、彼の能力と知識ではどうしようもない課題に、やみくもに手をつけることになった。そのために精神的に孤立し、こうして彼の力の本来の源である彼の階級の生活から、しだいに遠ざかっていった。

彼のブリュッセル移住はとにかくも彼のなしえた最も賢明なことだった。というわけは、彼がなお知的に救われうるとすれば、マルクスこそは彼を救う人だったからである。マルクスが彼をていちょうに歓迎したことは、エンゲルスが証言しているだけでなく、ヴァイトリング自身みとめているところである。ところが知的了解の不可能なことがあきらかになった。一八四六年三月三〇日に催されたブリュッセルの共産主義者の集会で、マルクスとヴァイトリングは激しく対立した。マルクスがヴァイトリングにひどく立腹したことは、ヴァイトリング自身ヘスにあてた手紙でしらせている。そのころ、例の新しい出版企画の交渉が未解決のままにのこされていた。そしてヴァイトリングは、連中が自分を「財源」からきりはなして、彼らだけで「銭ばらいのいい翻訳」でうまい汁をすおうとしているのではないかと邪推した。しかしそんなことのあった後でも、マルクスはヴァイトリングのためにできるだけのことはしてやった。またしても、ヴァイトリング自身の報告にもとづいて、ヘスは五月六日ヴェルヴィエからマルクスあてに書いた、――「君がどんなに彼に敵意をいだいても、君の財布の中にまだいくらか残っているうちは、財布のひもを固く結びはしないだろう。それは君だからこそ期待できることだ。」だが、マルクス自身はまるで無一文だったのである。

しかし、それからわずか数日ののち、ヴァイトリングとの関係はもはや手のつけようもない決裂にむかった。アメリカでのクリーゲの宣伝は、マルクスとエンゲルスからも期待をかけられていたが、期待はかなえられなかった。クリーゲがニューヨークでだしていた週刊紙『フォルクストリブーン』は子供じみた人目をひくようなやり方で空想的な感情の陶酔にふけっていたが、それは、共産主義の原理とはまるで関係のない、労働者を極度に堕落させずにはおかないものだった。さらにわるいことには、クリーゲが奇妙きてれつな無心状を出して、アメリカの大金持たちから自分の新聞のために二、三ドルずつせしめようとしたことだった。彼はここでは、アメリカにおけるドイツ共産主義の文筆家を代表するかのようにふるまっていた。だからほんとうの代表者が、こんな迷惑千万な連帯状に抗議するのは、当然のことだった。

マルクスとエンゲルスと彼らの友人たちは、五月一六日彼らの同志たちにあてた回状でこと細かく理由をあげてこうした抗議をおこなうことと、さしあたってこの抗議文を掲載させるために、それをクリーゲの新聞に送ることを決議した。(九五) ただ一人ヴァイトリングだけは愚にもつかぬ口実をたてにとって、この決議に加わらなかった。いわく、『フォルクストリブーン』紙はアメリカの状態にまったく適した共産主義機関紙だ。共産主義的党派はヨーロッパで多くの有力な敵をもっているのだから、ほこ先をアメリカにむける必要はないし、まして自分自身にむける必要などさらにない、と。ヴァイトリングはそれでも腹の虫がおさまらず、クリーゲに手紙を送って、抗議をしている連中は「老獪な陰謀家たち」だから警戒せよ、といった。「一二人か二〇人くらいのおそろしく金に困っている徒党の脳中には、僕という反動家にたいする闘争以外には、何ひとつ思いうかばないのだ。まず僕が首を打ちおとされ、それからほかの者、そして最後に彼らの友人、そしてとどのつまり彼ら自身自分の喉をかっ切るのだ。……そしてこの策謀にはいま途方もない金がつぎこまれているのに、僕には一人の出版者もない。僕はこちらでヘスとともにまったく孤立している。ヘスは僕と同様破門されているのだ。」そののちはヘスでさえこの目のくらんだ男を見すてた。

クリーゲはブリュッセルの共産主義者の抗議文をのせたが、これはその後ヴァイデマイアーの手で『ヴェストフェーリシェス・ダンプボート』紙にも再録された。ところがクリーゲはヴァイトリングの手紙、というよりも、実はその手紙のいちばんひどい個所を、対抗馬としてのせた。そして彼の週刊紙を機関紙としていた社会改良協会というドイツ人労働者の組織を促して、ヴァイトリングを編集者として招き、それに必要な旅費を彼に送るようにさせた。そこでヴァイトリングはヨーロッパから姿をけした。

この同じ五月のうちにマルクスとプルドンの決裂も始まった。マルクスとその友人たちは、彼ら自身の機関紙のないのをうめあわせるために、クリーゲの一件のときのように印刷物か、石版刷りの回状でまにあわせていた。と同時に彼らは、共産主義者の住んでいたおもな土地のあいだに、恒常的な通信連絡をつけることに努めた。こうした通信事務所はブリュッセルとロンドンにあったが、パリにも一つつくられるはずだった。マルクスはプルドンに手紙を書き、彼の参加をねがった。プルドンはリヨンからの一八四六年五月一七日付の手紙で、自分はたびたび書くことも、たくさん書くことも約束しかねるといってきた。ところが彼はこの機会を利用して、マルクスにむかって一大道徳説教をおこなった。これは二人のあいだに口をあけていた割れ目をマルクスに気づかせずにはおかなかった。

プルドンはいまや経済学上の諸問題では、「ほとんど絶対的な反教条主義」にくみするとうちあけて、こういった。マルクスは彼の同国人マルティン・ルターの矛盾におちいってはならない。ルターはカトリック神学を倒したあと破門と追放という高い費用をはらってただちにプロテスタント神学の建設に着手した。「われわれは新たな混乱によって、新しい仕事を人類におわせるようなことはするまい。われわれは世界にたいして聡明で達観的な寛容の範をしめし、それがたとい論理と理性との宗教であっても、新宗教の使徒気取りはするまい。」そういうプルドンはまるで「真正」社会主義者のように、居心地のよい混乱を残しておきたかったのだが、マルクスにとっては、混乱をとりのぞくことが共産主義宣伝の第一の前提だった。

プルドンは長らく信じていた革命などもういやだったのだ。「私は所有者を一挙にほうむるバルテルミーの夜の惨劇によって所有権に新たな力をあたえるよりも、むしろ小火《ぼや》で所有権を焼きすてたいのだ。」この問題をいかに解決すべきかは、すでに半分印刷のできている著作で詳細に論じるつもりだから、もしマルクスがこれに鞭を加えられるものなら、自分は甘んじてそれをうけるつもりだ。しかし、しっぺがえしだけは覚悟したまえ、と約束した。「ついでながら、私はあなたに、フランスの労働者階級の考えも私と同意見のようだということを申しあげねばならない。わが国のプロレタリアは大いに科学に餓えているから、もし生血以外になにも飲ませることができなければ、彼らからひどく冷たくあしらわれるだろう。」最後にプルドンはカール・グリューンを擁護するために一戦におよんだ。マルクスは、グリューンのヘーゲルばりはヘーゲルをはきちがえているとプルドンにかねがねいましめていたからである。自分はドイツ語を知らないので、ヘーゲルとフォイエルバッハ、マルクスとエンゲルスを研究するために、グリューンとエヴァーベックをたよりにしている。グリューンは私の最近の著作をドイツ語に訳したいといっているから、この訳書が発売されるときには助力してほしい。これはわれわれみんなのためにほまれとなるだろう、と。

結びの言葉は、おそらくそのつもりではなかったにしても、ひとをばかにしたように聞こえる。

しかもプルドンの高慢なたわことで自分が吸血漢よばわりをされては、マルクスたるものありがたくいただくわけにはいかなかった。だからグリューンの行動もますますもっておもしろからぬ疑惑をよびおこしたにちがいなかった。これには次の事情も関連していた。すなわち、ほかにも動機はあったが、エンゲルスが一八四六年八月しばらくパリに移って、この都市から報告をおくることを引きうけることにきめたことである。パリは共産主義の宣伝には依然として最も重要な土地だった。パリの共産主義者たちは、ベルナイスはいうまでもなくエヴァーベックをも、あまり信用していなかったので、ヴァイトリングとの決裂や、またヴェストファーレンの出版書店とのいきさつや、そのほかあれこれの物議をかもした事件について、エンゲルスから真相をきく必要があったのである。

エンゲルスがブリュッセルの通信事務所あてに、また個人的にマルクスあてにだした報告によれば、はじめはまだ事態はすこぶる有望とみえたが、やがてグリューンが運動をまったく「台なし」にしたことがだんだんわかってきた。そしてその秋出版されたプルドンの著書が、彼の手紙がすでに暗示していたように、泥沼におちる一路をたどったとき、マルクスはプルドンの所望にしたがって、これに鞭をくわえた。が、プルドンは彼のしっぺ返しの約束を、わずかに粗暴な悪口雑言を吐くだけではたしたにすぎなかった。

# 四　史的唯物論

プルドンはその著書に『経済的矛盾の体系』という題をつけ、それに『貧困の哲学』という副題をつけた。それにたいしてマルクスは彼の反駁書に『哲学の貧困』という題をつけ、さらに確実に敵を打つために、フランス語で書いた。ところがこれは成功しなかった。というわけは、プルドンがフランスの労働者階級に、一般にラテン諸民族のプロレタリアートにおよぼしていた影響は、おとろえるどころか、強くなりつつあったからである。そしてマルクスはそれから数十年にわたってプルドン主義を相手にしなければならなかった。

しかし彼の反駁書の価値はそんなことで決して低下するものではなく、その歴史的意義にいたってはなおさら低下するものではない。この書の出たことはその著者の生涯でも、科学の歴史でも、画期的な事件である。この書ではじめて、史的唯物論の決定的な諸観点が科学的に展開されている。この観点はそれより前の諸著書のなかでは、個々の小さな閃光のようにきらめきでているが、マルクスはのちにこれを短文の形式にまとめあげた。プルドンを駁するこの書では、この観点は読者を納得させるように明晰に展開されていて、論争で勝利している。そしてこの史的唯物論の展開こそは、マルクスの完成した最大の科学的偉業であって、ダーウィンの理論が自然科学のために果したところを、歴史科学のために果したのである。

エンゲルスもこの偉業に関与している。しかも彼みずから謙遜して認めようとする以上に、多く関与している。しかしエンゲルスが、この根本思想に古典的形態をあたえたのは私の友人だけだ、といったのは、おそらく当をえているであろう。彼の語るところでは、彼が一八四五年の春ブリュッセルにきたとき、マルクスは史的唯物論の根本思想をすっかりねりあげて、彼にしめしたのであった。その根本思想というのは次のようなものである。すなわち、歴史上の各時代における経済的生産と、それから必然的にうまれる社会の構造とが、その時代の政治史ならびに精神史の土台となっており、したがって、いっさいの歴史は階級闘争の歴史、すなわち、社会発展の種々の段階における、被搾取階級と搾取階級、被支配階級と支配階級の闘争の歴史であるが、しかし被搾取被抑圧階級であるプロレタリアートは、全社会を搾取と抑圧と階級闘争とから永久に解放することによってのみ、搾取し抑圧する階級であるブルジョアジーから自己を解放しうる。階級闘争はいまやこうした段階に達したのである。

プルドンを反駁した著書のなかで開示されているのは、まさにこの根本思想であって、それはおびただしい光線を集中する焦点のごときものである。ブルーノ・バウアーやシュティルナーとの論争にみられる、しばしば読者をうんざりさせる例の冗漫さとはうってかわり、叙述は比較にならぬくらい簡潔明瞭である。舟はもはや沼のなかでおされたりひかれたりしない。爽快な風を帆にうけ、浪さわぐ潮にのって走るのである。

この書は二部にわかれ、第一部ではマルクスは、ラサールの言葉をかりれば、社会主義者になったリカードとして、第二部では経済学者になったヘーゲルとして登場する。リカードは、資本主義社会における商品の交換が商品にふくまれている労働時間を尺度として、おこなわれることを論証した。プルドンは、労働量が等しいときには甲の者の生産物は当然乙の者の生産物と交換されるべきだというふうに、この商品の「価値」は「構成される」べきものだと主張した。万人が直接あい等しい労働量を交換する労働者になることによって、社会は改良されるはずだ、というのである。リカードの理論から出発したこうした「平等主義的」結論は、すでにイギリスの社会主義者のひきだしたもので、彼らはこの結論を実行に移そうとしたのであるが、しかし彼らの

「交換銀行」なるものはたちまち破産した。

さてマルクスは、プルドンがプロレタリアート解放のために発見したと主張する「革命的理論」なるものは、労働者階級の近代的奴隷状態を定式化したものにすぎないことを論証した。この価値法則からリカードは論理的に彼の賃金法則を結論した。労働力という商品の価値は労働時間、すなわち、労働者がその生命をつなぎ、その種族を繁殖させるのに必要なものをつくりだすために必要な労働時間、によって測定される。ところで、階級対立のない個人的交換があるかのように思いこみ、ブルジョア社会を調和と永遠の正義の実現された状態とみて、そこではだれでも他人を犠牲にして富むことはゆるされない、などと思うのはブルジョア的錯覚である。

現実社会の発展を、マルクスはつぎのようにのべた。「文明の始まるまさにその時から、生産は諸職業の、諸身分の、諸階級の敵対関係のうえに、要するに蓄積された労働と直接労働との敵対関係のうえに、基礎をおきはじめる。敵対関係なくしては進歩はない。これこそこんにちまで文明が従ってきた法則なのである。これまで、生産諸力はこのような階級対立の体制の基礎の上で発展してきたのである。」[九六] プルドンは彼の「構成された価値」によって、労働者が共同労働の進歩するにしたがって労働日ごとに獲得する生産物がますます多くなると労働者に確約したが、マルクスはこれにたいしてつぎのように指摘した。生産諸力の発展によって、一八四〇年のイギリス労働者は、一七七〇年のころよりも二七倍も多く生産することができるようになったが、この発展は諸階級の敵対関係にもとづく歴史的諸条件、すなわち資本の私的蓄積、近代的分業、無政府的競争、賃金制度によるものだ。労働の剰余をえるには、利益をえる階級と零落する階級の存在が必要だったのである、と。

プルドンは彼の「構成された価値」の第一の見本として金と銀をあげ、金と銀が貨幣として出現したのは、主権者がこれに刻印をおして神格化したためである、とした。マルクスは答えた、――断じてそうではない。貨幣は物ではなく、一つの社会的関係である。個人的交換のように、それは一定の生産様式に対応する。「まったくのところ、歴史の知識が全然ないものででもなければ、どんな時代でも、主権者たちが経済的諸条件に従ったのであって、彼らが経済的諸条件を自分の意志に従わせたのでは断じてない、ということを知らぬはずはない。……立法は、公法でも私法でも、たんに経済的諸関係の意志を宣言し、それを明文化するだけである。……権利とは、事実の公的な承認にすぎない(九七)。」主権者の印章は金に価値を捺《お》すのではなく、重量を捺すのである。金と銀とを「構成された価値」にあてはめようとするのは、木に竹をつぐようなものだ。金銀は価値記号としての特性があるからこそ、あらゆる商品のうちで、これだけは生産費によって決定されない唯一の商品なのだ。だからこそ流通においては紙によって代位されうるのであって、このことはとっくにリカードの明らかにしたことである、と。

プルドンの求める「需要と供給との正しい比例」は、生産手段が限られていて、交換が極端にせまい範囲内でおこなわれ、需要が供給を、消費が生産を左右していた時代にだけ可能だった、ということを論証することによって、マルクスは共産主義の最終目標をしめした。この正しい比例は大工業の生誕と同時に、不可能になった。大工業はその諸道具のためにいや応なしにますます大規模に生産せざるをえなくなり、需要をまつことができないで、自然的必然性をもって、繁栄・不況・恐慌・沈滞・あらたな繁栄、以下これにならうという変遷を、たえずつぎつぎにたどるほかない。「現在の社会では、私的交換に基礎をおく産業では、かくも多くの貧困の源泉である生産の無政府性が同時にまたあらゆる進歩の源泉でもある。だから次の二つのうちどちらかでなければならない。われわれの時代の生産諸手段とともに、過去の諸世紀の正しい比例とやらを、諸君は求めるか。その場合には諸君は反動家であると同時にユートピア主義者でもあることになる。それとも無政府性をともなわぬ進歩を求めるか。それならば、生産力を維持するために、私的交換を放棄したまえ。（九八）」

　プルドンを反駁した著書の第二章は第一章よりも重要である。第一章ではマルクスはリカードにかかわりつつ、まだ彼にたいして科学的にとらわれない態度をとってはいなかった――ことに彼はまだリカードの賃金法則をあからさまに認めていた――が、第二章ではヘーゲルにかかわりつつ、水をえた魚のように、本領を発揮している。プルドンはヘーゲルの弁証法的方法をひどく誤解していた。彼はこの方法のすでに反動的になった一面に固執した。これによれば、現実の世界は理念の世界に由来するというのである。ところが革命的な一面は否認した。この革命的な一面というのは、理念の自己活動のことで、理念は自己を定立し、かつ自己に対立し、そしてこの闘争の中で、さらに高い統一を展開しようとする。この統一は理念の両面の矛盾する形式を解体することによって、両面の実質的な内容を保持する。ところがプルドンはそうはしないで、経済学的範疇のそれぞれのなかの良い面と悪い面を区別し、良い面を取りあげ、悪い面をなくす一つの総合、科学的公式を求めようとした。彼はブルジョア経済学者が良い面を取りあげ、社会主義者は悪い面を非難したとみた。彼はこの公式と総合で、経済学者をも社会主義者をも超越したと信じたのである。

　マルクスはこの主張に異議をとなえた、――「プルドン君は経済学にも、共産主義にも、批判をあたえたとうぬぼれている。――だが、彼はこの両者よりはるか下にいるのだ。経済学者より下に、というのは、彼が一つの魔法的公式を手もとにもっている哲学者として、純経済学的細目に立ちいらなくてもよいと信じたからであり、社会主義者たちより下に、というのは、彼がたとい思索のうえだけにせよ、ブルジョア的地平をこえて、その上にでるほどの気力も知識ももちあわせていないからである。彼は総合でありたがる。だが、彼は合成された一誤謬である。彼は科学の人としてブルジョアとプロレタリアを下にみて空たかく飛びたがる。しかし、彼は資本と労働とのあいだを、経済学と社会主義とのあいだを、たえず右往左往するプチブルジョアであるにすぎない。(九九)」この場合、人はもちろん、このプチブルジョアを俗物といっしょくたにしてはならない。というのは、マルクスはつねにプルドンを才知ある頭脳とみたからである。ただこの頭脳のもちあわせた諸観念では、プチブルジョア社会の限界をこえることはできなかった。

プルドンの用いた方法のもろさを見つけだすことは、マルクスにはむずかしいことではなかった。もし弁証法的過程を、良い面と悪い面に切りはなし、一つの範疇を別の範疇の解毒剤としてあたえたとすれば、理念にはもはや生命はない。それはもはや活動しない。理念は自己を諸範疇のうちに定立もせず、分解もしない。ヘーゲルの真の弟子であるマルクスは、プルドンがあらゆる場合に抹消した悪い面こそ、闘争を熟せしめて歴史をつくることをよく知っていた。もしひとが、封建制度の美しい面、すなわち、都市の家父長制的生活や、いなかの家内工業の繁栄や、都市の手工業の発達を維持しようとし、そしてこの画面に暗い影をなげかけるもの――農奴制度、諸特権、無政府状態――はいっさい根だやしにすることだけを課題としたならば、闘争を呼びおこすいっさいの要素は絶滅され、ブルジョアジーは萌芽のうちに圧殺されたであろう。つまり、人は歴史を抹殺するというばかげた課題をみずからに課したことになるであろう。

マルクスは問題をつぎのように正しく提起した。「封建的生産について正しい判断を下すためには、それを、敵対関係に立脚する一生産様式と考える必要がある。いかにして富がこの敵対関係の内部で生産されたか、いかにして生産諸力が諸階級の敵対関係と時を同じくして発展したか、いかにして一方の階級が、社会の悪い面、欠陥が、たえず成長していき、ついにこの階級の解放の物質的諸条件が成熟の域に達したか、をしめさなければならない(一〇〇)。」これと同じ歴史的発展過程を、彼はブルジョアジーについて、明らかにしめした。ブルジョアジーがそのなかで動いている生産関係は、決して単純な統一的性格をもつものではなく、両刃《もろは》的性格をもっている。富の生産されているその諸関係のなかで、貧困も生産される。ブルジョアジーが発展する程度に応じて、その胎内にプロレタリアートも発展し、それからやがてこの両階級の闘争も発展する。経済学者はブルジョアジーの理論家であり、共産主義者と社会主義者はプロレタリアートの理論家である。プロレタリアートがまだ自己を階級として構成するくらいにまで発達していないかぎり、そして生産諸力がプロレタリアートの解放と新しい社会の形成とに必要不可欠な物質的諸条件を予見させるほどにまで、ブルジョアジーの胎内でまだ発達していないかぎり、これらの理論家たちは、被圧迫階級の欲求にそなえるために、もろもろの体系を考案し、社会矯正学を探求する空想家なのである。「しかし歴史が前進し、それとともにプロレタリアートの闘争がより鮮明な輪郭を示すにつれて、彼らが自分の頭のなかに科学を探求することはもはや必要でなくなる。彼らは目の前でおこることを了解し、その器官となりさえすればよい。彼らが科学を探求し、たださまざまの体系をつくっているあいだは、彼らが闘争の始めにあるあいだは、彼らは貧困のなかに貧困だけをみて、そのなかにやがて旧社会をくつがえす革命的破壊的な側面をみないのである。そのとき以来、科学は歴史的運動の意識的所産となり、空論的であることをやめて革命的なものとなるのである。(一〇二)」

経済学的諸カテゴリーはマルクスにとっては、社会的諸関係の理論的表現、その抽象であるにすぎない。「社会的諸関係は生産力に密接に結びついている。あらたな生産力を獲得することによって、人間は彼らの生産様式を変える。そしてまた生産様式を、彼らの生活の資を獲得するしかたを、変えることによって、彼らは彼らのあらゆる社会的関係を変える。……だが彼らの物質的生産様式に照応して社会的諸関係を確立するその同じ人間が、彼らの社会的諸関係に照応して、諸原理、諸観念、諸カテゴリーをも生みだすのである。(一〇三)」マルクスはブルジョア社会を「永遠の自然的制度」であるとするブルジョア経済学者を、自分たちの宗教だけが神の啓示であって、ほかの宗教はみな人間のつくりあげたものだとする正統派の神学者と同列においた。

さらにマルクスは、プルドンが自分の方法を吟味した一連の経済学上のカテゴリー、すなわち、分業と機械、競争と独占、土地所有または地代、ストライキと労働者の団結、について、プルドンの方法のもろさを証明した。分業はプルドンの想定したような経済学的カテゴリーではなく、歴史的カテゴリーであって、歴史の種々の時代にじつにさまざまの形態をとってきた。ブルジョア経済学の見るところでは、工場は分業の存立条件である。しかしプルドンの想定したように、工場は労働する仲間同士の友好的協定によって生まれたものではなく、いわんや、昔の同職組合の胎内に発生したものでもなかった。近代的工場の主人となったのは商人であって、昔の同職組合員ではなかった。

このように競争と独占は自然的範疇ではなく、社会的範疇である。競争は産業上の励みあいではなく、商業上の励みあいである。競争は生産物をめあてに争うのではなく、利潤をめあてに争うのだ。それはプルドンの考えているような、人間のたましいの必然事ではなく、一八世紀に歴史的要求から生まれ、一九世紀には歴史的要求から消滅することもありうる、と。

土地所有には経済的起源はない、というプルドンの考えも同様にあやまっている。彼によれば、土地所有は、富の生産とはほとんど関係のない、心理学と倫理学についての諸考察であきらかになる。地代は人間をもっとしっかりと自然に結びつけるべきものだ、というのである。「所有は、それぞれの歴史的時代に、それぞれ別様に、しかも全然異なる一連の社会的諸関係のなかで、発展してきた。だからブルジョア的所有に定義を下すことは、ブルジョア的生産の社会的諸関係のすべてを説明することにほかならない。所有をば、独立した一関係のように……定義しようとするのは、形而上学または法学の一幻想でしかありえない。」(一〇三) 地代――普通の資本利得と資本利子をふくめた生産費を超過する農業生産物価格の剰余分――は一定の社会的諸関係の中から生まれたものであり、ただその中でのみ生まれうるものである。地代とはブルジョア的状態における土地所有であり、ブルジョア的生産の諸条件に屈服した封建的所有である。

最後にマルクスはプルドンが頭からうけつけようとしなかったストライキと団結の歴史的意義を指摘した。経済学者と社会主義者が、相反する理由からではあるが、これらの武器を使わないようにと労働者に警告しようとも、それにもかかわらず、ストライキと団結は、大工業と同じ段階で発展する。労働者は利害の点で競争のために分裂させられていても、それにもかかわらず、賃金の確保という共通の利害をもっている。抵抗という共通の思想が彼らを一つの連合に団結させる。この団結がきたるべき戦闘のあらゆる要素をふくんでいるさまは、ちょうど、ブルジョアジーが自己を階級として構成するため、そして構成された階級として、封建社会をブルジョア社会に転化するために、封建諸侯にたいして部分的団結を始めたのに似ている。

プロレタリアートとブルジョアジーの対立は階級対階級の闘争であり、その最高表現に達したときには、全面的革命を意味する闘争となる。社会運動は政治運動を排除しない。というのは、政治運動であって、同時に社会運動でないようなものは断じて存在しないからである。階級の存在しない社会においてのみ、社会的進化は政治的革命であることをやめる。そうなるまでは、社会のあらゆる全般的改造の前夜にあっては、社会科学の最後の言葉はつねに次のごとくであろう、――「戦いか、死か。血まみれの戦いか、無か。問題は厳としてこう提起されている。」[二〇四] このジョルジュ・サンドの言葉をもって、マルクスは彼の著書を結んだ。

彼はこの著書で史的唯物論を、一連の最も重要な観点のもとに展開し、同時にドイツ哲学と最終的に対決した。彼はヘーゲルに帰ることによって、フォイエルバッハを越えて進んだ。たしかに公認のヘーゲル学派は完全に破産した。彼らは師の弁証法をまったくの紋切型にしてしまい、これを一切合切にあてはめ、しかもその手ぎわときてはしばしば不器用をきわめたものだった。ひとはこのヘーゲル主義者たちについて次のようにいうことができたし、また事実そういった。なんにもわかっていないくせに、なんでも書いた、と。

フォイエルバッハが思弁的概念に解雇を申しわたしたとき、ヘーゲル学派の最期の時が鳴った。科学の実証的内容はふたたび形式的な面を圧倒した。しかしフォイエルバッハの唯物論は「活動的な原理」を欠いていた。それは純粋に自然科学的唯物論であるにとどまり、歴史の過程をしめだした。マルクスはこれに満足しなかったから、この種の唯物論の旅説教師であるビュヒナーやフォークトのやからが登場したときも、マルクスの態度はあくまでも正しかった。このやからの愚昧な俗物的な考え方にたいしては、フォイエルバッハでさえ、自分は後方ではこの唯物論に同意するが、前方では賛成できない、と言明させたほどだった。「凡庸なブルジョア的常識という鈍重な駄馬は、当然ながら、本質と現象、原因と結果をへだてる溝の前で、途方にくれて棒立ちになる。しかし、もし抽象的思考というひどい断絶地へ狩立猟にゆこうとするなら、駄馬に乗ってはならない。(一〇五)」これはエンゲルスがかつて引いたことのあるたとえである。

さてヘーゲル主義者はヘーゲルではなかった。ヘーゲル主義者が無知をひけらかそうとも、ヘーゲルはあらゆる時代を通じて最も博学な人の一人だった。ほかのあらゆる哲学者以上に、彼の考え方の根底には歴史的センスがあった。これによって彼は大がかりな歴史観をもつことができたのである。もっとも、その歴史観は純然たる観念論的形式をとっており、いわば事物を凹面鏡にうつしてみたものではあったが。というわけは、彼の歴史観は、世界史をただ、思想の発展の実践的証明として解したにすぎなかったからである。フォイエルバッハはヘーゲル哲学のこの現実的内容をこなせなかったし、ヘーゲル主義者自身はそれをすててしまった。

マルクスはふたたびこの歴史的内容をとりあげたが、「純粋思惟」から出発しないで、現実という頑固な事実から出発したかぎりにおいて、歴史的内容をヘーゲルと逆にした。それによって彼は、唯物論にたいして、歴史的弁証法とともに、「活動的な原理」をもあたえた。この原理は、社会を説明するだけでなく、これを変革することを問題としたのである。

## 五　『ブリュッセル－ドイツ語新聞』

マルクスはプルドンを反駁したたいして大きくない著書のために、ブリュッセルとパリに一人ずつドイツ人の出版屋をみつけたが、もちろん、出版には著者が印刷費をもつという条件がついていた。ところで、この書が一八四七年の盛夏に世にでたとき、彼は『ブリュッセル－ドイツ語新聞』を機関紙とし、これによって公然たる活動ができるようになっていた。

同紙はこの年のはじめ以来週二回、例のアーダルベルト・フォン・ボルンシュテットによって発行されていた。この男は前にベルンシュタインの『フォールヴェルツ！』紙を編集していたことがあり、オーストリアとプロイセンの政府から金をもらっていた。この事実は、こんにちではベルリンとヴィーンの公文書庫の記録で世に知られ、疑う余地のないことである。せいぜいのところ、彼がブリュッセルでスパイ行為を続けていたかどうかが疑わしいだけのことだ。その当時も彼にたいして嫌疑がかけられていたけれども、ブリュッセル駐在プロイセン公使がボルンシュテットの新聞をベルギーの官憲に告訴したために、この嫌疑ははれた。もっとも告訴はまやかしにすぎず、ブリュッセルに集まっていた革命的分子に、ボルンシュテットを信用させるためにやったことかもしれない。王座と聖壇を護持するやからは、彼らの崇高な目的を達成するためには手段をえらばないものだ。

とにかくマルクスはボルンシュテットがユダの役を演じているとは信じなかった。マルクスはこう考えた。この男の新聞にはなるほど多くの欠点はあるが、やはり多少は役にたつ。この新聞に満足できなければ、ボルンシュテットの名前が気にくわないといった都合のよい口実をならべたりしないで、新聞を満足なものにすべきだ、と。八月八日マルクスはヘルヴェークあてににがにがしげに書きおくっている。「やれこの男はだめ。やれこの女が、やれ傾向が、やれ文体が、やれ本のサイズがだめ。やれまた頒布にも多少の危険がともなう。……わがドイツ人たちは、なぜみすみす好機をのがさねばならないかを説明するために、いつでも山ほど格言を用意している。なにかやるべき機会がくると、彼らはただ当惑するだけなのだ(一〇六)。」つづいて、彼の原稿が『ブリュッセル－ドイツ語新聞』とにたような目にあっていると深いため息をもらし、さらに、全然なにも書かなかったのに、書くとなるとフランス語で書いたとて彼を非難する阿呆どもに無遠慮な罵倒をあびせている。

右にのべた事情からマルクスがボルンシュテットにたいする嫌疑を多少軽く考えて「みすみす好機をのがす」ようなことをしなかったとしても、それがために彼をとがめるべきではなかろう。というわけは、この機会は至極めぐまれたもので、これをたんなる嫌疑のためにのがすなどということは、愚かなことだったからだ。一八四七年春、緊迫する財政上の困難から、プロイセン国王は連合州議会を召集することを余儀なくされていた。これはそれまでの地方州議会の合同体で、ルイ一六世が一七八九年の春同じような事情に迫られて、召集したのに似た封建的身分代表機関であった。さて事態はプロイセンではかつてのフランスのように、急には進捗しなかった。しかし、ともかく連合州議会は財布の紐をかたくむすんで、政府にたいしてただちにこう声明した。州議会の諸権利の拡張されないうちは、なかでも州議会の定期的な召集が保障されないうちは、いかなる金額にも応じかねる、と。そこで事態は動き始めた。財政上の困難は冗談ではなかったからだ。おそかれ早かれあらためてダンスは始まるほかなかった。しかも音楽が始まるのが早ければ早いほど、けっこうだった！

こうしたことを問題にしたのが、マルクスとエンゲルスが『ブリュッセル－ドイツ語新聞』のために書いた寄稿だった。自由貿易と保護関税にかんする連合州議会の討論がきっかけになって論文が書かれ、匿名で発表されたが、その内容と言葉からみると、明らかにエンゲルスの書いたものだった。当時彼は、ドイツのブルジョアジーが高い保護関税を必要としたのは、外国産業におしつぶされまいとしたためではなく、むしろ絶対主義と封建主義を克服するのに必要な力を得るためである、と深く確信していた。この理由からエンゲルスは、プロレタリアートにたいして、たといただこの理由からだけでも、保護関税の運動を支持するようにと勧告した。彼は、保護関税論者の権威リストがブルジョア経済学の文献で最良のものを生産した、といったが、この男ご自慢の全著作は大陸封鎖の理論的音頭とりであるフェリエのひき写しである、と付けくわえておいた。そして彼は、「働く階級の福祉」などという美辞麗句にだまされるな、そんなものは自由貿易論者も保護関税論者も、利己的アジテーションのはでな看板としてもちだすものなのだから、と労働者に警告した。[一〇七] 労働者階級の賃金は、自由貿易制度のもとでも保護貿易制度のもとでも、変わりはない。エンゲルスは保護関税をただ「進歩的ブルジョアジーの方策」として擁護したのであって、マルクスもそのように見たのであった。

マルクスとエンゲルスは共同してかなり長い論文を書いたが、それは、キリスト教的封建的社会主義のしかけた攻撃をしりぞけるためだった。[一〇八] この攻撃は『ライニシャー・ベオバハター』紙上でおこなわれた。同紙は、ラインのブルジョアジーにたいしてラインの労働者をけしかけるために、政府がそのころケルンで創刊した機関紙だった。同紙上で年少のヘルマン・ヴァーゲナーが文名をあげたことは、彼みずから回想録のなかでのべているとおりである。マルクスとエンゲルスは、ケルンの親しい人たちから、このことをきいて知っていたにちがいない。というのは、二人のしっぺがえしのなかで幾度かくりかえして「髪をきれいになでつけた宗務局評定官」といって嘲笑していたからだ。ヴァーゲナーは当時マクデブルクの宗務局評定官補だった。

こんどは『ライニシャー・ベオバハター』紙が労働者をおびきよせるために、連合州議会の失敗を非難のたねにした。いわく、ブルジョアジーは、政府の金銭上の要求をはねつけて、国家権力の奪取をねらっていることをあからさまにした。自由主義は、人民の幸福や人民の権利を口にするが、じつは政府をおどすために、人民を政府につきつけるだけのことだ。人民が自由主義のために利用できるのは、政府の強権にたちむかうのに人民を大砲のえじきにするときだけだ、と。マルクスとエンゲルスのこれにたいする返答は、今では掌をさすように明らかだ。いわく、プロレタリアートは、政府についても、ブルジョアジーについても、すこしも思いちがいはしていない。問題はただ、なにが彼ら自身の目的に役だつか、ブルジョアジーの支配か、それとも政府の支配か、ということだけだ。そして、この問題に答えるには、ドイツ労働者の状態と、イギリスならびにフランス労働者の状態とを、比べてみるだけで十分だ、と。

「幸福な人民よ！　お前のかちえたものは原則問題だ。そしてもしそれがどんなものだかわからなければ、お前の代議士たちに説明してもらうがよい。長ったらしい演説のあいだ、お前は多分自分の空腹を忘れることだろう」という『ライニシャー・ベオバハター』紙のデマゴーグ的言辞にたいして、マルクスとエンゲルスは、まず辛辣な嘲笑をもって答えた。いわく、こんなデマゴーグ的言辞がなんの罰もうけずに用いられている以上、われわれはドイツの新聞はまことに自由であると認めないわけにはゆかない、と。さらにいわく、プロレタリアートは原則問題をよく理解しているからこそ、原則問題で勝ったといって連合州議会を非難しているのではなく、勝たなかったことを非難しているのだ。連合州議会が身分的諸権利の拡張を要求するだけでなく、陪審裁判、法の前での平等、賦役の廃止、出版の自由、結社の自由、そしてほんとうの代議制を要求したのであれば、州議会はプロレタリアートの強力な支持をうけたであろうに、と。

つぎに、さすがの共産主義もこの前では消えうせるほかはない、というキリスト教の社会的諸原理の信心ぶった饒舌が徹底的にやっつけられた。「キリスト教の社会的諸原理は、今までに一八〇〇年間にわたって、展開される時間をもっていた。このうえ、プロイセンの宗務局評定官によって展開される必要はさらさらない。キリスト教の社会的諸原理は古代の奴隷制を是認し、中世の農奴制を賛美し、同様に、必要とあらば、気の毒そうな面持ちでプロレタリアートの圧迫を弁護するすべもこころえている。キリスト教の社会的諸原理は支配階級と被圧迫階級の必要性を説教し、後者のためにはただ前者が情深くあれという、かなわぬ願いをいだくだけだ。キリスト教の社会的諸原理は、あらゆる醜行の宗務局評定官式調整を天国におしつけ、それによって地上における醜行の永続を是認する。キリスト教の社会的諸原理は、被圧迫者にたいする圧迫者のあらゆる下劣行為を説明して、これは原罪その他の罪にたいする当然の罰であるか、あるいは主がその無限の知恵にしたがって、救われる者にくだしたまえる試練であるか、どちらかであるという。キリスト教の社会的諸原理は怯懦、自己蔑視、屈辱、屈従、謙譲、要するに賤民のいっさいの属性を説教する。しかし、賤民あつかいされることを欲しないプロレタリアートは、自分のパンよりも、自分の勇気、自分の自尊心、自分の誇り、自分の独立心をはるかに必要とする。キリスト教の社会的諸原理は偽善的であり、プロレタリアートは革命的である。」(一〇九) マルクスとエンゲルスはまさにこの革命的プロレタリアートをみちびいて、君主お手もりの社会改良のどんなまやかしともたたかう戦場にひきだしたのだ。足蹴にされても、銀貨一枚もらっただけでも、目に涙して感謝する人民などというものは、ただ国王の幻想の中に存在するだけだ。現実の人民、プロレタリアートは、ホッブズのいわゆるたくましいがたちの悪い子供なのだ。この人民を愚弄しようとした国王たちがどんな目にあうか、それはイギリスのチャールズ一世とフランスのルイ一六世の運命がしめしている、と。

この論文は、雹《ひょう》のように封建的社会主義の苗床《なえどこ》にふりかかったが、そのほかにすこしまとはずれの霰《あられ》もふった。マルクスとエンゲルスが、だらしない反動的な政府にたいして金銭の交付をいっさい拒否する連合州議会の処置を擁護したことはいかに正当であっても、政府の提出した所得税案を否決したことまで正当視したことは、州議会に敬意を表しすぎたというものだ。この場合はむしろ、政府がブルジョアジーにしかけたわなが問題なのであった。大都市の労働者のためにはきわめて重い負担である粉税と屠畜税を撤廃し、その財政的欠損は、まず、有産階級に賦課される所得税でうめあわせよ、という要求は、もともとラインのブルジョアジーから出たもので、彼らはイギリスのブルジョアジーが穀物関税反対闘争をした場合と似た理由によって動かされたのである。

政府はこの要求をひどくきらった。というのは、この要求は大土地所有者の肉に切りこんだものので大土地所有階級は、——粉税と屠畜税は大都市でしか徴収されなかったのだから——これらの税が撤廃されても、大土地所有者に搾取されている労働者の賃金の低下は期待できなかったからである。にもかかわらず、政府がこれに似た法律案を連合州議会に提出したのは、ほかでもない、州議会の人気をうばい、政府自身が人気をえようという下心があってのことだった。というわけは、封建的身分団体〔連合州議会〕は、たとい一時的にもせよ有産階級が損をしてまで働く階級の負担を軽くするような税制改革にはけっして同意しないだろうと政府は胸算用していたからである。政府がこの胸算用にどんなに確信をもってよかったかは、政府提出の法律案にたいする投票がいちはやく明らかにした。すなわち、ほとんどすべての王侯、ほとんどすべてのユンカー、そしてほとんどすべての官僚は反対投票をしたが、このさい、ブルジョアジーの一部がどたん場になってものの見ごとに反対にねがえったという、政府にはもっけの幸いの花が咲いたのである。

それからというものは、所得税の否決はブルジョアジーのいんちきをしめす恰好の証拠として、御用新聞記者にさんざん利用され、ことに『ライニシャー・ベオバハター』紙はこのやせ馬をあきもせず乗りまわした。これに反対して、マルクスとエンゲルスは彼らの「宗務局評定官」にむかって、君は「経済のことにかけては、厚顔無恥の大ばかもの」だ。なぜなら、君は、所得税をほんのわずか導入するだけでも、社会的悲惨をとりのぞくことができると主張したのだから、と注意したのはまったく当然だった。しかし、所得税の拒否を、政府にたいする当然の一撃として弁護したのはまちがいで、この一撃は政府には少しもこたえなかった。政府は所得税で手を焼くよりも、粉税と屠畜税をきちんと取りたてて利益をあげてふところにしっかりもっておれば、財政的には弱められるどころか、むしろはるかに強められたのである。いったい所得税というものは、有産階級に課せられる場合には、新旧の経験にてらしてみると、ことにやっかいなものである。マルクスとエンゲルスはこの場合、ブルジョアジーがすでに反動的になっていたのに、まだ革命的だと考えていたのである。

「真正」社会主義者はしばしば逆の態度をとった。そしてブルジョアジーが腰をあげはじめたときにすかさず、マルクスとエンゲルスがこの一派をもう一度攻撃したのは十分うなずけることだった。攻撃は、マルクスが『ブリュッセル－ドイツ語新聞』[一〇]紙上で『詩と散文におけるドイツ社会主義』と題して「真正」社会主義を反論した一連の文芸評論と、おそらく二人が案をねりエンゲルスの書きおろした論文の形でおこなわれた。ただし後者は印刷されなかった[一一]。この二つの労作ではおもに「真正」社会主義の文芸上の仕事が攻撃されている。この方面は「真正」社会主義の最も弱い一面であり、見方によっては、最も強い一面だった。マルクスとエンゲルスは、この文芸上のできそこないを相手に攻撃したところで、かならずしも芸術の権利を十分に尊重したことにはならなかった。ことに、草稿の論文ではフライリヒラートのすばらしい『サ・イラ』*は不当に酷評されている[一二]。またカール・ベックの『貧者の歌』も、マルクスは『ブリュッセル－ドイツ語新聞』紙上で「小ブルジョア的幻想」とみて、いくぶん手きびしくせんぎした。しかし、ともかくマルクスは、やがて五〇年後にあらわれてきた、あの思いあがった自然主義のあわれな運命を、つぎのように書いて予言した。「ベックはいくじのない小市民的貧民、『貧者』、みじめな、あだな、つじつまのあわない望みをいだく Pauvre honteux〔ほしいものを口に出していわない男〕を、歌ってはいるが、ほこり高い、威圧的な、革命的プロレタリアをうたってはいない[一三]。」カール・ベックのほかに、もう一度不運なカール・グリューンが呼びだされて叱られている。グリューンはいまではもうとうに忘れられた書物のなかで「人間的立場から」ゲーテを不当にあつかったのであった。すなわち、この大詩人のあらゆるつまらない、退屈な、俗物的なところをよせあつめて、「真人」なるものを組みたてたのであった。

＊　フランス大革命時代、一七九〇年さかんにうたわれた革命歌。「さあ《サ》、ゆこう《イラ》、ゆこう、ゆこう！　貴族どもを街燈につるしあげろ……」というリフレーンがついている。

こうした小ぜりあいよりも重要なのは、かなり長い一論文だった。マルクスはそのなかで、政府の空《から》文句的社会主義を審判したように、当時流行の空文句だけの急進主義を手きびしく審判した。カール・ハインツェンはエンゲルスを反駁した論争書で、所有関係における不公正を強権によって説明した。ハインツェンは、ブルジョアが貨幣取得をするといって敵視しながら、強権を横奪する国王のほうはだまってゆるしておく奴はみんな臆病者で馬鹿者だといった。ハインツェンはとくに注目に値しない世間なみの不平家だったが、彼の代表した意見はすこぶる「開明的」俗物の好みにかなっていた。いわく、君主制がいまも存在しているのは、人間が幾世紀ものあいだ常識と人間の道徳的品位をなくしたという事実によるものである。いまや、人間はふたたびこれらの貴重な財を所有するようになったのであるから、いっさいの社会問題は、君主制か共和制か、という問題の前に消えさるであろう、と。この気のきいた見方は、革命運動はたんにデマゴーグのよこしまな意志によってひきおこされたものだとする、王侯たちの気のきいた見方と好一対のものであった。

そこでマルクスは、まず第一にドイツ史によって、歴史が王侯をつくるのであって、王侯が歴史をつくるのではないことを論証した(一一四)。彼は絶対君主制の経済的起源をしめし、旧来の封建的諸身分が没落し、中世の市民身分が成長して近代ブルジョア階級になってゆく過渡時代に、絶対君主制が現われることを明らかにした。絶対君主制がドイツではおくれて完成し、かなり長くつづいているのは、かたわにされたドイツ市民階級の発展過程のためである。そこで、王侯連の得意としているむちゃくちゃに反動的な役割は、経済的根拠から説明がつく。絶対君主制は以前には商工業を、それと同時に市民階級の台頭をも、国民的な力ならびに君主自身の栄光の必要条件として庇護しておきながら、いまや、すでに強力になったブルジョアジーの手ににぎられてますます危険な武器となっている商工業をいたるところで阻止している。絶対君主制は不安げな、どんよりとしたまなざしを、その興隆の出生地である都市からむかしの勇敢な相手の屍で地味の肥えた農村にむけている、と。

この論文は実りの多い観点に富んでいる。しかし愚直な俗物の「常識」は、そう簡単にばかにはできなかった。マルクスがエンゲルスの味方としてハインツェンに反対して主張したこの同じ権力説を、それから満三〇年の後には、こんどはエンゲルスがマルクスの味方としてデューリングに反対して主張しなければならなかったのである。

## 六　共産主義者同盟

一八四七年にはブリュッセル在住の共産主義者集団はじつに堂々たる成長をとげていた。もっとも、そのなかにはマルクスやエンゲルスと肩をならべられるような人物は一人もいなかった。ときには、モーゼス・ヘスかヴィルヘルム・ヴォルフが同盟内の第三の人物となるのではないかとおもわれたこともあり、二人はいずれも『ブリュッセル－ドイツ語新聞』に寄稿していたが、どちらも結局はそうならずじまいだった。ヘスはついに哲学のくもの巣から抜けだすことができなかった。『共産党宣言』は彼の著書に、彼の心を傷つけるような辛辣な判定を下した。そのために彼はついにマルクスおよびエンゲルスと完全に決裂するにいたった。

ヴィルヘルム・ヴォルフは一八四六年春になってブリュッセルにやってきたので、彼と二人の友情はヘスよりも新しかったが、この友情は風雪にたえて堅いものとなり、ヴォルフが早世するまでつづいた。彼はけっして独創的な思想家ではなかったが、文筆家としての彼はマルクスとエンゲルスをしのぐ「平易な作風」をもっているだけではなかった。彼はシュレージエンの世襲隷農階級の出身で、筆舌につくせない辛酸をなめ、ついに大学に学ぶまで身を起こし、古代の大思想家や大詩人の書を読んで、彼の所属する階級を抑圧する者にたいして炎のような憎悪を抱くにいたった。彼はデマゴーグとして二、三年シュレージエンの要塞監獄を方々引きまわされてから、ブレスラウで個人教師をしながら、官僚主義や検閲と不撓不屈の遊撃戦をつづけたが、ふたたび告訴されたのを機会に、プロイセンの牢獄でぼけてしまう代わりに、国外に飛びだした。

彼は後年マルクスとエンゲルスと親友になったようにブレスラウにいた時から、ラサールと親友になった。マルクスとエンゲルスとラサールの三人はヴォルフの墓を永遠に枯れることのない月桂樹で飾ったのである。ヴォルフは、詩人の言葉でいうと、まさにその掛け値なしの人となりをさらけだす高邁な人々の一人だった。彼の槲のような性格、ゆるぎない誠実、几帳面すぎるくらいの良心、侵しえない無私無欲、ものしずかな謙虚こそは、彼をして革命戦士の範たらしめ、そして彼の政治的味方も敵も、彼について語るとき、あるいは愛を傾け、あるいは憎悪をこめつつも、つねにひとしく彼を深く尊敬してやまなかったのである。

マルクスとエンゲルスを中心としたグループのなかには、ヴィルヘルム・ヴォルフほどではなかったが、この二人と親しくしていた人には、ヴォルフと同姓のフェルディナント・ヴォルフやエルンスト・ドロンケもいた。ドロンケは三月革命前のベルリンについてすぐれた書物をかいた[一五]。この書で不敬の言辞があったというので二年の要塞禁錮の判決をうけたが、ヴェーゼルの要塞監獄から脱走して同盟結成にかろうじて間にあった。そのほかにまた、親しい仲間の一人としてはとりわけゲオルク・ヴェールトもいた。エンゲルスはマンチェスターにいたころからすでに彼と知りあいだった。彼もドイツの商社員としてブラッドフォードにすんでいた。生粋の詩人であったから、へぼ詩人仲間の旧弊にはまったく囚われなかった。彼もまたあまりにも若くして世をさった。そして彼が戦うプロレタリアートの精神を歌いあげて無雑作に書きちらした詩篇を敬慕の心をもって収集する人はまだあらわれていない[一六]。

さらにこれらの知的労働者のグループには、有能な肉体労働者も加わった。その筆頭はカール・ヴァラウとシュテファン・ボルンで、ともに『ブリュッセル-ドイツ語新聞』の植字工だった。

ブルジョア君主制の模範をもって自任していた国家の首府ブリュッセルは、国際的な連絡をとりあうのには最も適したところだった[一七]。というのはパリはいぜんとして革命の発火点とみなされていたけれども、悪評高い九月法令の重圧下にあったからである。マルクスとエンゲルスはじつにベルギーで一八三〇年の革命に参加した人々と親しくなったのである。ドイツ、ことにケルンには、ゲオルク・ユング、とくに二人の医師デスターとダニエルスのほかに、新旧の友人が多数いた。パリではエンゲルスは社会民主党、とくにその文筆上の代表者すなわちルイ・ブランとフェルディナン・フロコンと連絡がついた。フロコンはこの党の機関紙『ラ・レフォルム』を編集していた。チャーティストの革命的フラクションに属していたジューリアン・ハーニとアーネスト・ジョーンズとは、もっと親しい間がらだった。ハーニは『ノーザン・スター』紙の編集者であり、ジョーンズはドイツで教育をうけた人だった。これらチャーティストの指導者の精神的影響下にあったのが、友愛民主主義者協会という国際的組織で、そこには義人同盟からカール・シャッパー、ヨーゼフ・モルその他の同盟員が代表者として送られていた。

一八四七年一月、この義人同盟は、決定的一歩をふみだした。同盟は「ロンドン共産主義通信委員会」の名で「ブリュッセル通信委員会」と連絡をとってはいたが、その関係はすこぶる冷やかなものだった。一方には、労働者の苦しみなどどこにあるのかも知らない「学者」にたいする不信があり、他方には「渡り職人」にたいする不信があった。すなわち、その当時ドイツの労働者のあいだにまだはばをきかせていた手工業同業組合的な偏狭さにたいする不信である。エンゲルスはパリで、プルドンやヴァイトリングの影響から「渡り職人」を引き離すのに手を焼いていたので、ロンドンの「渡り職人」だけは話せる連中だと思っていたが、義人同盟が一八四六年秋シュレースヴィヒ＝ホルシュタイン問題で発表した声明書をよんだ彼は、あっさり、これを「がらくた」といい、同盟の代表者たちはイギリス人からまさにナンセンスを、すなわち、現実にあるいっさいの諸関係をまったく無視することと、歴史的発展をつかむ無能力とを学んだ、といったのであった。

マルクスはそれから一〇年以上もたってから、彼の義人同盟にたいするそのころの態度について、こうのべている。「同時にわれわれは一部は印刷で、一部は石版ずりで、一連のパンフレットを公表した。そのなかでフランスおよびイギリスの社会主義ないし共産主義とドイツの哲学とのごったまぜに容赦のない批判をあびせた。こんなものがその当時の『同盟』の秘密教義だった。これに代わるものとして、ブルジョア社会の経済的構造の科学的認識を唯一の確実な理論的基礎として提示し、最後に、なんらかのユートピア的制度の実施が必要なのではなく、われわれの目の前で進行しつつある社会の歴史的変革過程への自覚的参加こそが問題なのだ、ということを平易に説明したのであった。(二一八)」共産主義者同盟*が一八四七年一月、同盟の中央委員会の一員である時計工ヨーゼフ・モルをブリュッセルに派遣し、われわれはマルクスとエンゲルスの見解を採用するつもりだから、同盟に加入してほしいと要請したのは、いまのべた声明が功を奏したためだ、とマルクスはいっている。

＊　義人同盟のまちがいと思われる。

残念ながら、マルクスのいっている小冊子は一部ものこっていない(二一九)が、クリーゲ排撃の回状だけは残っている。その中でとくにクリーゲは秘密のエッセネ教団*、「正義同盟」の密使で予言者だと嘲笑されている。クリーゲは、共産主義の発達の起源と進歩の原因が、エッセネ教団のおとぎばなしや、小説や、作り話じみた陰謀にあるといい、この教団の力について気ちがいじみた空想談を流布し、こういうことをして彼は、ヨーロッパ諸国の共産主義のほんとうの歴史的発達を神秘化するのである、と。

＊　エッセネ教団　紀元前二世紀—紀元一世紀までパレスチナにあったユダヤ教の一派。厳格にユダヤ教の戒律をまもり、禁欲生活をなし、私有財産をもたず共産的共同体をつくり、修道院的宗教生活をいと

なむ。原始キリスト教団にきわめて近い宗派と考えられている。

この回状が義人同盟に影響をあたえたとすれば、同盟のメンバーが「渡り職人」以上のものだったこと、彼らがエンゲルスの想像した以上にイギリスの歴史から学んでいたことを、同盟がみずから証明したことになる。「エッセネ教団」などと、回状でひどいことをいわれていたけれども、彼らはヴァイトリングよりもよく回状の価値を理解した。ヴァイトリングはこういうことでは少しも心をきずつけられなかったのに、クリーゲに味方した。義人同盟はじつはチューリヒでよりも、いやパリでよりも、ロンドンの世界的交通の中で、はつらつとして力強く生きつづけていた。さしあたっては、ドイツ人労働者間で宣伝することにきめていた同盟は、この世界的都市で国際的な性格をおびてきた。同盟の指導者たちはあらゆる国々から追放された亡命者と活発に交際し、そしてしだいに高く波濤をあげるチャーティスト運動を眼の前にみていたから、手工業的観念をはるかにこえて遠くをのぞむ眼光をそなえるにいたった。ハイルブロン生まれの挿画《さしえ》家カール・プフェンダーやチューリンゲン生まれの仕立屋ゲオルク・エカリウスは、古くからの指導者シャッパー、バウアー、モルと肩をならべていたが、やがて理論的認識の才能によって彼らを抜いて頭角をあらわした。

シャッパーの手で書かれた一八四七年一月二〇日付の全権委任状――これをたずさえてモルはブリュッセルのマルクスのもとに、さらにパリのエンゲルスのもとにあらわれたのである――はまだきわめて慎重に書かれている。この全権委任状は、同盟の状況にかんして報告することと、いっさいの重要事項について正確に報道することを委任状の持参者に委任している。モルは口頭で自分の思っていることを率直に打ちあけた。彼はマルクスに同盟に加入するように勧め、つぎのようにのべて、マルクスがはじめ抱いていた危惧をとりのぞいた。いわく、中央委員会は、同盟の大会をロンドンに召集し、マルクスとエンゲルスの主張した批判的見解を同盟の教説として公けの宣言の中に掲げるつもりであるが、時代おくれの気のりのしない連中に対抗するためにはぜひともマルクスとエンゲルスの協力が必要であり、そのためには二人に同盟に加入してもらわねばならない、と。

　そこで二人はそうすることに決意した。しかし一八四七年夏に開かれた大会では、まずもって同盟を宣伝団体にふさわしいような民主的組織にしたにとどめた。この団体は秘密に活動せざるをえなかったが、しかしいっさい陰謀的な行動を排した。同盟は三名以上一〇名以下のメンバーからなる班、地区、指導地区、中央委員会、大会に組織された。同盟の目的として、ブルジョアジーの打倒、プロレタリアートの支配、階級対立にもとづく古い社会の廃棄、階級と私的所有のない新しい社会の建設、が宣言された(二〇)。

　この時以後、同盟は共産主義者同盟と改称し、新しい規約は組織の民主主義的性格に対応して、まず個々の班の審議にかけられた。規約の最終的決定はその年内に開かれることになった第二回大会に延期され、その大会で同盟の綱領も同時に審議されることになった。第一回大会にはマルクスはまだ出席しなかったが、エンゲルスはパリ班の代表者として、ヴィルヘルム・ヴォルフはブリュッセル班の代表者として出席した。

## 七　ブリュッセルにおける宣伝

共産主義者同盟はさしあたってドイツ人労働者教育協会を設立することが必要だと考えた。これによって公然と宣伝をおこない、最も有能な協会員を同盟にひきいれ、組織を拡大することができた。

こうした協会の行事はどこでも同じだった。一週の一日は討論にあてられ、もう一日は社交的団欒（歌唱、朗読など）にあてられた。いたるところに協会図書館が設けられ、できれば、労働者に共産主義の入門教育をするクラスがつくられた。

これにならってドイツ人労働者協会も八月末ブリュッセルに設立され、間もなく会員数も百名ちかくになった[一二]。会長はモーゼス・ヘスとヴァラウ、書記はヴィルヘルム・ヴォルフだった。協会は水曜日と日曜日の晩に集まり、水曜日にはプロレタリアートの利害にかんする重要な問題が討議され、日曜日の晩にはヴォルフが週間政治展望を語るのが例となり、彼はそうした独特の才能を発揮した。それにつづいて社交的団欒が催され、これには婦人も参加した。

九月二七日にはこの協会は、さまざまの国の労働者がたがいに同胞的感情を抱いていることを表示するために、国際的宴会を催した。そのころの人が政治的宣伝のために好んで宴会の形式をえらんだのは、公開の集会への警察の介入をさけるためだった。しかしこの九月二七日の宴会には、それ以外に特別の因縁と目的があった。ちょうどその日出席したエンゲルスが、欠席したマルクスあてに書いたように、この宴会はボルンシュテットやドイツ人居留者団の不平分子の催したもので、「われわれをアンベールやベルギーの民主主義者のわき役にひき下げ、われわれのみすぼらしい労働者協会よりもはるかに大がかりな団体を設立しよう」（二二）としたものだった。ところがエンゲルスは機を逸することなくまんまとこの陰謀の裏をかいた。そればかりか、彼は「自分はひどく若造に見えるから」といって固辞したにもかかわらず、フランス人アンベールとならんで、二人の副会長の一人に選ばれた。宴会の名誉会長にはメリネ将軍、実際の会長には弁護士ジョトランが選ばれた。ともに一八三〇年のベルギー革命の老戦士だった。

宴席には、ベルギー人、ドイツ人、スイス人、フランス人、ポーランド人、イタリア人のほかにロシア人が一人、一二〇人の賓客が列席した。さまざまの演説のあとで、友愛民主主義者協会にならって、ベルギーに改革の友の会をつくる決議がなされ、その準備委員会の一員にエンゲルスも選ばれた。ところが彼は間もなくまたブリュッセルを去ったので、ジョトランあての手紙で、もし九月二七日の集会にマルクスが出席できたならば、彼がきっと選ばれたにちがいない、といってマルクスを自分の代わりにまねくように勧めた。「ですからマルクス君が委員会で小生の代理をするのではなくて、じつはむしろ、小生こそ、あの集会でマルクス君の代理をつとめたのです。」（二三）事実、一一月七日と一五日に「万国連合のための民主主義協会」の創立が宣言されたときには、アンベールとマルクスが副会長に選ばれ、メリネは名誉会長、ジョトランは会長として承認された。規約にはベルギー、ドイツ、フランス、ポーランド諸国の、全部で約六〇名の民主主義者が署名し、ドイツ人のなかには、マルクスのほかに、主だった人として、モーゼス・ヘス、ゲオルク・ヴェールト、両ヴォルフ、シュテファン・ボルン、それにボルンシュテットの名がみられた。

この民主主義協会の最初のかなり大きな示威行事は一一月二九日のポーランド革命記念祭であった。ドイツ人代表としてシュテファン・ボルンが演説して大喝采を博した。ところでマルクスは友愛民主主義者協会が同じ日同じ目的をもってロンドンで催した集会で、ベルギー民主主義協会の正式代表として演説した。彼はまったくプロレタリア的革命的語調で演説した。「古いポーランドはたしかに滅びさった。そして、われわれはその再建を願う最後の者であろう。だが古いポーランドだけが滅びたのではない。古いドイツ、古いフランス、古いイギリス、つまり古い社会はすべて滅びたのだ。しかし古い社会の滅亡は、古い社会で失うべきものをもたぬ者にとっては、すこしも損失ではない。――しかもこれは、今日のすべての国の大多数の者にとってそうなのである。(二四)」マルクスはブルジョアジーにたいするプロレタリアートの勝利を、すべての被圧迫民族の解放の信号と考え、イギリスのブルジョアジーにたいするイギリスのプロレタリアートの勝利を、圧迫者にたいするすべての被圧迫者の勝利をもたらす決定的痛撃と考えた。そこでこういった。ポーランドはポーランドで解放されるのではなく、イギリスで解放されるのだ。チャーティスト諸君が国内の敵を撃破するとき、諸君は旧社会全体を撃破したことになるのだ、と。

友愛民主主義者協会も、マルクスの手渡した挨拶状にたいする答辞の中で、同じ調子をうちだした。「諸君の代表であり、われらの友人であり兄弟であるマルクスは、われわれがいかなる感激をもって、彼の出席と、諸君からのあいさつの朗読を迎えたかを、諸君に語るであろう。瞳はみな歓喜にかがやき、すべての声は歓呼の声をあげ、すべての手は諸君の代表に、兄弟としてさしのべられた。……われわれは最も熱烈な歓喜の思いにあふれて、諸君がわれわれに提唱された同盟をお受けする。われわれの協会は二年以上も前から、万人は同胞である、という標語を掲げて存在している。われわれの最近の創立記念祭にあたって、われわれはあらゆる民族の民主主義者大会の開催を提唱した。ところが諸君も同じ提案を公然と表明されたことをきいて、よろこびにたえないものである。諸国王の陰謀は諸民族の陰謀をもって撃破されなければならぬ。……四海同胞の友愛を実現するためには、真実の民衆、プロレタリア、現在の社会体制の重圧のもとで日々血と汗とを流している人に呼びかけねばならぬことを、われわれは確信する。あばらやから、屋根裏から、地下室からでて、鋤と工場と鉄砧《かなとこ》をすて、友愛を担う人々、人類の選ばれた救済者が、同じ大道を進んでくるのを、われわれは見ることができるだろう。いや、もう見ているのだ。」友愛民主主義者協会は一八四七年九月にブリュッセルで開かれた自由貿易大会のいわば向こうを張って、一八四八年九月、ところも同じブリュッセルで全民主主義者大会を開くことを提案した。

しかし友愛民主主義者協会に挨拶することだけが、マルクスのロンドンへいった目的ではなかった。シャッパー、バウアー、モルが一八四〇年に創立した共産主義労働者教育協会の集会室だったまさにその同じ場所で、ポーランド革命記念集会の直後、共産主義者同盟の召集した大会が開かれた。これは新しい規約を最終的に承認し、そして新しい綱領を討議するのが目的だった。大会にはエンゲルスも出席した。彼はパリからやって来て、一一月二七日オスタンドでマルクスとおちあい、海路の旅をともにした。少なくとも一〇日にわたる討議の後、二人は共産主義の諸原則を世界に公表する宣言にまとめるよう委任された。

一二月の中ごろ、マルクスはブリュッセルに、エンゲルスは同地経由でパリに帰った。彼らは委任されたことの遂行をさして急がなかったようだが、少なくともロンドンの中央委員会は、一八四八年一月二四日ブリュッセル地区委員会あてに非常に強硬な催促状をだした。それによると、マルクスが起草を引き受けた『共産党宣言』が二月一日までにロンドンにとどかない場合には、マルクス氏にたいして催促以上の処置がとられるだろうと告げるように、というのであった。どうしてこんなに延びのびになったのか、マルクスの仕事ぶりのあの徹底したやり方によるものか、それともエンゲルスと場所的に離れていたためなのか、それはどうもはっきりしない。マルクスがブリュッセルで躍起になって宣伝をつづけているという知らせにもとづいて、おそらくロンドンの連中もがまんできなくなったのであろう。

一八四八年一月九日、マルクスは民主主義協会で自由貿易にかんする演説をした（一二五）。そのまえに、彼はこの同じ演説をブリュッセルの自由貿易大会でやるつもりだったが、ついにやらずじまいだった。彼がこの演説で証明し、かつ拒否したことは、自由貿易論者が「労働者の福祉」をだしにつかってやった欺瞞であって、自由貿易論者はこの「労働者の福祉」こそは彼らの運動のばねだと主張したのである。ところで、自由貿易はまったく資本に利益をもたらし、労働者に不利になるものであったけれども、それでも――そしてまさにそれゆえにこそ――マルクスは自由貿易がブルジョア経済の諸原則に合致していることを否認しなかった。いわく、自由貿易とは資本の自由であり、資本の活動を完全に自由にするために、資本を圧迫する国民的障壁を撤去するものである。自由貿易は従来の国民性を解体し、ブルジョアジーとプロレタリアートの対立を極点にまで推し進める。それによって自由貿易は社会革命を促進する、と。こうした革命的な意味で、マルクスは自由貿易制度に賛成した。

同時に、彼は保護関税に賛成しているのではないかという世人の疑いにたいして自説を防衛した。しかも彼は自由貿易を弁護しながらも、ドイツの保護関税を「進歩的ブルジョアジーの方策」として承認するような矛盾におちいることは決してなかった。エンゲルスと同じくマルクスは、自由貿易と保護関税の問題全体を、純粋に革命的な見地から考察した。いわく、ドイツのブルジョアジーは、絶対主義と封建主義に対抗する武器として、保護関税を必要としている。彼らの力を集中し、国内で自由貿易を実現し、大工業を育成する手段として必要としている。大工業はやがて世界市場に、すなわち多かれ少なかれ自由貿易に、依存するようになるにちがいない、と。なお、この演説は民主主義協会のさかんな喝采を博し、協会は費用をだして、この演説をフランス語とフランドル語で印刷する決議をした。

この演説よりも大事なのは、マルクスがドイツ人労働者協会で賃労働と資本についておこなった講演であった。賃金とは労働者の生産した商品の中の労働者のとり分なのではなく、資本家が一定量の生産的労働を買いとるのに用いる既存の商品の一部である、ということからマルクスは出発した。労働の価格は他のすべての商品の価格と同じように、生産費によって決定される。単純労働の生産費は、労働者の生存費および繁殖費ということになる。これらの費用の価格が賃金なのであって、これは他のすべての商品の価格と同じく、競争の変動によって、あるときは生産費以上に、あるときはそれ以下になるが、しかしこの変動の内部で平均化されて賃金最低限におちつく、というのである。

マルクスはつぎに資本を調べた。資本とは蓄積された労働である、というブルジョア経済学者の説明にたいして、マルクスは答えていう。「黒人奴隷とは何か？　黒色人種の人間だ。こういう説明の値うちは黒人は黒人であるという説明とちがわない。一定の関係のもとで、彼ははじめて奴隷となるのだ。紡績機械は紡績のための機械である。機械はただ一定の関係のもとで、資本となる。これらの関係から離されたら、それは資本ではない。このことは、金がそれ自体としては貨幣ではなく、また砂糖が砂糖価格でないのと同じである。(一二六)」資本とは一つの社会的生産関係であり、ブルジョア社会の一つの生産関係である。諸商品の、諸交換価値の、一総和は、独自の社会的力として、すなわち社会の一部分のものの力として、直接の、生きている労働力との交換によって、自らを維持し、かつふやすことによって、資本となる。「労働能力以外にはなにも所有しない一階級の存在することが、資本に必要な前提なのである。蓄積された、過去の、対象化された労働が直接の、生きている労働を支配することによってはじめて、蓄積された労働は資本になるのである。資本の本質は、蓄積された労働が新しい生産の手段として生きている労働のために役だつという点にあるのではない。それは、生きている労働が、蓄積された労働のために、それの交換価値を維持しかつふやす手段として役だつという点にあるのである。(一二七)」資本と労働とはたがいに条件になり、たがいに相手を生みだす。

以上のことから、ブルジョア経済学者は、資本家と労働者との利害は同一である、と推論するのであるが、たしかに労働者は、もし資本が雇ってくれなければ、破滅してしまうし、資本は、労働者を搾取しなければ、破滅する。生産的資本が急速にふえればふえるほど、したがって、産業が繁栄すればするほど、ブルジョアジーが富めば富むほど、資本にはそれだけ多くの労働者が必要となり、労働者はそれだけ高く売れるのである。だから、労働者がどうにか人なみの生活をするのに欠かせない条件は、生産的資本ができるだけ急速に増加することである。

この場合、賃金のいちじるしい増加は、生産的資本のそれだけ急速な増大を前提とすることを、マルクスは詳論した。資本が増大すれば、賃金もあがるかもしれないが、資本の利潤もそれだけ急速にあがる。労働者の物質的状態は良くなるが、それは彼の社会的状態を犠牲にしてのことである。彼と資本家をへだてる社会的溝はひろがったのだ。賃労働にとって最も有利な条件は、生産的資本ができるだけ急速に増大することであるということは、次のことを意味するにすぎない。すなわち、労働者階級が自分たちに敵対する力、自分たちを支配する他人の富を、急速にふやし、大きくすればするほど、労働者階級はそれだけ有利な条件のもとで、あらためて資本の力を大きくするために働かせてもらい、そしてブルジョアジーが労働者階級をつないで引きまわす黄金の鎖を、自分自身できたえることにあまんじるということである。

さらにマルクスは説いていう。しかし資本の増大と賃金の上昇とは、ブルジョア経済学者の主張するように、切り離せないように結びついているものではない。資本がふとればふとるほど、資本の奴隷のえさもよくなる、というのは真実ではない。生産的資本の増大は、資本の蓄積と集積を含んでいる。資本の集中は、一段と進んだ分業と一段と進んだ機械の使用とをともなう。一段と進んだ分業は労働者の特別の熟練を台なしにし、この特別の熟練をだれにもできる労働におきかえることによって、労働者間の競争を強める。

分業が個々の労働者に、三人分の労働をやらせることができるようになればなるほど、この競争はそれだけ激しくなる。機械はこれと同じ結果を、はるかに大規模に生みだす。生産的資本の増大は産業資本家に、たえず増大する手段を用いて営業するように強制する。こうして、小産業者を倒産させて、プロレタリアートのなかに投げこむ。そのうえ、資本が蓄積されるにしたがって、利率が低下するから、利子ではもはや暮らせなくなった小金利生活者は、産業に身を投じ、プロレタリアの数は増える。

最後に、生産的資本は、増大すればするほど、どのくらい需要があるのかわからない市場のために、ますます多く生産するほかなくなる。そして生産はますます需要をぬいて先に進み、供給はますます需要を強制することにつとめ、恐慌すなわちあの産業上の地震は、ますます頻発し、しかもますます激しくなる。この地震にゆさぶられると、商業世界は富の一部、生産物の一部、さらに生産手段の一部をさえも、地獄の神々のいけにえとして献げることによってかろうじてその身を保つほかなくなる。資本は労働によって生きるだけではない。高貴であると同時に野蛮な主人である資本は、わが身もろとも、彼の奴隷の屍を、恐慌で零落する労働者のいけにえを残らず墓穴に引きずりこむのだ。そしてマルクスはこう要約する。資本が急速に増大すれば、労働者同士の競争はそれとは比べものにならぬほど急速に増大する。すなわち、雇用手段、つまり労働者階級のためには生活資料は相対的にますます減少する。しかし、それにもかかわらず、資本の急速な増大は、賃労働にとって最も有利な条件である。

マルクスがブリュッセルのドイツ人労働者にたいしておこなった講演のうちで残っているのは、残念ながらこの断片だけである。しかしこれだけみても、マルクスがどんなに真剣に、どんなに深い思想をもって、この宣伝をおこなったかがわかる。もっとも、バクーニンはこれにたいしてそれとはちがった判断を下した。彼はポーランド革命の記念祭でおこなった演説のためにフランスを追放され、ちょうどそのころブリュッセルにやって来たのであった。一八四七年一二月二八日彼はロシアの一友人に書いた。「マルクスはここであい変わらずから騒ぎをやらかし、労働者を屁理屈屋にして堕落させている。あいも変わらぬ理論的狂気と満たされることのない自己満足だ。」そしてヘルヴェークあての手紙では、マルクスとエンゲルスはもっとひどい悪口をいわれている。「一言でいえば、虚言と愚昧、愚昧と虚言。この連中のなかにいると自由に深々と息をすることもできない。僕は彼らには近づかない。そしてはっきりいってやった、僕は彼らの共産主義的職人協会などにははいらない。こんなものとはまったくかかわりたくない、と。」

このバクーニンの言葉は注目に値するが、それは彼がなにか個人的なことで立腹しているからではなくて——というわけは、バクーニンはこれ以前にも以後にも、マルクスにたいしてこれとはまったくちがった判断を下しているからだ——、後年この二人の革命家の間に激しい闘争をひきおこすことになった対立が、この言葉のなかに予告されているからである。

## 八　『共産党宣言』

さて、その間に『共産党宣言』の草稿も印刷されるためにロンドンへ送られた。

第一回大会は共産主義的綱領の審議を第二回大会にゆずったが、この第一回大会後、綱領のための準備がなされなかったわけではなかった。運動の理論家たちがこの仕事にたずさわったことは明らかである。マルクスとエンゲルス、それにヘスもこうした最初の草案をつくった。

しかしそのうち残っているのは、エンゲルスが一八四七年一一月二四日、つまり第二回大会直前に、マルクスあての手紙のなかでふれている草案だけである。(一二八)「どうか信条表明について少し考えてくれたまえ。ぼくは信仰問答書の形式をすてて、これを『共産党宣言』という題をつけるのが一番よいように思う。そのなかには多少歴史が述べられなければならないから、いままでの形式はまったく適当でない。僕はここで僕のかいたものをもってゆく。これは簡単で物語ふうのもので、編集はまずいし、大急ぎで書いたものだ。（二九）」エンゲルスはこれにつけ加えて、草案はパリの諸班にはまだ提出していないが、二、三のごく些細な点をのぞけば、これを通したいと思っている、といっている。

　これはまだ全部問答書の形式で書かれており、この形式はともかく多くの人々によくわかるものでこそあれ、わかりにくいものではなかったろう。当面の運動の目的のためには、のちの宣言よりも適していたであろう。宣言とこれとは、思想的内容ではまったく一致している。にもかかわらず、エンゲルスが歴史的叙述に賛成してはじめから彼の二五の問答を犠牲にしたことは彼の誠実な心を証明したものである。共産主義が世界史的現象であることを告知する宣言は――かのギリシアの歴史家の言葉にしたがえば――永続的意義をもつ著作でなければならず、けっして一時的な読者のためにかかれた論争書であってはならなかった。

　そんなわけで世界の文献のなかで『共産党宣言』が永続的地位を確保したのは、その古典的形式によるのである。しかしこういったからといって、『宣言』のなかから二、三の文句を抜きだしてきて、『宣言』の筆者たちはカーライルか、ギボンか、シスモンディかその他のだれかの文章を盗んだのだと証明しようというおかしな変りものの言い分をきいてやるべきだというのではないのだ。これはまったくのまやかしで、この点では、宣言はいかなる著作と比べても、自立的であり独創的である。しかしマルクスかエンゲルスがそれまでの著書でまだのべていないような思想はたしかに『宣言』には含まれていない。『宣言』は新たな啓示ではなかった。宣言はその筆者たちの新しい世界観を鏡に映しだしたにすぎない。鏡のガラスをこれ以上透明に、わくをこれ以上せばめることはできなかった。文体から判断できるかぎりでは、最終的に形をまとめあげるにあたっては、マルクスのほうがより多く関与したが、エンゲルスの草案のしめしているように、彼の問題認識の程度はマルクスより低いものではなかったから、彼はマルクスと同等の権利をもった共著者とみなされねばならない。

宣言が世に現われて以来、一世紀の三分の二が過ぎさった。そしてこの六〇年ないし七〇年は最も激しい経済的政治的変革の時代で、宣言にその跡を残さずに過ぎさりはしなかった。歴史的発展はかなり多くの点で、宣言の著者たちの予想したのとはちがった道をたどり、ことに彼らの予想した以上にはるかにゆっくり進行したのであった。

彼らの眼光が遠方におよべばおよぶほど、遠方は彼らにはそれだけ近くに見えた。こうした陰がなければ、光は得らるべくもなかった、ということができる。これはレッシングが「未来を正しく見抜く」人々に認めていた心理的現象であった。レッシングはこういっている。「自然が数千年の時間を必要とすることが、彼らの生存の一瞬時に成熟するものだ」と。さてマルクスとエンゲルスは数千年の見当ちがいはしなかったが、たしかにたっぷり数十年の見当ちがいはした。『宣言』を書きあげるとき、彼らは資本主義的生産様式の発展がこんにちでもおそらく達していないような程度に達していると見たのであった。エンゲルスは彼の草案のなかで、宣言そのものよりもはっきりそういっている。すなわち、文明諸国ではほとんどすべての労働部門が大工場で経営され、ほとんどすべての労働部門で手工業とマニュファクチュアは大工業によって駆逐された、といっている。

これと一種独特の対照をなしているのは、『共産党宣言』だからこそはじめて描くことのできた労働者諸党の発端が比較的大ざっぱに描かれていることである。フランスの社会主義的民主党はいうまでもなく、最も重要な党だったイギリスのチャーティスト運動でも、まだ小ブルジョア分子の勢力が強かった。スイスの急進派や、農民解放を民族解放の前提とみなしていたポーランドの革命党は、まだやっと壁に映った影法師にすぎなかった。後年著者たち自身が、当時のプロレタリア運動の普及領域がどんなにせまい範囲のものでしかなかったかを指摘し、とくにロシアと合衆国がまだ登場していなかったことを強調している。「それは、ロシアがヨーロッパの反動の最後の大きな予備軍となっていた時代であり、また合衆国への移民がヨーロッパのプロレタリアートの過剰な力を吸収していた時代であった。どちらの国もヨーロッパに原料を供給すると同時に、ヨーロッパの工業製品の販売市場として役だっていた。だから、どちらの国もなんらかの仕方でヨーロッパの社会秩序の支柱であった（一三〇）。」これらすべての事情は三〇年の後にどんなに変わったことか。こんにちではまったく変わってしまったではないか！　しかし『宣言』が資本主義的生産様式に負わせている「最高の革命的役割」が、著者たちの予想していたよりもはるかに長い生命を保ってきたといっても、それでほんとうに宣言を論破したことになるか。

これと関連していえることは、宣言の第一章に書かれているブルジョアジーとプロレタリアートの階級闘争の読むものの心をわくわくさせるようなみごとな描写は、要点ではたしかに比類のない真理をしめしてはいるが、闘争の過程をあまりにも概括的に論じていることだ。こんにちでは、現代の労働者は――従来の被圧迫階級が少なくとも奴隷的な生存だけは保障され、そうした諸条件を確保されていたのとはちがって――産業の進歩とともに向上しないで、彼自身の階級の生存条件以下の水準にますます深く沈んでゆくと、一概に主張することはできない。いかに資本主義的生産様式にこうした傾向があるとはいえ、労働者階級の広範な諸層は資本主義社会の基盤の上でも、小ブルジョア諸層の生活をもしのぐような生活を確保することができるのである。

このことから、ブルジョア批評家たちといっしょになって、『共産党宣言』が告知したといわれる「窮乏化理論」は根拠が弱いと結論するのはもちろんさけねばなるまい。この理論、すなわち、資本主義的生産様式はその支配する諸国民の大衆を窮乏化するという主張は『共産党宣言』のでる前から、いや、マルクスとエンゲルスがそもそものを書くはるか以前から主張されていたのである。これを主張したのは、社会主義的思想家であり、急進的政治家であり、いや、だれよりもまずブルジョア経済学者であった。マルサスの人口法則は、「窮乏化理論」を永遠の自然法則として、これを美化することに努めた。こうした「窮乏化理論」は、支配階級の立法が失敗した実情を反映するものだ。救貧法がつくりあげられ、貧民を監禁する牢獄が設立され、そこでは窮乏化は窮乏者の罪とみなされ、窮乏者は罰せられた。マルクスとエンゲルスはこんな「窮乏化理論」など発明したことはなかった。彼らはこんな理論にははじめから反対したほどだ。というわけは、彼らは、それ自身としては論議の余地のない、一般に認められている大衆の窮乏化という事実を、けっして否定しようとはしなかったが、しかしこの窮乏化は永遠の自然法則ではなく、歴史的現実で、この現象をひきおこした生産様式そのものの作用によって除去されうるものであり、またじっさい除去されるだろうということを証明したからである。

もしこうした観点から『共産党宣言』を非難したいのならば、この非難は要するに、宣言がまだブルジョア「窮乏化理論」の見方から完全には脱却していないということになる。宣言は、リカードがマルサスの人口理論を手がかりにして展開したような、賃金法則の立場にまだたっていた。だからこそ、宣言は賃金闘争や労働者の労働組合組織を軽視するような判断を下し、本質的には、それらをただ政治的階級闘争の練兵場か演習地としてしか見なかったのである。当時のマルクスとエンゲルスはまだ、イギリスの一〇時間労働法案を、後年のように「一つの原理の勝利」とは認めていなかった。すなわち、一〇時間労働法案は資本主義的前提のもとでは、大工業を拘束する反動的桎梏《かせ》にすぎないとみたのである。要するに、宣言は、工場法と労働組合組織が、プロレタリア解放闘争の兵站《へいたん》であることを知らなかった。この闘争こそは、資本主義社会を社会主義社会に変革する必然性をもち、そしてもし辛酸をなめてかちとった最初の成果を失いたくなければ、是が非でも最後の目標に達するまで戦いぬかねばならない闘争なのである。

　だから、『宣言』は資本主義的生産様式の窮乏化的諸傾向にたいするプロレタリアートの反撃を、あまりにも一面的に政治革命の光をあてて観察しすぎた。宣言の前に模範として現われたのはイギリスとフランスの革命だった。宣言は二、三〇年にわたる内戦と民族戦争を予想した。そうすれば、こうした温室熱にあたためられたプロレタリアートは早急に成長して政治的におとなになるだろうと考えた。ドイツの共産党の諸任務を論じた節には、著者たちの見解がじつにはっきり現われている。ここで、ブルジョアジーが革命的に行動するかぎり、プロレタリアートはブルジョアジーと共同して、絶対君主制と封建的土地所有と小市民層にたいして闘争することを勧告したが、このさい、ブルジョアジーとプロレタリアートの敵対的矛盾を、できるだけ明確に労働者に意識させるようにする活動を、一瞬たりとも怠ってはならない、とした。

　それからさらにつづけていう。「ドイツに、共産主義者はそのおもな注意をむける。それは、ドイツがブルジョア革命の前夜にあるからである。またドイツは、一七世紀のイギリスや一八世紀のフランスよりも、いっそう進歩したヨーロッパ文明全体の諸条件のもとで、またはるかに発達したプロレタリアートによって、この変革をなしとげるので、ドイツのブルジョア革命はプロレタリア革命の直接の序幕となるほかないからである。」(一三一)さて、ドイツのブルジョア革命はたしかに『宣言』のでた直後に起こったが、革命のおこなわれた諸条件は、『宣言』に書かれたのとは反対の結果をもたらした。すなわち、ブルジョア革命は中途で立ち往生し、ついに数ヵ月ののちには、パリの六月市街戦はブルジョアジー、とくにドイツ・ブルジョアジーの革命的情熱をことごとくふきとばしてしまった。

こうして年月の歯牙《しが》は、大理石に刻みこまれたような『宣言』の文章のあちこちをかじった。一八七二年にははやくも、著者たちみずから、新版への序文のなかで、『宣言』が「ところどころ時代おくれになって」いることをみとめた。しかしそれと同時に、『宣言』のなかに展開された諸原理は全体として、いぜんとしてまったく正しいということを、当然いいそえてさしつかえなかった。このことは、ブルジョアジーとプロレタリアートの世界史的闘争が勝敗を決するまで、正しいであろう。この闘争の決定的観点は、第一章で比類ない手腕をもって展開され、第二章でも同じ筆勢をかって近代的科学的共産主義の指導的思想が展開されている。そして第三章では、社会主義および共産主義の文献の批判は一八四七年までしか及んでいないとはいえ、この批判は、事物の根底まで見とおしたものであるから、それ以後いかなる社会主義または共産主義の流派が現われても、それらはすでにこの章で批判されているのだ。また、最後の第四章における、ドイツの発展についての予言も、著者たちが考えたとはちがった意味においてではあったが、やはり真実となった。はやくも双葉のうちに枯れたドイツのブルジョア革命は、プロレタリア階級闘争の強大な展開の序曲となったにすぎない。

　その根本真理において不動、その誤謬においてもなお教える所の多い『共産党宣言』は、一つの世界史的文書となっている。そして世界史を貫いて響きわたる関の声をもって『宣言』はおわる。「万国のプロレタリア団結せよ！」

# 第六章　革命と反革命

## 一　二月革命と三月革命



一八四八年二月二四日、革命はフランスのブルジョア王国を倒した。革命のゆり返しはブリュッセルをもおそったが、コーブルグ家の国王、したたか者のレオポルドは、パリの岳父《しゅうと》よりもうまく窮地をきりぬけるすべを知っていた。彼は自由主義的大臣や国会議員や市長たちに、もし国民がのぞむなら、自分は王位を去ろうと約束した。すると心やさしいブルジョアジーの政治家たちはえらく感激して、反逆的な考えをすっかり捨てさった。

そうしておいて、国王は方々の広場で開かれた人民集会を兵隊をくりだして追いちらし、警察の手で外国人の亡命者狩りをはじめた。このときとくにマルクスにたいしては野蛮な処置がとられた。当局は彼を逮捕しただけでなく、彼の妻も逮捕して、売春婦といっしょに一晩拘留した。不埒をはたらいた警部はあとで罷免され、拘留はすぐにも解除しないわけにはいかなかったが、しかし追放されるまでつづいた。この追放がまた余計な不当処置だった。というのは、そんなことをしなくても、マルクスはパリに旅立とうとしていた矢先だったからである。二月革命勃発直後、共産主義者同盟のロンドン中央委員会は、その権限をブリュッセル地区委員会に委任した。ところがブリュッセルはその時すでに事実上の戒厳状態にあった（一三）ため、その地の地区委員会は三月三日その権限とともに、パリにあらたに中央委員会を構成する全権をも、マルクスに委任した。マルクスは三月一日付の革命臨時政府の公文書によって、パリに帰るように要望されていた。彼にとって名誉あるこの文書はフロコンの署名したものだった。

マルクスは早くも三月六日パリで、同地在住のドイツ人の大集会に出席したが、武装してドイツに進入し革命をおこそうというとんでもない計画に反対して、そのすぐれた見識をしめした。この計画は例の胡乱《うろん》くさいボルンシュテットの立てたもので、残念なことに、ヘルヴェークがこれにまんまとのせられた。バクーニンはあとでは後悔したが、そのときはこの計画に賛成した。臨時政府はこの計画を支持したが、それは革命的な気分に動かされてやったのではなく、失業者がいっぱいいたおりから、外国人労働者を追っぱらおうという下心があってのことだった。政府は行軍宿舎と、国境に到達するまで一日五〇サンティームの行軍手当を支給することを承諾した。ヘルヴェークは、臨時政府の「フランス人と競争する数千人の手工業職人をおっぱらおうという利己的動機」にはごまかされなかったが、政治的洞察力を欠いていたので、ニーダードッセンバッハでみじめな結末をつけるまで、この冒険を進めた。

三月一三日にはヴィーンで、三月一八日にはベルリンで、革命が勝利をえたのちは、この革命あそびはまったくナンセンスになったが、マルクスはこの遊戯に反対しながら、共産主義者が一番目をつけていたドイツ革命を、効果的に促進する手だてを講じた。彼は委任された全権によって、あらたに中央委員会を構成した。その半数はかつてブリュッセルにいたもの（マルクス、エンゲルス、ヴォルフ）、あとの半数はかつてロンドンにいたもの（バウアー、モル、シャッパー）で構成された。委員会は檄文を発表したが、これは「ドイツのプロレタリアートと小ブルジョア層と小農民層の利益をまもる」一七ヵ条の要求を含み、そのなかには、全ドイツを単一不可分の共和国と宣言すること、全国民の武装、王侯領その他の封建的領地、鉱山、炭坑、交通機関の国有化、国立作業場の設立、無料の普通国民教育、などがあった（一三）。いうまでもなく、この共産主義的宣伝の諸要求は、一般的方針だけをしめしたものであった。これらの要求は、きょうあすのうちに実現できるものではなく、ただ長期間の革命的発展過程のなかに実現できるものだということは、マルクスがだれよりもよく知っていた。

共産主義者同盟はまとまった組織として革命運動を推進するには、あまりにも弱すぎた。大陸における同盟の再組織は始まったばかりだということが明らかになった。しかし革命が労働者階級に公然とした宣伝の手段と可能性をあたえたのちには、同盟の存在理由は消滅したので、同盟の再組織はますます問題ではなくなった。こうした形勢のなかで、マルクスとエンゲルスはパリにドイツ人共産主義者のクラブを設立し、そこで労働者に、ヘルヴェークの部隊から離れ、ひとりびとり故国へ帰り、革命のために活動するようにと忠告した。そこで二人はフロコンの仲介で、臨時政府がヘルヴェークの義勇軍に保障したと同じ便宜を、数百人の労働者のためにとりつけて、彼らをドイツにおくった。

こうして、同盟員の大多数もドイツに到着し、彼らによって同盟はすぐれた革命の予備学校であることを実際に証明した。運動が力づよい飛躍をとげたところでは、彼らがその推進力となった。すなわち、ナッサウにはシャッパーが、ブレスラウにはヴォルフが、ベルリンにはシュテファン・ボルンが、その他のところにもそれぞれ同盟員がいた。ボルンはマルクスあてに適切にも書いた。「同盟は解体し――どこにも存在せず、しかもいたるところに存在する。」組織としては、同盟はどこにも存在しなかったが、宣伝としては、すでにプロレタリア解放闘争の現実の諸条件の存在するところには、どこでも存在した。といっても、もちろんこれは、ドイツの比較的小部分にしかあてはまらなかったことではあるが。

マルクスと彼の親しい友人たちは勇躍ライン州にむかった。ここはドイツの最も進んだ地方であるうえ、ナポレオン法典がベルリンのプロイセン国法よりも、広い行動の自由を彼らにあたえた。ケルンでは民主主義者の側で、一部共産主義者も加わって、大新聞を発刊する準備が進められたが、マルクスたちはこの準備を彼らの手で進めることに成功した。もちろん、克服しなければならないさまざまの困難はいぜんとして残されていた。とりわけ、エンゲルスは失望した。というのは、ヴッパータールの共産主義はまだまだ現実ではなく、いわんや勢力などではなく、革命がほんとうに姿をみせてからも、ただ過去の亡霊にすぎなかった。四月二五日、彼はバルメンから、ケルンにいるマルクスあてに書いている。「ここでの株主募集は、いまいましいほど当てにならない。……奴らはみんな、社会問題を論ずることを、まるでペストのように恐れて、こいつは扇動だ、というのだ。……僕のおやじからは、まったくなにもかじりとれない。おやじには『ケルン新聞』からして、すでに人心攪乱の見本なんだ。そして一、〇〇〇ターラーをくれるくらいなら霰弾を一、〇〇〇発、われわれのどもとめがけて見まわせたいところだ。(一三四)」ともかくエンゲルスは、それでも一四株だけ才覚した。そして六月一日から『新ライン新聞』は発刊できる運びとなった。

主筆としてはマルクスが署名し、編集スタッフにはエンゲルス、ドロンケ、ヴェールトおよび両ヴォルフが参加した。

## 二　六月蜂起

『新ライン新聞』は「民主主義の機関紙」と名のったが、しかしこれはなにか議会的左翼の立場にたつ機関紙といういみではなかった。そういう名誉はのぞまなかった。むしろ同紙は、民主主義者を監視することを緊急事と考えていた。同紙は書いた、――われわれの理想は黒赤金の共和制ではなく、共和制の基盤にたってはじめて、われわれの政府反対運動は始まるのだ、と。

同紙はあくまで『共産党宣言』の精神で、以前と変わらぬ革命運動を推進しようとした。この課題は、三月蜂起の奪取した革命的地盤が六月にはもはやほとんど失われただけに、ますます緊急事となった。ヴィーンではまだ階級対立が発展していなかったから、のんきな無政府状態が支配していた。ベルリンでは、ブルジョアジーは、三月革命で撃破された旧勢力にふたたび権力をとりもつために、政権を掌握しただけのことだった。中小諸邦では自由主義的大臣たちが、はでなポーズをひけらかしていたが、彼らが封建的前任者とちがうところは、国王の前で男らしくほこりをしめすことではなく、しなやかに背骨をまげることだった。そして主権者の鶴の一声でドイツの統一を創造するはずだったフランクフルトの国民議会は、五月一八日開会されると、さっそく度しがたいおしゃべりクラブの正体をさらけだした。

『新ライン新聞』はこんな影のような存在にたいして、発刊第一号でさっそく清算表をつきつけ、しかもそれは徹底したものだったから、(一三五) そうでなくてさえ少ない株主の半数は退却しはじめた。同紙はこのさい、議会の英雄連の見識や勇気にたいしてけっして過当な要求はしなかった。同紙はフランクフルト議会の左派の主張した連邦共和制論を批判しつつ、立憲王国や小公侯国や小共和国からなる、共和政府をいただく連邦が、ドイツの最終の国家制度とはなりえないことをくわしく論じ、これにつけ加えていった、――「われわれははじめから単一不可分のドイツ共和国を宣言せよというユートピア的な要求はださない。しかしながら、急進民主党と称せられる党にたいしては、われわれは、闘争と革命運動の出発点と終着点とを混同しないように要求する。ドイツの統一もドイツの憲法も、ただ運動の結果としてのみ生まれてくる。この運動においては、国内の闘争と東方との戦争とが決定的な役割を果たすだろう。終局的な憲法制定は、布告することはできない。憲法制定は、われわれが経過しなければならない運動と一致する。したがって、あれこれの意見、あれこれの政治的思想の実現が問題なのではなくて、発展過程の洞察が問題なのだ。国民議会は、ただ当面実行可能な処置をとらねばならないだけである。」(一三六) ところが国民議会は、論理学のすべての法則に従えば、実行できないとされることをやらかした。国民議会はオーストリアの大公ヨハンをドイツ国摂政に選出し、こうして議会のほうから進んで、運動を王侯たちの手にさっさとひき渡したのである。

　フランクフルトの情況以上に重要だったのは、ベルリンの情況であった。ドイツ国内ではプロイセン国家が革命の最も危険な敵だった。たしかに革命は三月一八日にこの国家を打ちのめしたが、勝利の実りは歴史的形勢に応じて、さしあたってはブルジョアジーのものとなったが、ブルジョアジーはさっさと革命を裏切った。革命前の「法律状態の連続性」を保障するために、というのは、つまり自分が革命の産物であることを否認するために、カンプハウゼン＝ハンゼマンのブルジョア内閣は連合州議会を召集し、この封建的身分団体にブルジョア憲法の基礎をすえさせようとした。このことは四月六日および八日の法律でおこなわれた。六日の法律は一連の市民的権利を新しい憲法の要綱として明記したが、八日の法律は、普通、平等、秘密かつ直接の選挙権を議会のために規定し、この議会が国王との協定によって新国家憲法を確定することになっていた。

このすてきな国王との「協定」の原理によって、ベルリンのプロレタリアートが三月一八日、プロイセンの近衛諸連隊を撃破して戦いとった革命の勝利は、事実上ごまかされてふいになった。新議会の諸決議は国王の裁可を必要としたので、国王はふたたび勢いをもりかえしてきた。そこで国王がその意志を命令するか、でなければ、もう一度革命をやって国王を抑えるほかなかった。ところが、カンプハウゼン＝ハンゼマン内閣はこの第二の革命を阻止するために全力をそそいだ。内閣は五月二二日に開かれた議会を、重箱のすみをつつくようにこづきまわし、「王朝のみ楯」の役を買ってでて、プロイセンの王子〔後のヴィルヘルム一世〕をイギリスから呼び返して、一時頭のなくなった反革命に首をすげてやった。いったい、この王子というのは極反動の王位継承者で、去る三月一八日に大衆の憤激を買ってイギリスに追っぱらわれた男だったのである。

ベルリン議会は、フランクフルト国民議会のように、夢の空中界で動いているわけにはいかなかったが、これまた高い革命的な立場に立ってはいなかった。ベルリン議会は議会の骨の髄までしゃぶった「協定」の原理をおめおめ承認したが、そののち六月一四日にベルリンの住民が兵器庫を襲っておどしをかけると、ベルリン議会はもう一度中途半端な空《から》強腰になった。そのためカンプハウゼンは失脚したが、ハンゼマンのほうはまだいすわった。この二人のちがうところは、カンプハウゼンのほうはまだブルジョア・イデオロギーの残り屑のために苦しんでいたのにたいして、ハンゼマンのほうは悩みもなければ恥もなく、ブルジョアジーの最も露骨な利害打算に身売りをしたことだった。ハンゼマンは国王とユンカーどもになおいっそう媚を売り、議会をいっそう腐敗させ、大衆をいっそう凶暴に弾圧すれば、利害打算を通せると考えていた。反革命は当分のあいだ、然るべき理由から、よろこんで彼のしたいようにさせておいた。

こうした不吉な事態の進展にたいして、『新ライン新聞』は全力をつくし断固として抵抗した。同紙は、カンプハウゼンが大ブルジョアジーのために反動の種をまき、しかも封建党のために収穫していることを暴露した。同紙は、断固たる態度をとれ、とベルリン議会とくにその左派をけしかけた。兵器庫が襲撃されたとき、軍旗と兵器が毀損されたことを議会が憤激したのにたいして、同紙は、人民のたしかな勘《かん》をたたえ、人民は圧迫者に反対しただけでなく、人民が自分自身の過去ははなばなしかったと考える幻想にたいしても、革命的態度をとりはじめた、といった。『新ライン新聞』は左派にたいして、議会内の見かけだけの勝利にだまされるな、もし旧勢力が自分で決定的な部署をすべて占めさえすれば、議会内の勝利などはよろこんで君たちにめぐんでくれるだろう、と警告した。

『新ライン新聞』はハンゼマン内閣のみじめな末路を予言した、――ハンゼマン内閣はブルジョアジーの支配をうちたてたいと思いながら、同時に古い封建的警察国家と妥協をむすぶ。「同内閣は、あいまいな矛盾した任務を果たしてゆくなかで、いまようやくうち建てられようとしているブルジョアジーの支配と内閣そのものの存在が、絶対主義を擁護し封建主義を擁護する反動派によってだしぬかれつつあることに、ことごとに気がついているのだ――こうして内閣は反動派にねじふせられるであろう。ブルジョアジーは一時的にもせよ全人民を同盟者としなければ、したがって多少とも民主主義的に行動しなければ、自分自身の支配をたたかいとることはできない。[一二七]」『新ライン新聞』は、ブルジョア革命の正統な課題である農民解放を、人目をごまかす見かけだけのものにしておこうとするブルジョアジーにむかって痛烈な嘲笑をあびせかけた。「一八四八年のドイツのブルジョアジーは、骨肉をわけた最も自然な同盟者である農民を平気で裏切っているのだ。農民がいなければ、ブルジョアジー自身が貴族にたいして無力なのに。[一二八]」こうして一八四八年のドイツ革命は一七八九年のフランス革命のもじりにすぎない、といった。

一八四八年のドイツ革命はなお別の意味でももじりだった。それは自力で勝利したのではなく、すでに政府の椅子をプロレタリアートに分けあたえたフランス革命のお伴をして勝利したのである。だからといって、ドイツ革命にたいするブルジョアジーの裏切りが是認され、あるいはゆるされるものではなかったが、しかし、それはとにかく明らかにはされた。ところで、ちょうどパリの六月蜂起のころ、ハンゼマン内閣が革命を葬る墓掘り仕事を始めると、ブルジョアジーは悪夢からさめてほっと胸をなでおろしたようだった。四日にわたるおそろしい市街戦で、ブルジョア諸階級と諸党派がこぞって資本のために共同して刑吏役をつとめたために、パリのプロレタリアートは鎮圧された。

しかしドイツで『新ライン新聞』は、「勝利をゆずらずいまは敗れた人々」の泥まみれの旗を高くかかげた。ブルジョアジーとプロレタリアートの階級闘争で、民主主義はどちらのものであるかを、マルクスは力づよい言葉で語った。「ひとは我々にたずねるであろう、君たちは人民の怒りにふれて倒れた犠牲者たちのため、つまり国民軍、遊動警備軍、共和国警備隊、正規軍の兵士のために、涙の一滴も、ため息の一つも、言葉の一つももたないのか、と。国家が彼らの孤児や寡婦を世話するだろう。政府の布告は彼らを讃美するだろう。おごそかな葬列が彼らの遺骸を大地にほうむるだろう。政府の新聞は彼らを不朽だと声明するだろう。ヨーロッパの反動は東から西まで、彼らに敬意を表するだろう。だが、平民は、餓えにさいなまれ、新聞からははずかしめられ、医師からはみすてられ、お上品な人たちからは、泥棒、火つけ、苦役囚とののしられ、彼らの妻や子はさらにはてしない窮乏に突きおとされ、彼らの最良の生存者は海の彼方に流刑にされる。この平民、彼らのために、そのけわしく暗い額に月桂冠をまきつけてやること、これこそは民主主義新聞の特権であり、これこそ、その権利なのだ。」(一三九)

いまもなお革命的熱情の炎をあげている、このすばらしい論説のために、『新ライン新聞』は残りの株主の半数を失うにいたった。

## 三　ロシアにたいする戦争

対外政策では、ロシアにたいする戦争が『新ライン新聞』の論議のかなめだった。同紙は、革命にとって現実に恐るべき敵はロシアであり、もし運動が全ヨーロッパに広がったならば、この敵が必ず闘争に参加するものとみていた。

　同紙の路線はまったく正しかった。同紙がロシアにたいする革命戦争の必要性を主張したまさにそのとき、ツァーリは専制政治を力ずくで再興するために、ロシア軍を援軍として派遣しようと、プロイセンの王子に申しいれた。当時同紙はこのことを知るよしもなかったが、いまでは記録文書によって世に知られている。そして一年ののち、ロシアの熊はぶざまな前脚で、ハンガリーの革命をはり倒して、オーストリアの専制主義をたすけてやった。ドイツ革命は、プロイセンとオーストリアの圧制国家を倒さなければ、勝つことはできなかった。そしてこの目的は、あらかじめツァーリの権力を破っておかなければ、達成できなかった。

　ロシアにたいして戦争すれば、ちょうど一七八九年のフランス革命が封建的ドイツとの戦争によって発揮したようなすばらしい威力を、革命的諸勢力は発揮するだろうと『新ライン新聞』は期待した。ドイツ人は七〇年来、アメリカとフランス、イタリアとポーランド、オランダとギリシアその他の国々で、他民族の自由と独立にたいして数々の罪業を重ねてきたが、こうした刑吏的お役目に、同紙が痛烈きわまる鞭を加えて、ヴェールトの言葉でいうと、ドイツ国民を「愚民」あつかいにしたのはもっともだった。「ドイツ人が自分自身の軛をふりすてつつあるいま、外国にたいする政策全体も変わらなければならない。そうでなければ、われわれは、われわれが他民族をつなぐその鉄鎖に、われわれ自身の、まだ若い、やっと予感されたばかりの自由を、つなぐことになる。ドイツは、隣接諸民族を自由にする程度にしたがって、みずからも自由になるのだ。」(一四〇)『新ライン新聞』はマキャヴェリズム的政策を断罪した。このマキャヴェリズム的政策はドイツの国内で政治が土台からぐらついているとき、民主主義的エネルギーを麻痺させ、国外に注意をそらし、革命の灼熱した熔岩流をわきに流し、こうして国内弾圧の武器をきたえるために、ドイツ人のコスモポリタン的性格とはあいいれない狭量な種族的憎悪をあおりたてていた。

　同紙は「ほとんどすべてのドイツ新聞が愛国主義をわめきたて、打ち鳴らしていたのをしりめにかけて」、はじめから、ポーゼンではポーランド人に、イタリアではイタリア人に、ハンガリーではハンガリー人に味方した。ドイツ人が国内の諸政府と戦っているまさにそのとき、当のドイツ人にそのおなじ政府の指揮のもとに、ポーランド、ハンガリー、イタリアの自由をふみにじる十字軍を企てさせるとは、なんと「深刻な組合せ」であり、「歴史のパラドックス」であることかと、同紙は嘲笑した。「ただロシアとの戦争だけが、革命的ドイツの戦争である。この戦いにおいてのみ、ドイツは過去の罪業を洗いおとし、勇気を振いおこし、自国の専制君主どもを打倒できるのであり、また長いあいだあまんじてきただらしない奴隷状態の鎖を断ちきる民族の面目にふさわしく、自分の息子たちを犠牲にして文明の伝道をあがないとり、外国を解放することによって、国内をも解放するのである。」〔一四二〕

　以上のことから、同紙が被圧迫諸民族中ポーランド民族に、最も熱情をかたむけて味方した事情があきらかになる。一八四八年のポーランド民族の運動は、プロイセン領ポーゼン〔ポズナニ〕州だけに限られていた。これは、ロシア領ポーランドが一八三〇年の革命のために、そしてオーストリア領ポーランドが一八四六年蜂起のために、それぞれまだ無力におちいっていたからである。この運動はごくおだやかに開始され、その要求は、一八一五年の協約で約束されながら履行されなかった事項を出ない程度のものだった。すなわち、自国人の軍隊をもって守備隊にあてること、そしてすべての官職にはその土地のものを任命することであった。三月一八日の事件以後ようやく不安にかりたてられたベルリン当局は「民族の再組織」を口約束したが、しかしこれはもちろん実行しない下心があってのことだった。ポーランド人はベルリン当局の善意を信じるくらいおめでたかったが、当局のほうではポーゼン州在住のドイツ人とユダヤ人をけしかけて、計画的に内戦をあおりたてた。この扇動は全部、そして内戦の惨虐行為はほとんどといってよいほど、プロイセン側のマイナス勘定となった。むりやりに暴力的抵抗にかりたてられたポーランド人は勇敢にたたかい、一再ならず、とくに四月三〇日にはミロスラウ近郊で、武器のうえでも人数のうえでも優勢な敵を潰走させたが、けっきょくポーランド人の大鎌では、もちろん、プロイセン人の榴散弾には勝ち目はなかった。

ポーランド問題では、ドイツのブルジョアジーは例のごとく、分別も信義もないふるまいをした。彼らは三月革命前には、ドイツの事態とポーランドの事態とには密接な関連のあることをよく知っていた。三月一八日以降でもまだ、フランクフルトのいわゆる準備議会のブルジョアジーの賢者たちは、ポーランドの再建はドイツ民族の神聖な義務であるとおごそかに宣言した。にもかかわらず、カンプハウゼンは、この問題でもはばかるところなくプロイセンのユンカー階級のご用をつとめる刑吏の役割を演じた。彼は卑劣なやりかたで「民族の再組織」の口約束を果たした。というのは、ポーゼン州から一地方また一地方とつぎつぎに全部で州の三分の二を削りとり、連邦議会の手でドイツ連邦に併合した。これは、あらゆる方面からの蔑視の重みにたえられなくなった連邦議会が、断末魔にあえいでいたときのことだった。そこで、フランクフルトの国民議会は、ポーゼン州内の併合された地方で選挙された議員は、適法の議員として承認してよいかどうか、という問題に頭をつっこまなければならなくなった。三日にわたる討議ののち、議会は期待どおりの決定をした。すなわち、この変質した革命の子は反革命の悪業を祝福したのである。

『新ライン新聞』がこの問題をいかに重視していたかは、同紙がフランクフルトの議事を、一部は非常に長い八篇か九篇の論文のなかで、詳細に論評しているのをみてもわかる。(一四二)これは、同紙がいつもならば議会のおしゃべりを軽蔑してさっさと片づけたやり方とはまるでちがう。これらの論文は同紙にのった労作のうちで最も膨大なものだった。内容と文体から推測できるかぎりでは、これらの論文はマルクスとエンゲルスの書いたものであった。いずれにしても、エンゲルスはこれらの論文に緊密に協力し、彼の筆のあとをはっきりとみとめられる。

それらの論文でまず第一に目につくことで、しかもその最大のほまれとなったのは、ポーランド人を愚弄する卑劣な策動を暴露した、胸のすくような率直さである。しかしマルクスとエンゲルスの吐露しえた——愚直な俗物には予想もできないくらいの——道義的怒りは、ローベルト・ブルムが、虐待されたポーランド人のために、フランクフルトで表明した感傷的な同情とはなんのかかわりもなかった。左派の名うての雄弁家ともあろうものが、「たとえ大がかりの、高尚な酒場政談である——これはわれわれもよろこんで認める——にしても至極浅薄な酒場政談」(一四三)を、語らざるをえなかったのには、わけがあったのである。ブルムは、ポーランドにたいする裏切りが同時にドイツ革命にたいする裏切りであり、そしてドイツ革命はこの裏切りによって、革命の不倶戴天の敵ツァーリとたたかうときになくてはならぬ武器を失うことになるのを、理解しなかったのである。

マルクスとエンゲルスは、歴史的状勢も、諸民族の社会的発達段階もかえりみないで、ただでたらめに親睦することだけしかのぞまない「全般的な諸民族の親睦」をも、「しごく陳腐な酒場政談」の一つに数えた。「正義」、「人道」、「自由」、「平等」、「友愛」、「独立」は、マルクスとエンゲルスにとっては、多かれ少なかれ道徳的空《から》文句であって、言葉のひびきはすこぶる美しくても、歴史的また政治的諸問題では、まったくなにも証明しない。二人は、こうした「近代的神話」をつねにひどくきらった。とくに革命の白熱の日々彼らの重視したのは、賛成か、反対か、という合言葉だけだった。

『新ライン新聞』のポーランド論説はこのように、月なみの民主主義の親ポーランド的おしゃべりを遠く抜く、至純の革命的な熱情にみちあふれている。それは、透徹した政治的洞察力を雄弁にものがたるものとして、こんにちもなお生きている。しかしポーランドの歴史について、いくつかの誤りをおかしていないわけではない。ポーランド独立のための闘争は、この闘争が同時に家父長的封建的絶対主義にたいする農民民主主義の勝利となるときにのみ、勝利しうるということが、いかに重要であっても、ポーランド人が一七九一年の憲法*以来こうした関連のあることを認識したと考えるのは、正しくなかった。同様に貴族民主主義の旧ポーランドは一八四八年には死んで葬られてからだいぶたったが、農民民主主義のポーランドというたくましい息子を残した、というのも正しくない。ポーランドのユンカーは自分の民族を、東欧諸強国の執念深い抱擁から解放するために、西欧のバリケードではなばなしく勇敢に戦ったのであるが、マルクスとエンゲルスは彼らをポーランドの貴族の代表者とみた。しかしレレヴェルやミェロスラフスキらは、じつは闘争の熱火の中で鍛えられ純化されたのちはじめて、自分の階級を抜く高い見地に達したのである。これはあたかもその昔、フッテンやジッキンゲンらがドイツの騎士階級を抜く高い見地に達し、あるいはもっと近い過去では、クラウゼヴィッツやグナイゼナウらがプロイセンのユンカー貴族を抜く高い見地に達したのと同じである。

＊　フランス大革命時代のいわゆるジロンド憲法をさす。

マルクスとエンゲルスはこの誤りから間もなく抜けだしたが、エンゲルスは南スラヴの大小諸民族の独立闘争にたいして『新ライン新聞』の下した否定的な判断をいつまでも固執した。エンゲルスが一八八二年にこの問題について述べたことは、彼が一八四八年にバクーニンと交えた論争で述べた見解を出るものではなかった。(一四四)このロシアの革命家は一八四八年七月『新ライン新聞』紙上で、同紙のパリ通信員エヴァーベックからロシア政府の手先ではないかと疑われたが、エヴァーベックの主張は、アヴァス通信社からその当時出た同じような報道を認めたものだった。しかしこの報道は間もなくまちがいだとわかり、編集部は八方手をつくしてこれを撤回した。その後マルクスが八月末から九月初めにかけて、ベルリンとヴィーンに旅行したとき、ベルリンでバクーニンと古い友好関係をあたため、バクーニンが一〇月にプロイセンから追放されたときには、マルクスは官憲に激しく抗議した。エンゲルスもバクーニンのスラヴ人にたいするアピールに反対する論争の冒頭で、バクーニンは「われわれの味方」であるとはっきりいってから、このバクーニンの小冊子の汎スラヴ主義的傾向に事実に即して鋭く、立ちむかっている。(一四五)

ここでもまず第一に、革命の利害が問題を決定した。革命的ドイツ人とハンガリー人にたいするヴィーン政府の闘争では、オーストリアのスラヴ人は――ポーランド人だけは例外だったが――反動に味方した。スラヴ人は蜂起したヴィーンを強襲し、これを「皇帝ならびに国王」の権力者の残酷な報復の手にゆだねた。エンゲルスがバクーニンにたいして反論を書いていたころ、スラヴ人は蜂起したハンガリー人と戦場であいまみえた。エンゲルスはすぐれた専門家的知識にもとづいて、『新ライン新聞』紙上でハンガリー人の革命戦争を追跡した。そしてこのとき熱情的にハンガリー人に味方したのであったが、そのさい彼はポーランドの歴史的発達のレベルを過重評価したように、マジャール人の歴史的発達の高さを、過重評価した。オーストリアのスラヴ人に独立を保障せよ、というバクーニンの要求にたいして、エンゲルスは答えた。「われわれはそんなことは考えはしない。ここで、ヨーロッパの最も反革命的な民族の代表者からわれわれに呼びかけられているセンチメンタルな友愛の空文句にたいして、われわれはこう答えよう。ロシア人にたいする憎悪こそ、ドイツ人のところでは最初の革命的情熱であったし、今でもそうだ。革命以後は、これにチェコ人とクロアチア人にたいする憎悪が加わった。われわれはポーランド人やマジャール人と協力して、スラヴ諸民族にたいして最も断固たるテロリズムを加えることによってのみ、革命を確保できるのだ、と。今や、われわれは、革命の敵がどこに集中しているかを知っている。それは、ロシアとオーストリアのスラヴ人諸州とにである。どんな空文句を弄しようと、またいかにこれらの諸州の曖昧な民主主義的未来をもちだそうと、われわれは敵を敵としてあつかうことをやめないであろう。(二四六)」そしてエンゲルスは「革命を裏切るスラヴ主義」にたいして、生死を賭ける仮借ない闘争を通告した。

しかしこれは、オーストリアのスラヴ民族がヨーロッパの反動のために果たした奴隷的奉仕に激怒して書かれたのではなかった。あるいは書かれただけではなかった。エンゲルスは――ポーランド人とロシア人とそれにトルコのスラヴ人を除けば――スラヴ諸民族には歴史に残るような未来はいっさいないといった。それは、「それ以外のすべてのスラヴ人は独立と生存能力のために必要な第一の歴史的、地理的、政治的、産業的条件を欠いているという、簡単な理由から(二四七)」であった。民族的独立のための闘争は、彼らをツァーリズムの意のままになる道具にしている。この点では、民主主義的な汎スラヴ主義者の悪意のない自己欺瞞とても変わりはない。文化的大民族の革命的発展を遂行する歴史的権利は、無力な、不具にされた小民族の独立闘争に優先する。たとえ、このさい、多くのやさしい民族の小花がへし折られても、それら小民族はかえってそれによって歴史的発展に参加する能力をあたえられるのであって、もしそうでなければ、放置されたままで、そうした歴史的発展をまったく知らずにしまうにちがいないだろう、と。そしてエンゲルスは一八八二年にもそのように言った。——バルカン半島のスラヴ人の解放の願いが西欧のプロレタリアートの利害と衝突したら、このツァーリズムの手先など、プロレタリアートにとっては、どうなろうとかまわない。政治には詩的同情などはいりこむ余地はないのだ、と。

エンゲルスがスラヴ弱小民族に歴史に残るような未来を認めなかったのは誤りだった。しかし彼の根本思想はたしかに正しかった。そしてこの根本思想が俗物の「詩的同情」と一致した場合でさえ、『新ライン新聞』はこの根本思想を断固として主張したのである。

## 四　九月事件

そうした場合の問題というのが、プロイセン政府が三月一八日以後ドイツ連邦の委託をうけてデンマークとはじめた戦争であって、これはシュレースヴィヒ＝ホルシュタイン問題のためにおこった。

ホルシュタインはドイツの一地方で、ドイツ連邦に属していた。シュレースヴィヒは連邦に加盟せず、少なくとも北部地方の住民の大多数はデンマーク人だった。両公国は数百年来、領土では両公国よりもほんの少し広く人口もほんの少し多いデンマーク王国と共通の統治王家をいただき、デンマーク王国に結ばれていた。ところで、デンマークでは女性の王位継承権も認められていたが、シュレースヴィヒ＝ホルシュタインでは男性の王位継承権しか認められていなかった。両公国は強固な共同統治によってたがいに結ばれ、こうした不可分状態にあって国家的独立を保っていた。

そこで両公国にたいするデンマークの関係は国際法上の条約に従ったものだった。しかし一九世紀初頭まではドイツ精神がコペンハーゲンではばをきかせ、ドイツ語がデンマーク王国の官用語であり、シュレースヴィヒ＝ホルシュタインの貴族がデンマークの官庁で決定的な権勢をふるっていた、というのが実情だった。ところがナポレオン戦争中に国民的対立が激化した。デンマークはフランス革命の相続者〔ナポレオン〕に最後まで忠誠を誓ったために、ヴィーン条約でノルウェーを失い、忠誠のつぐないをしなければならなかった。そして国家として存続するために苦闘するうちに、デンマークはシュレースヴィヒ＝ホルシュタインの併合にのりださざるをえなくなった。当時デンマーク王室ではつぎつぎに男系が絶えていったので、両公国は傍系の領有となろうとし、その結果デンマークから完全に分離するおそれがあったから、デンマークはますますもって両公国の併合にのりだささるをえなくなったのである。そこでデンマークは全力をあげてドイツの影響からはなれ、そのかわり人為的にスカンディナヴィア主義を育成した。というわけは、デンマークは独自の国民精神を生みだすには小さすぎたからである。そこで、デンマークはノルウェーおよびスウェーデンと結んで、スカンディナヴィア主義のために独自の文化世界を形成することに努めた。

両世襲公国を完全にのっとろうとするデンマーク政府の企ては、両公国内で頑強な抵抗にあい、これが間もなく国民問題になった。経済的に栄えはじめたドイツは、とくに関税同盟の成立後であったから、二つの大海のあいだに突出したシュレースヴィヒ＝ホルシュタイン半島が通商と海上交通にたいしてもつ重要性を認め、デンマークの宣伝に対抗するシュレースヴィヒ＝ホルシュタインの政府反対派にしだいに強い同意をしめしてこれを声援した。一八四四年以来、「海をめぐらすシュレースヴィヒ＝ホルシュタイン、ドイツ習いの高き護り」という歌は一種の国歌になった。もちろん運動は三月革命前の運動にみられるあの退屈で眠くなるようなテンポ以上に出なかったが、それでもドイツ諸政府はその影響を全然うけないわけにはいかなかった。デンマーク国王クリスチャン八世が一八四七年、シュレースヴィヒ公国のみならずホルシュタイン公国の一部までも、デンマーク国家全体の必要不可欠の一部として要求し、公開状によって思いきった強行手段に訴えようとすると、それまでの連邦議会なら、王侯の乱暴な行動にたいしてドイツ民族を守らねばならない場合でも、議会にはそんな権限はないと宣言するのに、このときは弱々しいながらも抗議をしたのであった。

さて『新ライン新聞』は「海をめぐらす」式の一杯きげんのブルジョア的熱狂にはまったく親近感をもたなかった。同紙は、そんな熱狂などスカンディナヴィア主義の裏がえしにすぎないとみたが、このスカンディナヴィア主義とは「残忍な、不潔な、海賊ふうの、古代北欧的な国民性に熱狂することであり、そのはめをはずした思想や感情を言葉では表現できないが、婦女子にたいして粗暴にふるまったり、年中酒びたりになったり、涙もろい感傷とベルゼルケル*ふうの狂暴さにかわるがわるおちいったりするといった行動になら表現できるような、そうした深い内面性に熱狂すること」(一四八)であるとして、スカンディナヴィア主義に咎を加えた。状況全体は奇妙にずれていった。すなわち、スカンディナヴィア主義という反動的な旗を掲げてたたかったのは、まさにデンマークのブルジョア的政府反対党であり、このいわゆるアイダーデンマーク党は、シュレースヴィヒ公国のデンマーク化と、デンマークの経済領域の拡張とを熱望し、そうすることで国家全体を近代憲法によって強化しようとしたのであるが、他方、両公国の対デンマーク闘争は古くからの特許状できめられた権利を回復しようとしたものであって、多かれ少なかれ、封建的特権と王朝的がらくたを獲得するための闘争であった。

＊　スカンディナヴィアの伝承物語中の凶暴な戦士。

一八四八年一月、デンマークでは男系の最後の子孫であるフリードリヒ七世が即位し、父王の臨終の忠告に従って、デンマークと両公国のために自由主義的な統一憲法の準備をはじめた。それから一ヵ月の後、二月革命はコペンハーゲンにあらしのような民衆運動をよびおこした。そのおかげでアイダーデンマーク党は政権の座につき、さっそく息つくひまもなくその綱領の実行に、すなわちアイダー川にいたるシュレースヴィヒの併合に荒々しくのりだした。そこで両公国人はデンマーク国王と絶縁し、七、〇〇〇人強の軍を擁してキールに臨時政府を樹立した。この政府では貴族が優勢だったが、彼らはデンマークの勢力と十分対抗できた国内の諸勢力を解放しようとはしないで、ドイツ連邦議会とプロイセン政府に援助を懇請した。貴族は両者から封建的諸特権をあやうくされる心配はなかった。

両者は二つ返事で承諾した。というのは、革命によってくらった壊滅的な打撃から立ちなおるには、この「ドイツの大義の擁護」がもっけの口実と思われたからである。ことにプロイセン国王は、彼の近衛部隊を弱体なデンマークにむけてぶらぶらと行軍させ、部隊の面目をどうしても回復しなければならぬ必要に迫られていた。というのは、近衛部隊は、三月一八日ベルリンのバリケード戦士に頭をどやしつけられて、面目をつぶしたからだ。プロイセン王はアイダーデンマーク党を革命の落とし子とみて憎んだが、同時にシュレースヴィヒ＝ホルシュタインの住民をも、神によって立てられたお上《かみ》に反抗する逆徒とみていたから、自分の将軍たちに、「革命のための下僕役」などはできるだけだらだらやるようにと命じた。その一方、国王はフォン・ヴィルデンブルフ少佐を密使としてコペンハーゲンに派遣し、朕は何よりもまず両世襲公国を卿らの王かつ公のものとしておきたいと思うのであるが、ただ過激な共和主義分子が取りかえしのつかなくなるような口出しのできないようにするために、調停するにすぎないのである、とそっと知らせた。

ところがデンマークはこの手にのらなかった。デンマークは大国に保護を訴えた。するとイギリスとロシアは、待ってましたとばかりに保護の手をさしのべた。両大国の助けをかりて小デンマークは大ドイツを小学生をあしらうように引きまわした。デンマークの軍艦はドイツの通商にしたたか痛手を負わせていたが、一方では、プロイセンのヴランゲル将軍指揮下のドイツ連邦軍は両世襲公国に侵入し、将軍のまずい作戦にもかかわらず、はるかに弱いデンマークの部隊を追撃していたのに、両大国が外交によって介入してきたために、まったく動きがとれなくなっていた。五月末ヴランゲルはベルリンから、ユトランド撤兵の命令をうけ、ついで六月九日フランクフルトの国民議会は、両公国の問題はドイツ国民の関心事として国民議会の処理すべきものであり、国民議会はドイツの名誉をまもるものである、と決議した。

事実、戦争はドイツ連邦の名においておこなわれ、その指導は国民議会と、議会が六月二八日摂政に任命したハープスブルク家の皇太子との所管事項だったはずだが、プロイセン政府は、そんなことにはお構いなしに、イギリスとロシアの圧力で、八月二八日デンマークとむこう七ヵ月のマルメー停戦を結んだが、これは摂政の提案した諸条件と、これを伝達した者とをまったく無視して結ばれたものだった。停戦の個々の規定はドイツにとってきわめて屈辱的なものだった。すなわち、シュレースヴィヒ＝ホルシュタインの臨時政府は解体され、停戦期間中の最高統制権はデンマーク義勇軍隊長に委ねられ、それまでの臨時政府の命令は取り消され、シュレースヴィヒとホルシュタインの軍隊はひきはなされた。ドイツも軍事的に不利になった。というのは、停戦は冬の数ヵ月ときめられたからだ。冬には、デンマークの艦隊はドイツの沿岸封鎖には役にたたなくなったが、海が凍るので、ドイツ軍は停戦でなければ小ベルト海峡の氷の上を進軍してフューネン島を占領し、デンマークをゼーラント島に押しこめることができたであろうからだ。

停戦締結の報道は九月のはじめ晴天の霹靂《へきれき》のように、フランクフルト国民議会を襲った。議会は「洗濯女や中世のスコラ学者のようにべちゃくちゃと」未来のドイツ国憲法の紙上の「基本的権利」を、気が遠くなるくらいだらだらと討議していた。最初の驚きのうちに、議会は九月五日停戦実施を決議し、こうしてドイツ国内閣を辞職させるにいたった。

『新ライン新聞』はこの決議を大いに満足して歓迎したがけっして幻想は抱かなかった。同紙は協定の権利をのりこえて、デンマークにたいする戦争を、歴史的発展の当然の権利として要求した。「デンマーク人は商業でも、産業でも、政治でも、文学でも、完全にドイツに依存している国民である。デンマークの事実上の首都はコペンハーゲンではなくて、ハンブルクであり、……デンマークが物質上の糧と同じく、文学上の糧をもすべてドイツによって得ており、そしてデンマークの文学は――ホルベルクを除けば――ドイツ文学の気のぬけた複製にすぎないことはよく知られている。……フランス人がすでにフランドル、ロレーヌやアルサスを手にいれ、早晩ベルギーをも手にいれるのと同じ権利で、ドイツはシュレースヴィヒを手にいれる。それは野蛮にたいする文明の権利であり、停滞にたいする進歩の権利である。……われわれがシュレースヴィヒ＝ホルシュタインで戦っている戦争は真の革命戦争である。ところでだれがはじめからデンマークに味方していたのか。ヨーロッパで最も反革命的な三列強、ロシアとイギリスとプロイセン政府とである。プロイセンは、そうできるあいだは、たんなる偽戦をやってきた。ヴィルデンブルフの覚え書について、またプロイセン政府がイギリスとロシアの抗議をいれて喜んでユトラントからの撤兵を命じた経緯について、最後に二回にわたる停戦について、考えてみるがよい！プロイセンとイギリスとロシアとは、ドイツの革命と、その最初の成果であるドイツ統一とを、だれよりもおそれざるをえない三列強である。というのは、プロイセンは、そのために自己の存在を失うからであり、イギリスは、そのために、ドイツの市場を搾取できなくなるからであり、ロシアはロシアでそのために、ヴィスワ河はおろかドヴィナ河やドニェプル河にまでも民主主義の進出をみるにちがいないからである。プロイセンとイギリスとロシアとはぐるになって、シュレースヴィヒ＝ホルシュタインとドイツと革命とにたいして陰謀を企てたのだ。いまや、フランクフルトの決議からあるいは起こるかもしれぬ戦争は、プロイセンとイギリスとロシアにたいするドイツの戦争となるであろう。そしてこのような戦争こそ、眠りこけようとするドイツの運動がまさに必要としているものなのだ。――これは反革命の三列強にたいする戦争である。プロイセンを真にドイツに解消させ、ポーランドとの同盟をどうしても必要とし、ただちにイタリアの解放を実現する戦争である。またこれは一七九二年から一八一五年までのドイツの反革命的な旧同盟諸国を敵とする戦争である。『祖国を危機に』おとしいれはするけれども、まさにそうすることによって、『祖国』を救う戦争である。というのは、この戦争でドイツが勝利するのは、民主主義の勝利にかかっているからである。(二四九)」

『新ライン新聞』が以上の諸節で明瞭かつ痛烈にのべたことは、革命的な大衆が本能的に感じていたことでもあった。幾千の民衆がフランクフルトを中心として半径五〇マイルのところから押しかけて、新たな革命的闘争に決起する気構えをしめした。しかし同紙が正しく指摘したように、この新たな闘争が起これば、国民議会そのものが一掃されたであろう。しかし国民議会は英雄主義に駆られて自殺するよりも、臆病風にふかれて自殺するほうをのぞんだ。九月一六日国民議会はマルメーの停戦協定を批准し、そして少数の議員を除いて、議会左派も革命的国民公会の役割をひきうけることを拒んだ。フランクフルトではわずかにバリケード戦が起こっただけであったが、これは例のがんこな摂政が故意に起こさせたもので、そうしておいてから、圧倒的に優勢な軍隊をマインツの連邦要塞からくりだし、主権を有する立法府を銃剣の暴力でおさえるのがねらいだったのである。

同じころベルリンでは、ハンゼマン内閣が『新ライン新聞』の予言したような、あわれな末路をとげた。同内閣は、「無政府状態」に対抗する「国家権力」を強化することによって、三月一八日に崩壊した旧プロイセンの官僚・軍閥・警察国家をたすけ起こしてやったが、この国家をゆすって、ブルジョアジーのむきだしの利益をまきあげることができないで、そのために革命を裏切ったのであった。なによりもまず、ベルリン議会の一議員が歎いていったように、「三月革命が訣別した旧軍事体制はそっくりそのままのかたちで」いぜんとして存続していた。そしてパリの六月事件以来、軍事体制の鞘のなかのサーベルはひとりでにガチャついていた。プロイセン政府がデンマークとの停戦をむすんだのは、ヴランゲルとその指揮下の近衛部隊をベルリン郊外に召還し、なによりもまず、決定的な反革命の一撃を準備するためだったことは、公然の秘密だった。そこでベルリン議会はにわかに決意して九月七日、陸相に布告をだすよう要求した。この布告は、軍隊の士官にいっさい反動的運動をしないようにと警告し、もし士官の政治的所信が憲法で規定された法律状態と一致しないときは、軍籍を離脱することが道義上の義務であるとうたったものだった。

しかしそんな布告はなにもならなかった。それに似た布告はすでに文官にたいしてでていたのに、なんの効果もなかったのだから。しかしこうした布告も軍閥が文官内閣の要求に耳を傾ける限度をはるかにこえたものだった。ハンゼマン内閣は倒れ、プフーエル将軍があらたに純官僚内閣をつくり、この内閣が、議会の要求した将校団にたいする布告を二つ返事でだしたのであるが、これこそ軍閥がもはやブルジョアのだんな方を恐れていないどころか、嘲笑しているだけだということを、世間に明らかにしたものだった。

こうして「泣き言をならべ、利口ぶり、決断力のない」ベルリン議会にたいする『新ライン新聞』の予言は的中した。左派はある朝とつぜん、彼らの議会内の勝利が、現実の敗北とまさに同時に起こったことを認めるだろう、という予言である。しかし左派の勝利はただベルリンの人民大衆が議会に加えた圧力によってのみ明らかになる、と反革命的新聞がわめきたてたのに答えて、『新ライン新聞』は、自由主義的新聞がこうした事情を弱気に否定しようとしたのをしりぞけて、はっきり言明した。――「民主主義的な人民大衆が現にそこにいるというだけで、憲法制定会議の態度に道義的影響をあたえるという人民大衆の権利は、イギリスとフランスの革命以来、あらゆる動乱時代に欠かせなかった古くからの人民の革命的権利である。こうした議会のほとんどすべての断固たる処置は、この革命的権利のおかげであることを、歴史は銘記すべきだ。[二五〇]」これこそ一八四八年の九月事件でフランクフルト議会もベルリン議会もとりつかれた「議会痴呆症」にたいする警告であった。

## 五　ケルンの民主主義

ベルリンとフランクフルトの九月危機は、ケルンでも強い反響をよびおこした。

ライン諸州は反革命にとっていちばん重い悩みの種だった。そこには東部諸州で徴募された部隊があふれていた。プロイセン軍の約三分の一がライン州とヴェストファーレンにいた。これに抵抗して小さな蜂起をおこしてもむだだった。それだけに必要とされたのは、中途半端な革命が完全な革命に転化する日にそなえる、たくましく張りきった民主主義の組織だった。

民主主義的組織は、六月に八八の民主主義的諸団体の代表者がフランクフルト・アム・マインで開いた大会で決議されたが、強固な骨格ができあがったのはケルンだけでドイツのほかの地方ではどこでも、ごくルーズな形態のままだった。ケルンの民主主義者は三つの大きな団体にわかれていて、それらがおのおの数千の会員をもっていた。民主主義協会はマルクスと弁護士シュナイダーに指導され、労働者協会ではモルとシャッパーが先頭にたち、雇傭主＝労働者協会はとくに司法官試補ヘルマン・ベッカーが代表した。これらの団体は、フランクフルト大会でケルンがライン州とヴェストファーレンの本部所在地に選ばれると、協力して中央委員会をつくり、この委員会は八月中旬、ライン州とヴェストファーレンの民主主義的傾向の諸団体を大会に召集した。大会には一七団体を代表する四〇名の代議員が出席し、ケルンの三団体の中央委員会を、ライン州とヴェストファーレンの州委員会として確認した。

マルクスは、『新ライン新聞』の知的中心だったように、この組織の知的中心でもあった。彼には衆を統御する天分があった。もちろん、月なみの民主主義者たちは彼にこうした天分のあることをみとめなかった。当時一九歳の若い大学生だったカール・シュルツは、ケルンの大会で彼をはじめて見たのだが、後年の追想録でもつぎのように描いている。——「マルクスはそのとき三〇歳で、すでに社会主義学派の、世に認められた頭目だった。ずんぐりした精力的な男で、額は広く、頭髪は真黒で、顔はひげだらけ、黒い瞳はきらりと光り、すぐに衆目をひいた。彼はその専門にかけては非常な大学者だという評判だった。事実、彼の言説は内容が豊富で、論理的で、明晰だった。しかし私は、いままで一度もこうも人の気持をわるくする、たまらなく高慢な態度の人間と知りあいになったことはなかった。」のちにブルジョアジーの立役者となったこの男は、マルクスが「ブルジョア」という言葉を口にするときの、骨を刺すように嘲笑的な、いわば唾を吐きすてるような調子を、いつまでもわすれなかった。

それから二年後に、テヒョー中尉のかき鳴らしたのも、これと同じメロディーだった。彼はマルクスと会談したあとでこう書いた。「私は、マルクスから、まれにみる優れた人物であるという印象をうけただけでなく、重要人物であるという印象もうけた。彼は、私を頭から軽蔑していることをいろいろ、それとなくしめしただけでなく、最後にはまったくあけすけにそれを口にだしはしたが、彼がもし知性と同じくらい心情を、憎悪とおなじくらい愛情をもっていたなら、私は彼のために水火も辞さなかっただろう。われわれすべての中で、彼こそは、人を統御する才能があり、また、大事に処して細事にも誤またない才能ありと私の信じる、第一の、そしてただ一人の人間である。」そしてそのあとで、中尉は、マルクスの心中にひそむきわめて危険な個人的名誉欲が、一切を腐食している、と泣言をならべている。

フリエの使徒、アメリカ人アルバート・F・ブリスベインは、ちがった判断を下している。この人は一八四八年の夏、『ニューヨーク・デーリ・トリビューン』紙の通信員として、同紙の発行人チャールズ・デーナといっしょにケルンに滞在した。彼いわく、「私はそこで民衆運動の指導者カール・マルクスに会った。当時彼はまさに旭日昇天のいきおいにあった三十代の男で、体つきはがっしりし、顔はりっぱで、髪は濃く黒かった。彼の風貌には非常な精力がみなぎり、彼の中庸を得た自制のかげには、不敵な精神にひそむ熱情的な炎が認められた。」たしかに――細心にしかも大胆に、マルクスは当時ケルンの民主主義を指導していたのである。

九月危機が議員のあいだに巻きおこした昂奮はあれほど大きかったにもかかわらず、フランクフルトの議会は革命を決行しなかったし、プフーエル内閣もまだ反革命を決行しなかった。それとともに地方的な蜂起はどれも成功のみこみはなかったが、それだけにケルンの官庁は流血のうちにあっさり鎮圧できそうな一揆《プッチ》を挑発しようとしきりにねらっていた。官憲はでっちあげて、すぐに自分でひっこめてしまったような言いがかりをつけて、民主党地区委員会のメンバーと『新ライン新聞』の編集者たちに、司法上の起訴手続や、警察の告発手続をとった。マルクスは、下心のある敵の奸計にのるな、と警告していった。大問題が全国民を闘争に駆りたてていないので、どんな暴動も失敗するにきまっている。こうした瞬間に、暴動を起こすのは無意味である。いわんや、二、三日中に大事件の起こる可能性のあるとき、早急に事を挙げ、決戦の日を前にして戦闘力を喪失するのは、それ以上に無意味である。もし国王が反革命を決行するなら、その時こそ人民が革命にふみきる合図の鐘が鳴るのだ、と。

それでも九月二五日、ベッカー、モル、シャッパー、ヴィルヘルム・ヴォルフが逮捕されるにいたったとき、小さな騒ぎが起こった。アルター・マルクトで開かれた人民集会を解散させるため軍隊が出動するという情報が流れ、バリケードまで築かれた。ところが軍隊は来なかった。そしてその後また事態がまったく平静にもどると、司令官は勇気をとりなおしてケルンに戒厳状態を布告した。そのために『新ライン新聞』は弾圧され、九月二七日には発行がとまった。同紙に致命傷をあたえること、これが、おそらくこの愚かな軍隊出動の本来の目的だった。その後数日してプフーエル内閣ははやくも戒厳状態を解除した。同紙は相当の痛手をこうむったので、闘争場裡にふたたび姿を見せることができたのは、やっと一〇月一二日になってからのことだった。

編集局はめちゃめちゃにされた。大多数の編集部員は逮捕命令から逃れるため、ドロンケとエンゲルスはベルギーへ、ヴィルヘルム・ヴォルフはプファルツへ、国境をこえて高飛びしたからで、彼らはしばらくしてぼつぼつ帰れるようになった。エンゲルスは一八四九年一月はじめになっても、まだベルンにいた。彼は全道中ほとんど徒歩でフランスを通ってそこへいった。しかし何よりも、完全に荒らされたのは新聞の財政だった。株主が減少してからは、同紙は購読者の増加によって、やっと経営をつづけていた。しかしこの新しい打撃ののちには、マルクスが同紙を「個人所有」としてひきうけることでしか、維持できなかった。というのは、彼が父から相続したか、あるいは彼の将来の相続分を現金にかえるかして、手に入れた僅かばかりの資産を、同紙のために犠牲にしたからであった。彼は自分ではこれについて一言ももらさなかったが、この事実は彼の夫人の手紙の言葉によってたしかめられているし、またマルクスがこの革命の年に運動と新聞のために犠牲にした金額は、約七、〇〇〇ターラーに達するという彼の友人たちの公けの声明によっても証明されている。しかしもちろん、金額の多少が重要なのではない。彼がこの城塞を、武器弾薬の尽きはてるまで守りぬいたことが重要なのである。

ほかの点でも、彼はその日ぐらしのありさまだった。革命勃発後、連邦参議院は三月三〇日、ドイツ人亡命者が、もしドイツに帰国し市民権をふたたび取得する意志があると表明するときは、彼らにもドイツ国民議会の選挙権ならびに被選挙権をあたえると、決議した。プロイセン政府はこの決議を承認することを明らかにしていた。マルクスはドイツの公民権を保障されるこの条件をみたしていたし、それだけにプロイセン国籍が彼に拒否されてはならないと要求したのはなおのこと当然だった。事実、一八四八年四月、マルクスがプロイセン国籍を取得しようとしたとき、ケルン市参事会はそれを直ちに彼にあたえた。マルクスはこの問題を「未決定」のままにしておいては、家族をトリーアからケルンに呼びよせることはできないと、ケルンの警察部長ミュラーに説明し、ミュラーのほうでも、マルクスの国籍復帰は地方官庁でも許可するだろうし、地方官庁は旧プロイセンの法律に従って市参事会の決議を承認しなければならないことを、マルクスに保証した。そうこうするうちに『新ライン新聞』が発刊され、八月三日マルクスは、警察部長警部ガイガーの公文書を受けとったが、そのなかでガイガーはマルクスにたいして、王国政府はマルクスの事情を考慮し、外国人にプロイセン臣民としての資格を付与する権限を、マルクスのためを思って、「現在は」行使しない、したがってマルクスは従前どおり外国人とみなされる、とつたえた。これにたいしてマルクスは、八月二三日、内務省にあてて厳重な抗告状を提出したが、これは却下された。

しかし、心のやさしい夫であり、父であった彼は、「未決定」のまま家族をケルンからよびよせていた。家族はその間にふえた。母の名をとってイェニーと名づけられた一八四四年五月生まれの長女についで、一八四五年九月には次女ラウラと、それからあまりたたないうちに、つづいて息子のエドガーが生まれた。以上の子供たちやその後に生まれた子供たちのうち、今ではもう生年月のわからないのは、このエドガーだけである。ヘレーネ・デームートは家政をとりしきる忠実なお手伝いとして、すでにパリ時代以来家族といっしょにくらしていた。

マルクスは、新しく知りあいになった人とすぐにも兄弟の握手をするような人ではなかったが、しかし誠実をじっさいにしめし、友情をまもることのできる人であった。マルクスが彼に好意をいだいて近づいてきた人々までも、たまらなくなるような不遜な態度をとってつきはなしたといわれる、あの同じ大会の席上で、彼はトリーアの弁護士シリーとクレーフェルトの学校教師イマントをえ、二人は終世かわることのない友人となった。彼の容易に心をひらかぬ性格はシュルツやテヒョーのような中途はんぱな革命家にはうすきみわるく思われたが、こうしたマルクスの性格がまさにこのケルン時代に、フライリヒラートやラサールのような、ほんとうの革命家の精神と心情を魅惑したのである。

## 六　フライリヒラートとラサール

フェルディナント・フライリヒラートはマルクスより八歳年上だった。年少のころには正統派の信仰のミルクをたんまりのんでそだった。そしてヘルヴェークのプロイセン追放ののち、この詩人の不首尾におわった「凱旋」旅行を彼が嘲詩にうたったときには、旧『ライン新聞』からしたたかやっつけられたことがあった。しかし、やがて三月革命前の反動は今までは体制の味方だった彼を敵にかえてしまった。[*]そして彼がブリュッセルに亡命したときには、彼の言葉によれば「おもしろい、控えめな好漢」マルクスと一時的ではあったが、友情をもってつきあった。この点、フライリヒラートには人を見る目があった。フライリヒラートは自惚れてはいなかったけれども、いや、自惚れていなかったからこそ、遠くからは高慢とみえる人物のほんとうの姿をすばやくみてとる力をもっていたのである。

＊ 原文は、彼をパウロからサウロに変えた、という表現を用いている。新約聖書、使徒行伝、第九章を参照。

二人は一八四八年の夏から秋になってはじめてかたい友情で結ばれることになった。どちらも大胆で強じんな性格のもち主であり、ライン地方の運動にあって、共同の革命的原則を擁護したが、こうした性格をたがいに尊重しあったことが、二人を結ぶきっかけとなった。「彼は真の革命家であり、徹頭徹尾誠実な男だ。これは僕がごく少数の人にだけ呈したい讃辞である」（一五一）とマルクスはヴァイデマイアーあての手紙のなかでかき、心からの敬意をはらっている。もっとも、マルクスはヴァイデマイアーに、詩人のひげの塵をちょっと払ってやれと勧め、そして詩人連中を歌わせたければ、まず撫《な》でてやらねばならぬ、ともいっている。そしてマルクスはふだんは自分の胸中をあけすけに口外する人ではなかったが、フライリヒラートと仲たがいしたとき、フライリヒラートその人にこう書いた、――「僕は君にざっくばらんにいうが、最善の意味での友人として、僕の愛している少数の人々の中の一人を、つまらない誤解のために失う気持になれなかったのだ。」（一五二）窮乏の極にあった時代のマルクスにとって、エンゲルスをのぞけば、フライリヒラート以上に信義にあつい友人はなかった。

この友情はじつに純粋で単純な飾りけのないものだっただけに、俗物どもには以前から癪の種で、愚行に類することにおもえた。そこである時には、この詩人は想像力に駆られてあさましい奇行にはしり、得体の知れぬ仲間にひきこまれたととりざたされたり、またある時には、このお人よしの歌い手は悪魔のようなデマゴーグに毒をすわされて、鳴りをひそめたとうわさされた。こんなばかげた話にたいする解毒剤として、もしまちがった薬がさしだされなかったなら、こんなことには一言もついやさずにすんだろう。ところが彼を現代の社会民主主義者にしたてるようなまちがった試みがなされた。しかしこれも彼のほんとうの姿をゆがめることになる。彼は詩人的直観の革命家で、科学的認識の革命家ではなかった。彼はマルクスを革命的前衛戦士として認め、共産主義者同盟を、その当時にはならびない革命的前衛とみていたが、『共産党宣言』の歴史的な考え方は、彼には多かれ少なかれ、異質のものだった。そして扇動などという時としてみじめで味気ないがらくたでは、彼の燃えるような空想には近づくべくもなかった。

同じころマルクスの仲間になったフェルディナント・ラサールはフライリヒラートとはまったくちがったタイプの人間だった。彼はマルクスよりも七歳年下だった。そしてそれまでの彼は、夫にはいじめられ自分のぞくしていた階級からは見すてられたハッツフェルト伯爵夫人のために熱心にたたかったので、世に名を知られていたにすぎなかった。一八四八年二月、手箱窃盗教唆というでっちあげの理由で逮捕された彼は、八月一一日すばらしい自己弁護の弁論をおこなったのち、ケルンの陪審官によって釈放されて、やっと革命的闘争に参加できるようになった。そして「偉大な力にはすべて無限の共感」をいだいた彼は、革命的闘争の指導者であるマルクスには、ただ心服するばかりだった。

ラサールはヘーゲル学派を卒業し、この師の方法を完全にわがものにし、その無謬性に疑いをいだかなかったが、しかし亜流としてこれをいじけさせるようなこともなかった。パリを訪れたさいに、フランスの社会主義を知り、またハイネは予言者的眼光によって彼の偉大な未来を見ぬきこれを祝福した。しかしこの青年によせられた大きな期待は、彼の性格にやどる分裂のためにのびなやんだ。この分裂は圧迫された種族の向上をはばむ因襲と闘争することによってものぞかれなかった。彼の両親の家には、ポーランドのユダヤ人気質のかびくさい空気がいまだにもやもやしていた。そして彼自身は、ハッツフェルト伯爵夫人事件という一つの事件において彼が敵としてたたかっているのは、息もたえだえに墓場にいそぐこの時代の社会的みじめさであると主張し、また彼の立場からすればこの主張は当然であったが、ハッツフェルト伯爵夫人のために断行した反逆が、彼の主張したような意味をもっていたとは、囚われない見方に立っても、必ずしも認めるわけにはいかなかった。ラサールにいわせれば、この事件は全世界史の回転する軸だというのだが、彼をあまり好きでなかったフライリヒラートの目からみれば、この事件は「家庭のいざこざ」でしかなかった。

それから七年ののち、マルクスもまるでおなじようなことをいった。――ラサールは、ほんとうにえらい人間というものはこんな下らぬことにでも一〇年の歳月をぎせいにするのだといわんばかりに、みさかいもなく私的陰謀の渦中にあったのだから、自分こそは世界を自分の意志どおりに左右できると思っているのだ、と。(一五三)その後二、三〇年たってからもエンゲルスはこんなことをいった、――マルクスははじめからラサールにたいして強い反感をいだいていた。『新ライン新聞』は故意にラサールのハッツフェルト訴訟事件には、できるだけ注意を払わずにいたが、それは、われわれがこんな事件でラサールとぐるになっていると思われたくなかったからだ、と。(一五四)しかしこれはエンゲルスの記憶ちがいである。『新ライン新聞』は小箱窃盗裁判について、九月二七日同紙が弾圧されるその日まで、じつに詳しく報道している。そしてこの報道によって、われわれは、もちろんこの裁判にあまりおもしろくない一面のあったことが推測できる。マルクスはまた、フライリヒラートあての手紙でいっているように、そのころ窮境にあったハッツフェルト伯爵夫人に、彼の乏しい資産のなかから金《かね》をかして援助したのであって、彼自身、ケルン時代の直後ひどく窮迫したときには、多くの旧友のいたこの都市で、フライリヒラートとならんでラサールを信頼できる友人としてえらんだほどであった。

マルクスが、エンゲルス自身やフライリヒラートと同様に、俗な言葉でいえば、まあ反感、つまり理論的理由以上の、いや以下でもある、あの反感をいだいていたという点では、エンゲルスのいうところはたしかに正しい。しかしいずれにせよマルクスが、ハッツフェルト事件の深い意味をつかみそこなうほど当初から反感にとらわれていたのではなかったことをしめす証拠は十分にある。まして、ラサールが革命の大業に炎のような感激をもやし、プロレタリアートの階級闘争のためにすぐれた才能をもち、最後に年少の戦友として年長のマルクスに献身的友情を抱いていたことは、いうまでもない。

二人の交際が最初からどんな経過をたどったかを注意深く考慮しなければならないとすれば、それはラサールのためではない。彼の歴史的に正しいことはすでに長く確定されているからである。問題はむしろ、あらゆるあやまった外見からマルクスを守ることなのである。というのは、マルクスのラサールにたいする関係は、彼の生涯の提起する最もむずかしい心理的問題だからである。

## 七　一〇月と一一月の事件

一〇月一二日『新ライン新聞』が再刊されると同時に、フライリヒラートの編集局入りが告知されたが、そのとき同紙は運よく新たな革命の到来を迎えた。一〇月六日、ヴィーンのプロレタリアートは、ハープスブルク家の反革命の陰険な計画に、したたか鉄拳をくらわせた。この計画は、ラデツキーがイタリアで勝利をおさめたのち、スラヴ諸民族の力をかりて、まずハンガリー人の、つぎにドイツ人の反乱を、鎮圧しようとしたものであった。

マルクスは八月二八日から九月七日まで、大衆を啓発するため、ヴィーンに滞在した。これを報道した新聞記事がごく少ないところから見ると、彼は成功しなかったらしい。ヴィーンの労働者はまだかなり低い発展段階にあったから、これも十分うなずける。それゆえ、彼らが純粋に革命的な本能にたよって、ハンガリー人攻撃の命令をうけた諸連隊にたいして抵抗したことは、それだけに高く評価されてよいものであった。しかしそのために、彼らは反革命の第一撃を一身にひきうけることになった。これは高邁な献身的行動であった。ハンガリーの貴族にはこうした気概はなかった。彼らが国土の独立のためにたたかおうとしたのは、彼らの歴史的諸特権をまもるためだったし、ハンガリー軍は中途はんぱで臆病な突撃をやっただけのことであって、そのために、ヴィーン蜂起の決死の闘争は楽になるどころか、むしろ困難になった。

ドイツの民主主義者の態度もよくなかった。彼らはヴィーン蜂起の勝敗が彼ら自身にいかに大きな影響を及ぼすかを認めてはいた。オーストリアの首都で反革命が勝利したあかつきには、長いあいだ機をねらっていたプロイセンの首都でも、反革命は決定的な攻勢にでてくるだろう。ところがドイツの民主主義者のしたことといえば、感傷的な悲歎にくれ、ただただ同情するだけで、頼りない摂政に援助を乞うことでしかなかった。一〇月末ベルリンで二度目に開かれた民主主義大会は、包囲されているヴィーンに味方するむねのアピールを発表し、それはルーゲの起草したものだったが、『新ライン新聞』がこれを評した言葉は適切である。――このアピールは革命的エネルギーの不足を説教師的な歎きのパトスで穴うめしている。パトスのかげには、思想と情熱のまったくの貧困がひそんでいる、と。『新ライン新聞』の情熱的なアピールは、マルクスの重厚な散文とフライリヒラートのすばらしい詩の形で発表され、ヴィーン人を救うことのできる道はただ一つ、自国の反革命にうち勝つことだ、と呼びかけたが、このアピールはむなしく空に消えた。

こうしてヴィーン革命の運命はきまった。自国のブルジョアジーにも農民にも裏切られ、ただ学生と一部の小市民層に支持されたヴィーンの労働者は、英雄的に抵抗した。しかし一〇月三一日の晩、ついに包囲軍の強襲は成功し、一一月一日には黒と黄の反革命の旗がシュテファン教会堂の尖塔にひるがえった。

衝撃的なヴィーンの悲劇につづいて、ベルリンではグロテスクな悲喜劇が演じられた。プフーエル内閣は崩壊してブランデンブルク内閣が成立し、後者は議会に、州都ブランデンブルクに移転せよと命令し、ヴランゲルは武力に訴えても、この命令を実行するために、近衛連隊をひきいてベルリン市内に侵入した。ホーエンツォレルン家庶出のブランデンブルク将軍は、自分は、革命をふみにじる象だなどといって、はなはだ上機嫌だったが、『新ライン新聞』はもっとうまいことをいった、――ブランデンブルクとその共犯者ヴランゲルは「頭もない、心臓もない、目的もない、ただ口ひげでしかないご両人」であるが、そういう人間だからこそ、勿体ぶった協調主義的議会と好一対なのだ、と。

事実、この議員をへこますには、「ただ口ひげ」だけで十分だった。なるほど、議会は憲法できめられた所在地ベルリンから退去することを拒んだ。そして一撃また一撃とつづけて暴圧がおこなわれ市民防衛軍の解散と戒厳状態の布告が発せられると、議会は大臣を大逆犯人と宣言して、彼らを検事に告訴した。しかし議会は、ふみにじられた国法を、武器をとって回復せよ、と叫ぶベルリンのプロレタリアートの要求をはねつけ、「受動的抵抗」、つまり、敵の打ちこみを背中で受けとめようという高尚な決意のほどを表明した。それから議会は広間から広間へとヴランゲルの部隊に追いまくられ、ついにはすでに議場に闖入した銃剣にたいしてカッとのぼせあがって言った、——議会がベルリンで自由に開会できないかぎり、ブランデンブルク内閣は国費を勝手に処分したり租税を徴収する権利はない、と。ところが議会が解散されるとすぐ、議長フォン・ウンルーはわが身の危険を感じて事務局を召集し、以前なら平然として布告した納税拒否の決議なのに、このたびの決議には形式上欠陥があるから法律上の効力はない、と議事録に明記した。

『新ライン新聞』に残されたのは、政府の暴力的弾圧にたいして、歴史的にみてあっぱれな態度で抗争することだった。いまや同紙が反革命にたいして、第二の革命で戦わねばならない決定的な瞬間が到来した。そして来る日も来る日も大衆にたいして訴えた。暴力にたいしては、あらゆる種類の暴力をもって対抗せよ、受動的抵抗は能動的抵抗に裏づけられねばならない、そうでなければ、屠殺者にたいする子牛の反抗とえらぶところはない、と。ブルジョアジーの臆病をかくそうとする協調理論の法律的屁理屈はすべて容赦なく一掃された。「プロイセンの王権が絶対的王権として議会にのぞんでいるのは、法にかなっている。しかし議会は、絶対的議会として王権にのぞんでいないから、不法である。……旧官僚は、これまでブルジョアジーにたいして専制的な学校教師としてふるまってきたのに、いまさらそのブルジョアジーの召使いになりさがりたくはない。封建党は、自分の勲章や利益をブルジョアジーの祭壇の火に投じるつもりはない。最後に、王権であるが、古い封建社会のてっぺんにくっついた贅《ぜい》肉である王権は、この封建社会の諸要素を自分の真実の生来の社会的基盤とみている。ところが、王権はブルジョアジーを自分に縁のない人為的な土壌とみている。この土壌が王権をささえるのは、王権がやがて枯死してゆくということを条件としてにすぎない。ブルジョアジーはひとを陶酔させる『神の恩寵』を興ざめな権源にかえ、血統の支配を紙の支配に、国王の太陽をブルジョアのアストラル・ランプ*に変えてしまう。だから、王権は、ブルジョアジーの口車にのせられなかった。王権はブルジョアジーの中途はんぱな革命にたいして、完全な反革命で答えた。王権はブルジョアジーにむかって次のように呼びかけて、ブルジョアジーを人民の、革命の、腕のなかにつきかえした。議会のなかのブランデンブルクとブランデンブルクのなかの議会（一五九）」と。『新ライン新聞』はこの反革命のスローガンをうまくいいかえていった、——議会内の衛兵室と衛兵室内の議会、と。『新ライン新聞』は人民がこのスローガンを掲げて勝利することを期待し、そしてこのスローガンにブランデンブルク家の墓碑銘をよみとった。**

＊　灯下に影をおとさない石油ランプ。

＊＊　ブランデンブルクはベルリン周辺の州および都市の名。またプロイセン王家（もとブランデンブルク公家）の発祥の地として、プロイセン王権をさすのにも使われている。ここではこの二つの意味と、さらにプロイセンの新首相の姓をかけていっている。

ベルリン議会が納税拒否を決議すると、民主主義地区委員会は、マルクス、シャッパー、シュナイダー署名の一一月一八日のアピールで、ライン州の民主主義諸団体に、つぎの措置を要求した。あらゆる場合、あらゆる種類の抵抗によって、租税の強制徴集を拒否すること。敵にそなえるため、どこでも国民軍を組織すること。資力のないものにたいしては、市町村の費用あるいは寄付によって武器弾薬を供与すること。官庁が国民議会の決議の承認と実行を拒否した場合には、なるべく市町村議会の同意をえて、治安委員会を設置すること。立法議会に反抗する市町村議会は人民の選挙で改選すること。（二五六）民主主義協会の委員会は、もしベルリン議会が納税拒否の決議をまじめに考えていたなら実行したにちがいないことを、このように実行したのであった。ところがこの議会の英雄たちはたちまちわれとわが剛胆におそれをなして震えだし、自分たちの決議の実行を阻止するために、選挙区に急行し、それから議事を続けるためにブランデンブルクにすごすご逃げていった。こうして議会は面目を失い、政府は一二月五日新憲法と新選挙法を上から押しつけ、議会を足蹴にして解散することができたのであった。

このため、ライン地区委員会も、銃剣の林立するこの州では動きがとれなくなった。アピールに呼応して決起したラサールは一一月二二日、デュッセルドルフで逮捕された。ケルンでは、検事がアピールの署名人たちを告発したが、逮捕にはふみきらなかった。二月八日署名人たちは、軍人と官吏にたいして武装して抵抗せよと人民に呼びかけたというので、陪審裁判にかけられた。

検事は、四月六日および八日の法律、すなわち政府が非常違憲措置によって破棄したまさにその法律をたてにとって、議会の不正とそれ以上に、被告の不正とを論断しようとしたが、マルクスは痛烈な弁論でこの検事の意図を撃退した。いわく、首尾よく革命を成就した者は、その敵を縛り首にすることはできても、これに有罪の判決を下すことはできない。これを敗残の敵として片づけることはできても、犯罪者として裁くことはできない。革命または反革命を成就したあとで、すでに自分が破棄した法律を、ほかならぬその法律を擁護した人々に適用するのは、合法性を装う卑怯な偽善である。だれが正しいか、王権か、議会か、という問題は一つの歴史的な問題であって、ただ歴史だけが決定できる問題であり、陪審員の決定できる問題ではない、と。

しかしマルクスはさらに進んで、四月六日および八日の法律を承認することも、きっぱりと拒んだ。――これは連合州議会の勝手にこしらえたもので、このおかげで、王権は、三月闘争での敗北を自白しなくてもすんだのだ。封建的代議機関の法律に従って、近代のブルジョア社会を代表する議会を裁くことはできない。社会が法律に立脚していると考えるのは、法律家の妄想にすぎない。むしろ法律こそ社会に立脚しているのだ。「ここに私がたずさえているナポレオン法典がある。この法典が近代のブルジョア社会をつくりだしたのではない。むしろ一八世紀に成立し一九世紀にいっそうの発展をとげたブルジョア社会が、この法典に法律的に表現されているにすぎない。この法典がもはや社会関係に一致しないようになれば、それは一束の紙片にすぎなくなる。この古い法律が古い社会秩序をつくりださなかったとまったく同様に、諸君はこの古い法律を新しい社会発展の基礎とすることもできない。(一五七)」ベルリン議会はその歴史的地位を、すなわちそれが三月革命の中からどうして生まれてきたかを、理解していない。検事はこの議会が和解を欲しなかったといって非難するが、この非難はまったく当たっていない。議会の不幸と不正とはまさに、自分自身で革命的国民公会からあいまいな協調議員団になりさがった点にある。「ここでわれわれのみたものは、一つの社会の基盤の上での二つのフラクションの政治的衝突ではなくて、二つの社会そのものの衝突、政治的形態をとるにいたった社会的衝突だった。それは、古い封建的官僚的社会と近代ブルジョア社会とのあいだの闘争、自由競争の社会とギルド制度の社会とのあいだ、土地所有の社会と産業の社会とのあいだ、信仰の社会と知識の社会とのあいだの闘争だった。(一五八)」この二つの社会のあいだには平和は存在しない。ただ生死の闘争があるだけだ。納税拒否は、検事がうれしそうに主張したように、社会の土台をあやうくしはしない。納税拒否は、社会の土台をあやうくする政府にたいする、社会の正当防衛である。

議会は納税を拒否することによって、違法的に行動したのではない。しかし受動的抵抗を告知することによって、合法的に行動したわけではなかった。「いったん租税の徴収が違法だと宣言された以上、この違法を暴力をもっておこなおうとするものを、われわれは暴力で撃退してはいけないのか？（二五九）」納税を拒否する議員諸公は、自分の首が危険にさらされないようにするために、革命の道を拒否したけれども、人民は納税拒否の実行にあたって革命的基盤にたたないわけにゆかなかった。議会の態度は人民には模範にはならない。「議会はそれ自身としてはなんの権利をもつものではなく、人民が議会に、人民自身の権利の擁護を委託しただけだ。議会がその委任を果たさないときには、この委任は消滅する。そのときには、人民自身が舞台に登って、その専断によって行動する。……国王が反革命をやるなら、人民は当然の権利によって、革命をもってこれにこたえる。（二六〇）」そしてマルクスはつぎの言葉で結んだ、――今はやっと劇の第一幕が終ったばかりだ。つぎは反革命の完全な勝利か、でなければ、新たな革命の勝利だ。おそらく反革命が完成されたのちに、革命の勝利ははじめて、可能となるであろう、と。

革命的誇りにあふれたこの弁論の終ったのち、陪審員は被告に無罪の判決を下し、そのうえ陪審員長は、この弁士の有益な説明に感謝したのであった。

八　伏兵の一撃

ヴィーンとベルリンの反革命の勝利で、ドイツの運命を決定する骰子《さい》は投げられた。革命の戦果でまだ残っていたのは、フランクフルト議会だったが、これはとっくにまったく政治的信用を失い、いつはてるともしれぬ大言壮語にあけくれて、紙上の憲法づくりに疲れきっていた。この憲法でまだ問題として残されたのはただ、これがオーストリアの軍刀で刺されるか、プロイセンの軍刀で刺されるかということだけだった。

『新ライン新聞』は一二月にすばらしい一連の論説で、もう一度プロイセンの革命と反革命の経過を論じてから、新しい一八四九年にはフランス労働者階級の高揚を期待して簡単な論評を加え、この高揚から一つの世界戦争を待望した。「諸国民をことごとく自国のプロレタリアートに転化し、その巨腕をもって全世界を抱きすくめ、すでに一度自分の貨幣でヨーロッパの復古の費用を支弁したことのある国、その国内で階級対立が最もきわだった、最も恥しらずの形にまで発展している国、――つまりイギリスこそは、革命の巨濤のあたって砕ける巖であるようにみえる。それは新社会をすでに母胎内で餓えによって苦しめている。イギリスは世界市場を支配している。ヨーロッパ大陸のいずれの国の国民経済諸関係の変革も、全ヨーロッパ大陸の変革も、イギリスを含まぬかぎり、それはコップの中のあらしにすぎない。各国民内部の商工業の諸関係は、その国民と他国民との交易によって支配され、その国民の世界市場にたいする関係によって制約される。ところでイギリスが世界市場を支配し、ブルジョアジーがイギリスを支配しているのである。」(一六二)こうしてどんなフランス的社会的変革もイギリスのブルジョアジーにふれて、グレート・ブリテンの工業的商業的世界支配にふれて挫折する。フランスや一般にヨーロッパ大陸における、どんな部分的な社会的改革も、それを決定的なものにしようとするかぎりでは、むなしくはかない願いであり、これからもそうである。そして古いイギリスはただ世界戦争によってのみ転覆される。それだけが、組織されたイギリスの労働者党、チャーティスト党に、巨人的抑圧者にたいする成功的反乱の諸条件をあたえる。チャーティストがイギリス政府の先頭にたつとき――その瞬間をもってはじめて、社会革命はユートピアの国からでて現実の国にはいるのだ。

　未来にかけられたこの期待の前提はついに実現しなかった。六月事件以来、幾百千の傷口からとめどなく血をながしつづけていたフランス労働者階級は、ふたたびたちあがる力がなかった。ヨーロッパの反革命がパリの六月事件からフランクフルト、ヴィーン、ベルリンと一巡し、一二月一〇日ににせボナパルトがフランス共和国大統領に選挙されて、この一巡がいちおう完結して以来、革命はただハンガリーにだけ生きていた。その間にケルンに帰ってきたエンゲルスは、この革命をじつに雄弁かつ老練に弁護した。その他の点では、『新ライン新聞』は襲い来る反革命にたいするゲリラ戦だけに限定するほかなかったが、しかし前年の大野戦のときのように、この戦闘も大胆かつ頑強に戦った。帝国内閣が、悪質新聞のなかでも最も悪質だとして、『新ライン新聞』に進呈した一束の出版法違反訴訟にたいして、同紙は、帝国権力はあらゆるこっけいな権力中で最もこっけいな権力だと嘲笑して応酬した。ベルリンのクーデタののち、エルベ河以東の地方のユンカーが得意にした「プロイセン精神」を誇示したのにたいして、同紙は当然の冷笑をあびせた。「われわれライン州人はヴィーンの大がかりの人間取引きのさいに、しあわせなことにニーダーライン『大公』を頂戴した。この大公はある条件で『大公』となりながら、その条件をみたさなかった。われわれにとっては『プロイセン国王』はベルリンの国民議会を媒介としてはじめて存在する。ところが、わがニーダーライン『大公』にとっては、ベルリン国民議会は存在しないのだから、われわれにとっては『プロイセン国王』は存在しないわけだ。われわれは諸国民の売買を通じて、ニーダーライン大公のものとなった！　われわれがもはや人身売買を認めない境涯に到達したときわれわれは、大公にその『所有権証書』の提示を求めるであろう。（一六二）」これは反革命の最も凶暴な無礼講のまっただ中で書かれたものである。

『新ライン新聞』の紙面を一見してあきらかなことは、第一にのっていると思いたい記事が、のっていないことである。それは当時のドイツ労働運動の詳細な報道である。労働運動はエルベ河以東の平野の奥の方までひろがり、そう無力でもなく、大会も組織も新聞ももち、その最も有能な指導者だったシュテファン・ボルンはブリュッセルやパリにいたころからエンゲルスやマルクスと親しかった。彼はあいかわらずベルリンやライプツィヒから『新ライン新聞』のために寄稿していた。ボルンは『共産党宣言』をよく理解していた。もっとも、ドイツの大部分ではまだまったく発達していなかったプロレタリアートの階級意識に、十分に適用するだけの力は彼にはなかった。エンゲルスは後年になって、当時のボルンの活動に、不当にきびしい判定を下した。（一六三）マルクスとエンゲルスはあしかけ二年にわたる革命期の彼の活動にたいして一言も不満をもらしたことはなかったとボルンが追想記のなかでいっているのは、十分信じてよいが、彼ら二人が個個の点でいくつかの不満をもっていなかったわけではない。ともかくマルクスとエンゲルス自身は一八四九年春、二人の影響をうけずに成長していた労働運動に近づいていった。

『新ライン新聞』がはじめこの運動にあまり注意を払わなかった理由の一部は、モルとシャッパーの指導するケルン労働者協会が、一週二回特別の機関紙を発行していたという事情から明らかになるが、理由の他の一部でしかもおもな理由は、『新ライン新聞』が第一に『民主主義の機関紙』と称したことから明らかになる。すなわち、同紙は絶対主義と封建主義に対抗してブルジョアジーとプロレタリアートの共通の利益を確保しようとしたのであった。共通の利益を確保することは、実際またきわめて必要だった。というのは、こうした舞台をつくらなければ、プロレタリアートはブルジョアジーを相手にダンスをはじめることはできなかったからだ。ところがこの民主主義のブルジョア分子はあとになるにしたがって、疲れてしまい、たいしてきびしくもない試練にもへこたれた。一八四八年六月、第一回民主主義大会の選んだ五人の中央委員会には、マイエンや、アメリカから帰ってきたクリーゲのような人たちもいた。こんな指導者にひきいられたこの組織は、急速に崩壊し、プロイセンのクーデタの直前ベルリンで第二回大会が開かれたときには、こうした実情が恐ろしいほどさらけだされた。そこで新たに中央委員会が選ばれ、マルクスと個人的にも政治的にも親しかったデスターもその一員になって、ようやくいくらか前途がひらけたにすぎなかった。ベルリン議会の左派は一一月危機でだめになり、フランクフルトの左派もしだいにみじめな妥協のどろ沼の中におちていった。

こうした状況にあって、マルクスとヴィルヘルム・ヴォルフとシャッパーとヘルマン・ベッカーは四月一五日民主主義ライン地区委員会からの脱退を声明した。彼らはその決心をつぎのようにのべた、――「われわれは、民主主義的諸協会の現在の組織はあまりにも多くの異質的な分子をふくんでいるので、運動の目的にとって有益な活動をおこなうことができないと考える。われわれはむしろ、各労働者協会は同一の分子から成りたっているので、それら協会をいっそう固く結びつけるほうがよいと考える。」(一六四) それと同時にケルン労働者協会はライン州民主主義協会連盟から脱退し、ただちに全労働者協会と、社会的民主主義の諸原則に賛成するすべての協会とを、五月六日の地方大会に召集した。(二六五) この大会はライン＝ヴェストファーレンの諸労働者協会を一つの組織にまとめるとりきめをすることになっていたし、またライプツィヒ労働者友好会という、ボルンの指導していた組織が、ドイツ全国の労働者協会を六月ライプツィヒに召集した大会に、代表者を送るかどうかについても、決定することになっていた。

これらの声明よりも前に、『新ライン新聞』は三月二〇日すでに、ヴィルヘルム・ヴォルフの炎のように激しい諸論文をのせはじめた。それらは農村労働者を奮起させた、あの『シュレージエンの十億』だった。そしてマルクス自身は、ブリュッセルの労働者協会で『賃労働と資本』についておこなった講演を四月五日から同紙にのせはじめた。同紙は一八四八年の巨大な大衆闘争を例にとって、革命的反乱はすべて、たとえその目標がどんなに階級闘争から離れているようにみえても、革命的労働者階級が勝利するまでは、挫折するほかないことを指摘したのち、いまやブルジョアジーの存立と労働者の奴隷状態との基盤となっている経済的諸関係に深く立ちいりたいと考えた。

このような発展が見込まれたにもかかわらず、フランクフルト議会がやっとのことでつくりあげた紙上のドイツ国憲法の擁護闘争のために、発展は中断された。もちろんこの憲法そのものは、一滴の血も流す値うちもなかった。憲法がプロイセン国王の頭にかぶせようとした世襲の帝冠は、道化役者の帽子も同然だった。国王は帝冠を受納しなかったが、さりとて拒否もしなかった。彼はこのドイツ国憲法について、ドイツ諸王侯と協議したいといった。というわけは、もし彼がドイツの中小国家内に生き残っている革命勢力をプロイセンのサーベルで鎮圧すれば、中小諸邦はプロイセンの覇権を認めるだろうと、心ひそかに期待していたからであった。

これこそ革命の屍衣盗奪であり、これがもう一度革命の炎をあおった。そのために一連の蜂起がおこり、蜂起によってドイツ国憲法は実質的内容はあたえられなかったが、蜂起は憲法の名を冠してよばれた。憲法は欠陥をもちながらも国民主権を具体化したが、その国民主権はほかならぬ憲法で謀殺され、あらためて君主の主権が回復されることになった。ザクセン王国やバーデン大公国、そしてバイエルンのプファルツでは、ドイツ国憲法を擁護する武装闘争がたたかわれた。そしてプロイセン国王はいたるところで刑吏の役を演じながら、彼が救ってやった王侯たちからもらうはずの刑吏給与をごまかされた。ライン州でも個々に蜂起がおこったが、圧倒的に優勢な軍隊によって萌芽のうちに鎮圧された。この州をおそれた政府はおびただしい軍隊を駐留させていたのである。

今度は当局も『新ライン新聞』に徹底的な打撃をあたえる決心をかためた。新たな革命的蜂起のきざしがたかまるにしたがって、同紙の紙面には革命的な情熱の焔がますます燃えあがった。同紙の四月と五月の号外はすべて、人民に襲撃の準備をうったえるアピールだった。当時『クロイツツァイトゥング』紙は『新ライン新聞』にたいして、鉄面皮なることチンボラソ〔南米エクアドルの火山〕にも比すべく、一七九三年の『モニトゥール』*紙も顔色なし、という名誉ある賛辞を呈した。政府はずっと前から同紙のえり首をしめあげたかったのだが、その勇気がなかった！当局はマルクスを二度も告訴しながら、ライン州陪審員の意向もあって、マルクスは二度とも勝訴した。ベルリン当局はケルンにふたたび戒厳状態を布告するようにそそのかしたが、神経質な要塞司令部はそれをそらしてしまった。司令部はそのかわり警察部に、マルクスを「危険人物」として追放するよう要求した。

＊　フランス大革命当時のジロンド党機関紙。

警察部も困って、ケルンの地方官庁にうかがいを立てると、ケルンのほうでは、上司だった内務大臣マントイフェルの胸にそっと悩みをうちあけた。地方官庁は三月一〇日ベルリンに報告してこういった。――マルクスは滞在の許可もなしに、あいかわらずケルンに留まり、彼の編集する新聞は、現存体制の転覆と社会的共和制の樹立を扇動する破壊的傾向をもちつづけ、人たるものがつねに尊敬し、神聖視するあらゆるものを嘲笑し軽蔑している。同紙の論調である厚顔と気まぐれで読者層がしだいに拡大するにつれて、同紙はますます恥しらずになる。しかし警察部は、マルクスを追放すべしという要塞司令部の要請に不安を抱き、地方官庁もこの不安に同意するほかない。「特別表だった理由もなしに」「単に同紙の傾向と危険性を理由に」追放処分にするときにはおそらく民主党の反対運動を呼びおこすだろう、と。

この報告をうけとると、マントイフェルはライン州長官アイヒマンの意見も聴くために、彼に問いあわせた。アイヒマンは三月二九日、追放は正当ではあるが、マルクスがこれ以上罪を犯さないのに追放するのは、考慮を必要としないわけにもゆくまい、と答えた。そこでマントイフェルは四月七日指令していった。――自分は追放にはべつに異存はないが、追放の時期は政府に一任されたい。ただ追放はなにかの告訴を機会におこなわれることが望ましい、と。そうして、五月一一日(一六六)、特別の告訴を理由としてではなく、『新ライン新聞』の危険な傾向を理由として、追放処分がとられるにいたった。つまり、政府は三月二九日と四月七日にはまだいくじがなくてやれなかった陰険な一撃を、五月一一日にはやれるくらい強くなったと自信をもつようになったのである。

ちかごろ国家公文書庫のなかの記録によって、この事件の経過を暴露したプロイセンの大学教授は、追放の印象のなまなましいうちに歌ったフライリヒラートの詩人らしい予言者的眼力を公然と賛美したのであった。

晴れての戦いに堂々と打ちこんでくるのではなく――
わたしを倒すのは陰険な奸計、
きたない西方のカルミュク族の
しのびよる非道。

## 九　またも卑怯な一撃

追放命令がでたとき、マルクスはケルンにいなかった。新聞はたえず発行部数をまして、約六、〇〇〇の予約購読者を数えたが、それでもまだ、財政上の困難は克服されなかった。予約購読者がふえるにしたがって、現金支出も増加したが、収入のほうはおくればせに増加したにすぎなかった。そこでマルクスはハムでレンペルと商談した。レンペルは一八四六年共産主義的出版書店を設立しようとした二人の資本家の一人だったが、こんどもこのちゃっかり屋は財布のひもをかたくしめて、元中尉ヘンツェに頼んでみるようにすすめた。ヘンツェは新聞に三〇〇ターラーたてかえたが、その返済はマルクスが個人的に責任を負うことにした。後に囮《おとり》スパイの正体をあばかれたヘンツェは、このころは警察につけまわされていた。そしてマルクスと一緒にケルンに旅行したが、そこでは「政府の紙ぎれ」がマルクスを待っていた。

これで新聞の運命はとざされた。ほかの二、三の編集者も同じように「外国人」として追放されるおそれがあった。残りのものは起訴された。五月一九日、フライリヒラートの有名な告別の歌とマルクスの不敵な訣別の辞をのせた赤刷りの最終号がでた。この訣別の辞のなかで、マルクスは政府の背中にしたたかな鞭をたてつづけに加えた。「このばかげた空文句、この官職上のうそはなんのためか！……われわれは容赦しない。君たちに容赦してくれと願いもしない。われわれの順番がきたら、われわれはテロリズムを言いつくろうことはしないだろう。だが、王党派のテロリストども、神と法との恩寵によるテロリストども、彼らは実践において残忍、卑劣、下賤であり、理論においては怯懦、陰険であり、二枚舌をつかい、両方の面で恥しらずだ。（一六七）」新聞はケルンの労働者に、騒擾を起こさないようにと戒め、ケルンの軍事情勢からみると、労働者はとりかえしのつかない敗北をこうむるであろう、といった。編集部は労働者の協力に感謝した。「われわれの最後の言葉は、どこでも、つねに労働者階級の解放である！（一六八）」

そのうえ、マルクスは難波船の船長として、自分に課せられた義務をはたした。ヘンツェが貸した三〇〇ターラー、彼が郵便局から受けとった一、五〇〇ターラーの購読予約金、彼の所有していた印刷機械などはすべて、植字工、印刷工、紙屋、会計係、通信員、編集部職員、その他にたいする新聞社の支払いにあてられた。彼が手離さなかったものとしては、彼の妻の銀製品だけだったが、これはフランクフルトの質屋の手に渡った。それとひきかえに入手した二〇〇-三〇〇グルデンの金は、われわれの先祖の言いぐさでいうと、彼の家族がふたたび「窮乏」の国に流浪せねばならなくなったときの路銀となったのである。

マルクスはエンゲルスとともに、フランクフルトからバーデン＝プファルツの蜂起の現場にでかけた。二人はまずカールスルーエへ、そこからカイザースラウターンにゆき、そこで臨時政府の中心人物だったデスターに会い、彼から民主主義中央委員会の委任状をもらった。これはパリの国民議会の山岳党《モンタニュ》のところでドイツの革命党を代表するためだった。山岳党というのは、小市民分子とプロレタリア分子の一緒になったその当時の社会民主党で、秩序党とその頭目であるにせボナパルト〔ルイ・ナポレオン〕にたいして大打撃をあたえる準備をしていたのである。カイザースラウターンからの帰途、二人は蜂起に参加した嫌疑で、ヘッセンの部隊に逮捕され、ダルムシュタットへ、そこからまたフランクフルトに護送され、そこで釈放された。マルクスはパリにゆき、エンゲルスはカイザースラウターンにひき返して、プロイセンの中尉だったヴィリヒの編成した革命義勇軍に参加した。

六月七日マルクスはパリからこう書いた、――ここでは王党の反動が支配し、ギゾー政府時代以上にものすごいが、革命の噴火口の大爆発が今ほど近づいたときはない、と。しかし彼の期待は裏切られた。山岳党の計画した攻撃は失敗し、民衆は奮起しなかった。マルクスにも一ヵ月後には勝者の報復が加えられ、七月一七日内務大臣は警視総監を通じて、マルクスにモルビアン県に居住せよという命令を伝達した。これこそ卑怯な所業で、この知らせをきいたフライリヒラートがマルクスに書いたように、「非行中の非行」だった。「モルビアンはフランスで最も不健康な地方で、海綿のように沼だらけで、熱病的な臭気がただよい、ブルターニュのポンティニア沼地〔ローマの南にある湿地帯〕だと、ダニエルスはいっている。」もちろんマルクスはこんな「偽装した殺人計画」の手にはのらなかった。彼は内務大臣に訴えて、命令の執行延期に一時的だが成功した。

彼は乏しいあり金を使いはたして、窮迫のどん底にいた。そしてフライリヒラートとラサールに援助を請うた。二人はできるだけのことをした。しかしフライリヒラートは、ラサールが奔走したさいに無分別にもこの一件を酒場での話題にしたことをなじった。これを知ったマルクスは気持をいらだたせ、七月三〇日これに答えていった、――「僕にとっては、おおっぴらに乞食するよりも、最悪の窮境におちたほうがましだ。だから僕はそう彼に手紙を書いた。この一件で僕は口にいえないくらい、腹を立てている[二六九]。」ラサールは善意にあふれた手紙をおくって、うまくこの不機嫌をとりのぞいた。手紙の主は「きわめて慎重に」この一件を処理したと断言してはいるが、これはうたがわしい。

八月二三日マルクスはエンゲルスあてに、フランスを去ることを知らせ、九月五日にはフライリヒラートあてにこう書いた。――僕の妻は九月一五日、あとから来るだろう。彼女の旅行と移住に必要な金をどうして工面したものか、僕にはわからない、と。彼の三度目の亡命で、道づれとなったのは、暗い不安だった。そしてこの不安は、ここでただあまりにも忠実な道づれとして片時も彼をはなれなかった。

# 原著者注

これはメーリング自身の手になる文献解題である。文中＊はメーリングによる注、（1）（2）……は訳者による補足

学者的資料をむやみに並べたてることは、この書の性質にも目的にも合致しない。そこで私は、さらにくわしく知りたい読者に本道をしめす若干の指示をするにとどめる。そうすれば読者は傍路を歩いても、容易に勝手がわかるだろう。

マルクスにかんする文献がたえずどしどし増えていくなかにあって、伝記の試みは比較的わずかである。ごく簡単に彼の生涯の輪廓を書いたものはまったくないわけではないが、そういうものは間違いだらけなのが常で、それが一つの書物から他の書物へと受けつがれていくにしたがって、ますます浅薄なものになっていく。エンゲルスがようやくこれを多少整頓した。とくに彼が一八七八年のブラッケの『フォルクスカレンダー』(Volkskalender für 1878) に発表した伝記的スケッチ[1]によって。彼はのちにまた『国家学辞典 (Handwörterbuch für Staatswissenschaften)』第五巻、一一三〇ページ以下のなかでマルクスにかんする項目を書いた[2]。これは全体に信頼できるものだが、二、三誤りがなくもない。

（1）　エンゲルス『カール・マルクス』（全集第一九巻、八巻選集第五巻）。

（2） エンゲルス『マルクス、ハインリヒ・カール』（全集第二二巻）。

その他の伝記的文献ではW・リープクネヒトの『カール・マルクスを記念して——略伝と思い出[1]』ニュールンベルク、一八九六年（*W. Liebknecht*, Karl Marx zum Gedächtnis. Ein Lebensabriß und Errinerungen, Nürnberg 1896）が依然として注目に値する。叙述は主として五〇年代に限られており、個々の点では不正確なところも多いが、輝かしい人物像を提供している。これとはまた別種のものだが、クララ・ツェトキンの——出版のために加筆された——講演『カール・マルクスとその生涯の業績』エルバーフェルト、一九一三年（Karl Marx und sein Lebenswerk, Elberfeld 1913）はこれに劣らず、その熱情によってすぐれたものである。この講演は、題材についてのきわめて徹底した知識にもとづいて、マルクスがその著作のなかで切りひらいた思想世界に読者を一歩一歩みちびきいれる手引きを付録としているので、依然として特別な価値をもっている。その反対に、ジョン・スパルゴーの『カール・マルクス——その生涯と業績』ニューヨーク、一九一〇年（*John Spargo*, Karl Marx, his life and works, New York 1910）は価値のない編集物である。

（1） 土屋保男編訳『マルクス回想』国民文庫に抄録。

マルクスの伝記にとっての重要資料は、一八五〇年までについては、全四巻のいわゆる『遺稿集』である。もっともこれはずっと以前からもはやマルクスの遺稿の唯一のものではなくなっている（『カール・マルクス＝フリードリヒ・エンゲルスおよびフェルディナント・ラサール遺稿集』F・メーリング編、シュトゥットガルト、一九〇二年（Aus dem literarischen Nachlaß von Karl Marx, Friedrich Engels und Ferdinand Lassalle, herausgegeben von F. Mehring, Stuttgart 1902)。これはいまでは一五年間もどうにか風雪に耐えてきた。いくつかの細かい点については一九一三年の第二版のあとがきで訂正されている。注目に値するのは第一巻が『ライン新聞』、『独仏年誌』およびフリードリヒ・エンゲルスにかんするグスターフ・マイアーの努力によって、第四巻がマルクスにあてたラサールの五通の手紙によって増補されている点である。この手紙はベルンシュタインがおくればせに見つけだし、『ノイエ・ツァイト』第三三年次、第一巻、一九ページに発表したものである。この〔『遺稿集』〕第二版の序文と注で、私は手書きの資料や印刷された資料のなかから、多くの伝記上の素材にふれておいた。だから本書〔『マルクス伝』〕のはじめの諸章はある程度までそこから抜き出したものを叙述したにすぎない。

第二の重要資料は、一八五〇年から一八七〇年までの二〇年間について、同じく全四巻のマルクス＝エンゲルス往復書簡集『一八四四年から一八八三年までのフリードリヒ・エンゲルスとカール・マルクスとの往復書簡集』A・ベーベルとEd・ベルンシュタイン共編、シュトゥットガルト、一九一三年（Der Briefwechsel zwischen Friedrich Engels und Karl Marx 1844 bis 1883, herausgegeben von A. Bebel und Ed. Bernstein, Stuttgart 1913）である。この記念碑的な編書は反対陣営からも当然の敬意をもって迎えられた。学術文献に載せられた、この往復書簡集によせられた詳細な書評のうち、特記されるべきものは『社会科学および社会政策アルヒーフ』第三八巻（Archiv für Sozialwissenschaft und Sozialpolitik, Band 38）のベルンシュタイン、『政治学雑誌』第七巻（Zeitschrift für Politik, Band 7）のG・マイアー、『社会主義史および労働運動史アルヒーフ』第五巻（Archiv für die Geschichte des Sozialismus und der Arbeiterbewegung, Band 5）のメーリング、『プロイセン年誌』第一五五巻（Preußische Jahrbücher, Band 155) のH・オンケン (H. Oncken)、『立法・行政および国民経済年報』第三九巻 (Jahrbuch für Gesetzgebung, Verwaltung und Volkswirtschaft, Band 39) のシュモラー (Schmoller) 等である。

第三の重要資料は、一八七〇年から一八八三年までについて、ゾルゲ往復書簡集（『ヨハン・フィリップ・ベッカー、ヨーゼフ・ディーツゲン、フリードリヒ・エンゲルス、カール・マルクスからF・A・ゾルゲその他にあてた書簡ならびに書簡抜粋』シュトゥットガルト、一九〇六年 (Briefe und Auszüge aus Briefen von Joh. Phil. Becker, Jos. Dietzgen, Friedrich Engels, Karl Marx an F. A. Sorge und Andere, Stuttgart 1906)）である。原書簡は他の手書きの資料とともに、ゾルゲから大ニューヨーク公立図書館に譲渡された。

一連の小さな往復書簡集（クーゲルマン、ヴァイデマイアー、フライリヒラートなどとの）については、私がそれらの人々を引合いに出すくだりで述べることにする。ここではただ、私が仕事にたずさわっていた全期間をつうじて、カール・グリューンベルクの『社会主義史および労働運動史アルヒーフ』が私によせてくれた援助を厚い感謝とともに言及しておきたい。この雑誌は比較的最近に発刊されたにもかかわらず、発行者のすぐれた編集によって、すべての社会主義的研究の中心になっている。*

* 〔資料略号〕 NA——『遺稿集』。BME——『マルクス＝エンゲルス往復書簡集』。BS——『ゾルゲ往復書簡集』。GA——『グリューンベルク・アルヒーフ〔社会主義史および労働運動史アルヒーフ〕』。

## 〔第一章〕 少年時代

私がマルクスについての系譜を叙述するさいに依拠した訴訟記録は、ヴィーンのマウトナー氏とパッペンハイム氏のりっぱな書庫で閲覧することができた。メーリング『カール・マルクスの伝記のための断片（Splitter zur Biographie von Karl Marx）』（『ノイエ・ツァイト』第二九年次、第一巻、四ページ、ギムナジウム卒業試験についての委細を付して）。メーリング『ヴェストファーレン家の人々（Die von Westphalen）』（『ノイエ・ツァイト』第一〇年次、第二巻、四八一ページ）。

## 〔第二章〕 ヘーゲルの学徒

両親あての手紙[1]はエリナ・マルクスが言葉どおり伝えてくれた（『ノイエ・ツァイト』第一六年次、第一巻、四ページ）。青年ヘーゲル派の文献――ケッペン『フリードリヒ大王とその敵手』ライプツィヒ、一八四〇年（*Köppen*, Friedrich der Große und seine Widersacher, Leipzig 1840）。ブルーノ・バウアー『共観福音書著者たちの批判的歴史』ライプツィヒ、一八四一年（*Bruno Bauer*, Kritische Geschichte der Synoptiker, Leipzig 1841）。〔アーノルト・〕ルーゲ『往復書簡集と日記』ベルリン、一八八六年（*Ruge*, Briefwechsel und Tagebuchblätter, Berlin 1886）。学位論文[2]（NA、第一巻、六三ページ）。『最新の哲学および評論へのアネクドータ』チューリヒ、一八四三年（Anekdota zur neuesten Philosophie und Publizistik, Zürich 1843）。一八四二年一月一日から一八四三年三月三一日までの『ライン新聞』、これは全号ベルリン王立図書館にある。この新聞の歴史にかんして、諸アルヒーフからとりだした資料・記録は、青年ヘーゲル派の政治への進出についての豊富な報告とともに、『政治学雑誌』第六巻所載のG・マイアー『三月革命前のプロイセンにおける政治的急進主義の諸起源』(G. Meyer, Die Anfänge des politischen Radikalismus im vormärzlichen Preußen, Zeitschrift für Politik, Band 6)が提供してくれる。新聞の内部危機については、マルクスがルーゲにあてて書き、一九〇二年六月ベルンシュタインがその『社会主義の諸記録(Dokumente des Sozialismus)』で公表した八通の書簡[3]が重要である。マルクスがこの新聞に発表した最も重要な論説[4]は、今では一書に収録されている(NA、第一巻、一七一ページ)。ルートヴィヒ・フォイエルバッハ『往復書簡集および遺稿』ハイデルベルク、一八七四年(*Ludwig Feuerbach*, Briefwechsel und Nachlaß, Heidelberg 1874)。

(1) マルクス『父への手紙』一八三七年一一月一〇日付(全集、補巻第一分冊(第四〇巻))。
(2) 全集、補巻第一分冊(第四〇巻)に収録。
(3) 全集第二七巻に収録。
(4) 『第六回ライン州議会の議事――第一論文。出版の自由と州議会議事の公表とについての討論』、『「ケルン新聞」第一七九号の社説』、『歴史法学派の哲学的宣言』、『共産主義とアウクスブルク「アルゲマイネ・ツァイトゥング」』、『第六回ライン州議会の議事――第三論文。木材窃盗取締法にかんする討論』(いずれも全集第一巻に収録)。

## 〔第三章〕 パリ亡命

『独仏年誌(Deutsch-Französische Jahrbücher)』。同誌はただ一度第一号と第二号の合冊が一八四四年三月パリで出版された。巻頭の往復書簡[1]ならびにマルクスとエンゲルスのおのおの二篇ずつの論文[2]は現在新たに出版されている（NA、第一巻、三六〇ページ）。この雑誌の歴史にかんする多くの記録的資料はG・マイアー『独仏年誌およびパリのフォールヴェルツ誌の消滅（Der Untergang der Deutsch-Französischen Jahrbücher und des Pariser Vorwärts）』（GA、第三巻）が提供している。ルーゲ『過ぎ去った時代から』ベルリン、一八六六年（Aus früherer Zeit, Berlin 1866）。階級闘争の理論にたいして自分が知的につけ加えたものと主張できる業績については、マルクスは一八五二年三月五日付ヴァイデマイアーあての手紙のなかでのべている。[3] メーリング『マルクスおよびエンゲルスの伝記にたいする新たな寄与（Neue Beiträge zur Biographie von Marx und Engels）』（『ノイエ・ツァイト』第二五年次、第二巻、一六三ページ）を見よ。プレハーノフ『階級闘争理論の諸起源について（Über die Anfänge der Lehre vom Klassenkampf）』（『ノイエ・ツァイト』第二一年次、第一巻、二七五ページ）とロートシュタイン『マルクス以前の階級闘争の唱道者』（*Rothstein*, Verkünder des Klassenkampfes vor Marx）（『ノイエ・ツァイト』第二六年次、第一巻、八三六ページ）も参照。ヴィーン市立図書館は『フォールヴェルツ！』誌の一部を所蔵している、マルクスが同誌に発表した唯一の論説[4]（NA、第二巻、四一ページ）。

（1）　マルクス、ルーゲ、バクーニン、フォイエルバッハ『一八四三年の交換書翰』（真下信一訳『ヘーゲル法哲学批判序論』国民文庫、に収録）。

（2）　マルクス『ヘーゲル法哲学批判。序説』、『ユダヤ人問題によせて』（いずれも全集第一巻および真下訳前掲国民文庫に収録、前者は八巻選集第一巻にも収録）。エンゲルス『国民経済学批判大綱』、『イギリスの状態。トマス・カーライル「過去と現在」』（いずれも全集第一巻に収録）。

（3）　全集第二八巻および八巻選集第三巻に収録。

（4）『論文「プロイセン国王と社会改革――一プロイセン人」にたいする批判的論評』（全集第一巻、八巻選集第一巻）。

## 〔第四章〕 フリードリヒ・エンゲルス

青年エンゲルスはG・マイアー『フリードリヒ・エンゲルスの筆名（Ein Pseudonym von Friedrich Engels）』（GA、第四巻）によって、いわば新たに発見された。きわめて興味のあるのは、エンゲルスが二、三の幼な友達にあてた手紙で、これはマイアーが『ノイエ・ルントシャウ（Neue Rundschau）』誌の一九一三年九－一〇月号に発表した。[1] マイアーがエンゲルスの文筆上・政論上のデビューについて書こうと考えている包括的述作はおそらく間もなく出るだろう。エンゲルスおよびマルクス『聖家族』[2] NA、第二巻、詳細な注釈つき。エンゲルス『イギリスにおける労働者階級の状態』[3] ライプツィヒ、一八四五年。

（1） *Gustav Meyer*, Friedrich Engels. Eine Biographie, 2 Bde, Berlin 1919.
（2） 全集第二巻に収録。
（3） 全集第二巻および国民文庫に収録。

## 〔第五章〕 ブリュッセル亡命

ベルンシュタインはマルクスとエンゲルスがシュティルナーにたいしておこなった論争について、その『社会主義の諸記録』のなかで、かなり長い章節をさいている。真正社会主義との二人の関係については、NA第二巻。ヴァイトリング『調和と自由との保障』メーリングの伝記的序説と注つき、ベルリン、一九〇八年（*Weitling*, Garantien der Harmonie und Freiheit. Mit einer biographischen Einleitung und Anmerkungen von Mehring, Berlin 1908)。プルドン『書簡集 (Correspondance)』第二巻、一九八ページ。マルクス『哲学の貧困』(1) シュトゥットガルト、一八八五年。『ブリュッセル-ドイツ語新聞』は〔ドイツ社会民主党〕党文庫にほとんど全部そろっている。マルクスとエンゲルスが同紙に発表した最も重要な諸論稿(2)はNA第二巻。共産主義者同盟にかんする資料で残存するものは比較的少ないが、現在はマルクスの『ケルン共産党裁判の真相』(3) エンゲルスの序文と諸記録つき、に収録されている。(4) 第四版、メーリングの序説と注つき、ベルリン、一九一四年。ベルトラント『一八四八年以前のベルギーにおける社会民主主義運動』(*Bertrand*, Die sozialdemokratische Bewegung in Belgien vor 1848)(『ノイエ・ツァイト』第二三年次、第二巻、二七七ページ)。ローシュタイン『インタナショナルの前史から (Aus der Vorgeschichte der Internationalen)』(『ノイエ・ツァイト』補巻第一七冊)。W・ヴォルフ『全集』メーリング編、ベルリン、一九〇九年 (W. *Wolff*, Gesammelte Schriften, herausgegeben von Mehring, Berlin 1909)。マルクス『賃労働と資本』(5) エンゲルスの序文つき、ベルリン、一八九一年。マルクス＝エンゲルス『共産党宣言』(6) 著者の一人〔エンゲルス〕が校閲した最終版はベルリンで一八九〇年に刊行された。

（1） 全集第四巻および国民文庫に収録。
（2） エンゲルス『保護関税か自由貿易制度か』、『スイスの内乱』、マルクス『「ライニシャー・ベオバハター」紙の共産主義』、『道徳的批判と批判的道徳』（いずれも全集第四巻に収録）。
（3） 全集第八巻に収録。
（4） エンゲルス『共産主義者同盟の歴史によせて』（全集第八巻、第二一巻および八巻選集第八巻）。
（5） 全集第六巻、八巻選集第二巻および国民文庫に収録。

（6） 全集第四巻、八巻選集第二巻および国民文庫に収録。

〔第六章〕 革命と反革命

『新ライン新聞』、その一連の社説はＮＡ第三巻に収録。メーリング『往復書簡におけるフライリヒラートとマルクス（Freiligrath und Marx in ihrem Briefwechsel）』（『ノイエ・ツァイト』補巻第一二冊）。ラサールとマルクス、ＮＡ第四巻、およびＢＭＥ第二巻、第三巻。

# 編集者注

(一)　カウツキーならびにリャザーノフとの二論争は一九一三年におこなわれた。メーリング対カウツキーの論争に属するものには次の出版物がある。

(1)　フランツ・メーリング『党の記念日』(『ノイエ・ツァイト』第三一年次、一九一二／一三年、第一巻、七九三ページ以下)。

(2)　カール・カウツキー『党内論争』(同右、八三八—八四一ページ)。

(3)　フランツ・メーリング『ラサールとマルクスとの対立について。返答』(同右、第二巻、四四五—四五〇ページ)。

(4)　カール・カウツキー『ラサールとマルクス』(同右、四七六—四九〇ページ)。

(5)　フランツ・メーリング『わが背任。弁明』(同右、五九二—六〇〇ページ)。

(6)　カール・カウツキー『信頼のおける人』(同右、六〇〇—六〇二ページ)。

リャザーノフ対メーリングの論争に属するものには次の出版物がある。

(1)　フランツ・メーリング『マルクスにかんする新しい文書』(同右、九八五—九九一ページ)。

(2)　デ・リャザーノフ『社会民主主義の旗と無政府主義の商品。党史への一寄与』(同右、第三二年次、一九一三／一四年、第一巻、一五〇—一六一、二二六—二三九、二六五—二七二、三二〇—三三三、三六〇—三七六ページ)。

(3) フランツ・メーリング『あらたな文士のけんか』（同右、三九三―三九六ページ）。

(4) デ・リャザーノフ『引用符なき歴史叙述』（同右、四七三―四七九ページ）。三

(二) 注一を参照。三

(三) ナポレオン法典――一八〇四年のフランス市民法典（Code Civil des Français）を一八〇七年に書きかえたもの。ナポレオン法典は本質的にはフランス革命の成果を保持し、形式的市民的自由の基盤に立つ。同法はドイツの依然として極めて封建的な法に比べると非常に進歩的だった。三六

(四) メーリングはここで『ユダヤ人文化・学術協会』のことを言っているのであって、これにはガンスやハイネのほかにまだレオポルト・ツンツ、モーゼス・モーザー、ラツァールス・ベンダーフィト、ルートヴィヒ・マルクスその他も属していた。ハイネはこの協会とその指導的メンバー等の努力を、一八四四年に書いて発表した論文『ルートヴィヒ・マルクス。記念録』の中で多としている。三九

(五) メーリングはここで一八六九年にハイネの遺稿の中から発表された詩『ある背教者に』の結びの二行を引用している。三九

(六)「洗礼章はヨーロッパ文化への入場券だ」この警句はハイネの遺稿のなかに発見され、一八六九年にほかの言葉といっしょに『思想と着想』という題にまとめられて――発表された。『ハインリヒ・ハイネ全集』教授エルンスト・エルスター博士編、第七巻、ライプツィヒおよびヴィーン、刊行年次記載なし、四〇七ページ。三九

(七) カール・マルクス『ドイツ語作文。高等学校卒業課題』（「職業選択にあたっての一青年の考察」）。全集、補巻第一分冊（第四〇巻）、五九二〔原〕ページ。四三

(八) カール・マルクスから妻イェニーへ、一八六三年一二月一五日。全集、第三〇巻、六四三〔原〕ページ。四五

(九) カール・マルクスから父へ、一八三七年一一月一〇日。全集、補巻第一分冊（第四〇巻）、四〔原〕ペ

ージ。五二

(一〇)　マルクスがベルリンで徹底的に熟読したものとしてメーリングのあげた書物では、次の諸著作が重要である。ゴットホールト・エフライム・レッシングの美学上の主著で一七六六年に出版された『ラオコーンまたは絵画と文学との限界について』。後期ロマン派の美学上の主要文書で一八一五年に出版されたカール・ヴィルヘルム・フェルディナント・ゾルガーの『エルヴィン。美と芸術にかんする四つの対話』。一七六四年に出版された、ドイツ啓蒙主義のおそらく最も重要な歴史書である、ヨーハン・ヨアヒム・ヴィンケルマンの『古代芸術史』。一八二五―一八三七年に出版されたハインリヒ・ルーデンの『ドイツ民族史』。九八年に世にでたローマ史家コルネリウス・タキトゥスの有名な書物『ゲルマニア』。一八年ごろ没した詩人オヴィディウスの晩年の作品である『トゥリスティア』（挽歌）。一七八八―一八〇九年に二六巻本として刊行されたエルンスト・フェルディナント・クラインの『プロイセン諸国家における立法と法学の年代記』。一七九八―一八一一年にE・F・クラインはG・A・クラインシュロートとC・G・コーパークとともに『刑法アルヒーフ』を発行した。五三

(一一)　カール・マルクスから父へ、一八三七年一一月一〇日。全集、補巻第一分冊（第四〇巻）八（原）ページ。五四

(一二)　ハンブルクの神学者ヘルマン・ザームエル・ライマールスは啓蒙主義的で宗教批判的な『アポロギーあるいは合理的敬神者の弁護書』を書いたが、公刊する勇気はなかった。彼の死後ようやくレッシングによって、この書のいくつかの部分が著者の名をあげずに、叢書『歴史と文学のために。ヴォルフェンビュッテル公爵図書館宝蔵から』の中に『一無名氏の断片』という題名で、この叢書の第三稿（一七七四年）ならびに第四稿（一七七七年）として出された。六一

(一三)　メーリングのこの見解は近来のマルクス主義研究者によって首尾よく否定されている。それによれば、マルクスは学位論文ではたしかにまだ観念論者ではあったが、ヘーゲルにたいしてはすでに比較的に独立して

いた。（オギュスト・コルニュ『カール・マルクスとフリードリヒ・エンゲルス。生涯と業績。第一巻、一八一八―一八四四年』、ベルリン、一九五四年、一五九―一八三ページ参照）。

もちろん、学位論文のための多くの重要な予備論文や副論文がメーリングに知られていなかったことは指摘されなければならない。それらは彼の死後に発表された（全集、補巻第一分冊（第四〇巻）、一三―二五五〔原〕ページ）。八二

（一四）　カール・マルクス『フォイエルバッハにかんするテーゼ』一八四五年に書きおろされた元草稿。全集、第三巻、五〔原〕ページ。八三

（一五）　カール・マルクス『学位論文の序言』。全集、補巻第一分冊（第四〇巻）、二六二〔原〕ページ。八三

（一六）　同右、二六三〔原〕ページを見よ。八三

（一七）　ヨーハン・ヤコービのパンフレットは『四つの問題、一東プロイセン人これに答う』という書名で一八四一年に刊行された。九三

（一八）　カール・マルクス『出版の自由と州議会議事の公表とについての討論』。全集、第一巻、四五〔原〕ページ。九五

（一九）　『ライン新聞』一八四二年八月九日号所載のマルクスの論文『歴史法学派の哲学的宣言』の中に「もしカント哲学をフランス革命のドイツ的理論とみることが正当であるとすれば、フーゴーの自然法はフランスのアンシャン・レジームのドイツ的理論とみなさるべきである」（同右、八〇―八一〔原〕ページ）という文章がある。九五

（二〇）　注一七を参照。九六

（二一）　カール・マルクス『出版の自由と州議会議事の公表とについての討論』。全集、第一巻、七〇〔原〕ページ。九六

（二二）　マルクスからルーゲへ、一八四二年七月九日。全集、第二七巻、四〇五〔原〕ページ。九七

（二三） カール・マルクス『木材窃盗取締法にかんする討論』。全集、第一巻、一四五〔原〕ページ。九九

（二四） マルクスからルーゲへ、一八四二年一一月三〇日。全集、第二七巻、四二一〔原〕ページ。一〇四

（二五） 同右、四二二〔原〕ページ。一〇五

（二六） 同右、四一三〔原〕ページ。一〇六

（二七） 『新プロイセン新聞』は題字に国境守備隊の十字章（鉄十字）をつけていたので『クロイツツァイトゥング〔十字章新聞〕』ともよばれ、プロイセンの新聞界では保守の最右翼を代表した。『ポスト』紙は自由保守（すなわち穏健な保守）党の機関紙だった。『プロイシシャー・シュターツアンツァイガー』紙はプロイセン政府の公的機関紙だった。一〇六

（二八） マルクスからルーゲへ、一八四二年一一月三〇日。全集、第二七巻、四一一〔原〕ページ）。一〇八

（二九） カール・マルクス『††－モーゼル通信員の弁護』。全集、第一巻、一七二―一九九〔原〕ページ。一一〇

（三〇） マルクスからルーゲへ、一八四三年一月二五日。全集、第二七巻、四一四、四一五〔原〕ページ。一一一

（三一） 同右、四一四〔原〕ページ。一一一

（三二） 同右、四一五〔原〕ページ。一一三

（三三） ここでメーリングは少し不正確である。論文集を受けとったとマルクスが確認したのは一八四三年一月二五日の手紙においてではなく、一八四三年三月一三日である。論文集自体は一八四三年三月はじめではなく、二月に出版された。一二四

（三四） フリードリヒ・エンゲルス『ルートヴィヒ・フォイエルバッハとドイツ古典哲学の終結』。全集、第二一巻、二七二〔原〕ページ。一二四

（三五） マルクスからルーゲへ、一八四三年三月一三日。全集、第二七巻、四一七〔原〕ページ。一二六

（三六） 同右、四一六〔原〕ページ。一二八

(三七) マルクスからルーゲへ、一八四二年七月九日。同右、四〇五〔原〕ページ。一二九
(三八) マルクスからルーゲへ、一八四三年三月一三日。同右、四一六—四一七〔原〕ページ。一三〇
(三九) マルクスからフォイエルバッハへ、一八四三年一〇月三日。同右、四一九—四二一〔原〕ページ。メーリングがここであげた日付はまちがっている。一三一
(四〇) カール・マルクス『独仏年誌』所収の書簡。全集、第一巻、三三八〔原〕ページ。一三五
(四一) 同右、三四四四〔原〕ページ。一三七
(四二) 同右。一三八
(四三) ヘルヴェークには「偉大な未来」がなかったというメーリングの言葉は、ヘルヴェークが一八四一年に刊行した『ある生者の詩』を一生涯もはや超えて進むことはできなかったというメーリングの所信にもとづいている。しかしヘルヴェークは——マルクスがヘルヴェークの「偉大な未来」について語った——一八四四年以後にもなお多くの重要な政治詩を書いたのであるから、メーリングのこの見解はそのかぎりにおいて限定されねばならない。ドイツ文学、とりわけ政治的叙情詩の歴史において彼のしめる重要な地位は、ただ早期の作品にのみもとづくものではなく、一八四四年以後に書かれた作品にも大きく負っているのである。そのかぎりではヘルヴェークには断然、偉大とよんでよい一つの未来があった。一三一
(四四) カール・マルクス『ヘーゲル法哲学批判。序説』。全集、第一巻、三九〇〔原〕ページ。一三八
(四五) カール・マルクス『ユダヤ人問題によせて』。同右、三七〇〔原〕ページ。一四五
(四六) 同右、三七二〔原〕ページ。一四五
(四七) この文章をハイネは一八四三年七月一九日の『ツァイトシュリフト・フュール・ディ・エレガンテ・ヴェルト』誌にのった論文において書いている。この論文はハイネの著書『ルテーツィア。政治・芸術・民衆生活についての報告』第二部に『共産主義・哲学・聖職者階級』の題名で付録として付け加えられた。一五一
(四八) ハイネは一八五四年に『回顧的啓蒙』——これは『ルテーツィア』第二部に挿入された——のなかで

こう主張している。――マルクスは一八四八年彼のところへやって来て、ハイネの年金についてアウクスブルクの『アルゲマイネ・ツァイトゥング』紙の加えた攻撃にたいして怒りを表明した。そしてマルクスはこの訪問のさいに、ハイネが年金を受けとったのは貧しい同志を実際に援助できるようにするためにすぎないという確信も表明した、云々と。マルクスは一八五五年に『回顧的啓蒙』を読み、同年一月一七日にエンゲルスあてに書いている。――このハイネの話はでたらめだが、それを公けにはしないでおく、と。

詩人というものは「変わりもの」で「やりたいようにさせておくほかなく、凡人の尺度で、あるいは非凡人の尺度で測ってはならない」とマルクスは考えていたという、続く数行にのべられたメーリングの見解を立証する信頼のできる証拠文書はない。マルクスのこうした表現は、無署名ではあるが確実にメーリングの手になる記事のなかに最初に書きいれられた（フランツ・メーリング全集、第一〇巻、ディーツ出版社、ベルリン、一九六一年、四六九ページを見よ）。この記事の中心に一八四四年九月二一日付のカール・マルクスあてハインリヒ・ハイネの残存する唯一の手紙が発表されている。メーリングはこの手紙にコメントして、マルクスの娘エリナ・マルクス＝エーヴリングの（明らかに口頭による）情報を引き合いに出している。ここにのべられたマルクスの表現はおそらくこの情報に由来するものであろう。

詩人を歌わせるにはお世辞をいってやらねばならないという所見は、一八五二年一月一六日付ヴァイデマイアーあてのマルクスの手紙に由来する。その手紙のなかでフライリヒラートが引き合いにだされている。「……詩人とは皆、最良の者でさえ、多かれ少なかれ女官のようなもので、彼らを歌わせるには、お世辞をいってやらなければならないのだ」（全集、第二八巻、四七五〔原〕ページ）。一五五

（四九）マルクスからハイネへ、一八四六年四月五日、を参照。全集、第二七巻、四四一〔原〕ページ。一五六

（五〇）ハイネからマルクスへの手紙はメーリング全集第一〇巻四六五ページ以下。一五六

（五一）マルクスからハイネへ、一八四六年四月五日。全集、第二七巻、四四一〔原〕ページ。一五七

（五二）カール・マルクス『論文「プロイセン国王と社会改革。一プロイセン人」にたいする批判的論評』。

全集、第一巻、三九二〔原〕ページ、カール・マルクスによる脚注。一六一

(五三) 同右、四〇九〔原〕ページ。一六二

(五四) 同右、四〇四〔原〕ページ。一六三

(五五) 同右、四〇五〔原〕ページ。一六四

(五六) エンゲルスからフリードリヒ・グレーバーへ、一八三九年一一月一三日。全集、補巻第二分冊（第四一巻）、四三三〔原〕ページ。一七〇

(五七) エンゲルスからフリードリヒおよびヴィルヘルム・グレーバーへ、一八三八年九月一七―一八日。同右、三三四〔原〕ページ。一七一

(五八) 同右、三三五〔原〕ページ。一七一

(五九) エンゲルスからフリードリヒ・グレーバーへ、一八三九年一月二〇日。同右、三五四〔原〕ページ。メーリングの日付は誤っている。一七三

(六〇) エンゲルスからフリードリヒ・グレーバーへ、一八三九年四月八日。同右、三六七〔原〕ページ。一七三

(六一) エンゲルスからフリードリヒ・グレーバーへ、一八三九年七月一二―二七日。同右、四〇七〔原〕ページ。一七三

(六二) エンゲルスからヴィルヘルム・グレーバーへ、一八三九年一一月一三―二〇日。同右、四三五〔原〕ページ。一七四

(六三) エンゲルスからフリードリヒ・グレーバーへ、一八三九年一二月九日―一八四〇年二月五日。同右、四四三〔原〕ページ。一七四

(六四) 青年フリードリヒ・エンゲルスの反シェリング論の第二冊――『シェリング、キリストのうちなる哲学者。あるいは世界知の神知への変容』おなじく一八四二年出版――をメーリングはまだ知らなかった。この書の価値は『シェリングと啓示』に劣るものである。同右、二二三―二四五〔原〕ページ。一七六

(六五)　この風刺的英雄詩の正確な題名は『厚かましくも威されたが奇しくも救われた聖書。別名、信仰の勝利。みずから悪魔に誘惑され、きよらかな信仰を捨て、大悪魔となり、あげくのはて、力もて放逐されたる聖なる得学士、ブルーノ・バウアーの、おそろしくも、真実にして有益なる物語。四歌よりなるキリスト者の英雄詩』。同右、二八一—三二六〔原〕ページ。一七六

(六六)　同右、三〇〇—三〇一〔原〕ページ。一七七

(六七)　これはメーリングのまちがいで、エンゲルスは一八四二年一〇月一〇日ごろバルメンに帰った。一七七

(六八)　フリードリヒ・エンゲルス『国民経済学批判大綱』。全集、第一巻、四九九—五二四〔原〕ページ。一七九

(六九)　フリードリヒ・エンゲルス『ルートヴィヒ・フォイエルバッハとドイツ古典哲学の終結』。全集、第二一巻、二九二〔原〕ページ、エンゲルスによる注。一八〇

(七〇)　『イギリスの状態。トマス・カーライル「過去と現在」ロンドン、一八四三年』。全集、第一巻、五二六〔原〕ページ。一八二

(七一)　同右、五四六〔原〕ページ。一八三

(七二)　フリードリヒ・エンゲルス『国民経済学批判大綱』。同右、五一五〔原〕ページ。一八三

(七三)　フリードリヒ・エンゲルス＝カール・マルクス『聖家族。別名、批判的批判の批判。ブルーノ・バウアーとその伴侶を駁す』。全集、第二巻、二〇〔原〕ページ。一八五

(七四)　同右、八五〔原〕ページ。一八六

(七五)　同右、八五—八六〔原〕ページ。一八七

(七六)　同右、一二八〔原〕ページ。一八八

(七七)　同右、一五九〔原〕ページ。一八八

(七八)　同右、二〇〔原〕ページ。一九〇

（七九）同右、三七—三八〔原〕ページ。一九二

（八〇）同右、三八〔原〕ページ。一九三

（八一）同右、二二五—五〇六〔原〕ページ。この巻の補録として、一八八七年のアメリカ版への序文と一八九二年のドイツ語版への序言が収録されている。一九四

（八二）エンゲルスからマルクスへ、一八四五年一月二〇日。全集、第二七巻、一六〔原〕ページ。一九七

（八三）同右。一九六

（八四）エンゲルスからマルクスへ、一八四五年二月二二日。同右、一九〔原〕ページ。一九六

（八五）同右、二〇〔原〕ページ。一九九

（八六）カール・マルクス『経済学批判』。全集、第一三巻、一〇〔原〕ページ。二〇三

（八七）メーリングの存命中には、『ドイツ・イデオロギー』の草稿を所持していたエードゥアルト・ベルンシュタインはこの著作のほんのわずかな断片しか公刊しなかった。それでメーリングはこの労作の特別の意義について正しい判断を下すことができなかった。『ドイツ・イデオロギー』は一九三二年にモスクワのマルクス＝エンゲルス＝レーニン研究所によってドイツ語ではじめて公刊された。全集、第三巻、九—五三二〔原〕ページを見よ。二〇三

（八八）メーリングが「警句」と言っているのはカール・マルクスの『フォイエルバッハにかんするテーゼ』のことで、フリードリヒ・エンゲルスは一八八八年に『論文ルートヴィヒ・フォイエルバッハとドイツ古典哲学の終結』のまえがきでこのテーゼについて、これは「新しい世界観の天才的な萌芽が記録されている最初の文書として、はかり知れないほど貴重なものである」と書いた（全集、第二一巻、二六四〔原〕ページ）。全集、第三巻、五—七、五三三—五三五〔原〕ページには『フォイエルバッハにかんするテーゼ』が、マルクスの書きおろしの元原稿ならびにフリードリヒ・エンゲルスによる一八八八年の出版用の訂正稿のかたちで公刊されている。二〇四

（八九）　ここで問題になっているのは、ジャック・プシェの『警察記録による回想』中の論文『自殺について』をあつかったカール・マルクスの論文のことである。MEGA、第一部、第三巻、三九一―四〇七ページを見よ。二〇七

（九〇）　フリードリヒ・エンゲルスの論文。全集、第二巻。二〇七

（九一）　『ドイツ・イデオロギー』第二巻第四章をさしている。全集、第三巻、四七三―五二〇〔原〕ページ。『ヴェストフェーリシェス・ダンプボート』誌に寄せたエンゲルスの論文。全集、第二巻、五九一―六〇三〔原〕ページ。二〇七

（九二）　フリードリヒ・エンゲルス『フーリエの商業論の一断章』。同右、六〇八〔原〕ページ。二〇八

（九三）　カール・マルクス＝フリードリヒ・エンゲルス『共産党宣言』。全集、第四巻、四八七〔原〕ページ。二〇九

（九四）　マルクスからヘルヴェークへ、一八四七年八月八日。全集、第二七巻、四六六〔原〕ページ。二一一

（九五）　クリーゲに反対する回状は全集、第四巻、三―一七〔原〕ページに収録されている。二一七

（九六）　カール・マルクス『哲学の貧困』。同右、九一―九二〔原〕ページ。二二三

（九七）　同右、一〇九、一一二〔原〕ページ。二二四

（九八）　同右、九七〔原〕ページ。二二五

（九九）　同右、九七〔原〕ページ。二二六

（一〇〇）　同右、一四〇〔原〕ページ。二二七

（一〇一）　同右、一四三〔原〕ページ。二二八

（一〇二）　同右、一三〇〔原〕ページ。二二八

（一〇三）　同右、一六五〔原〕ページ。二二九

（一〇四）　同右、一八二〔原〕ページ。二三〇

（一〇五） フリードリヒ・エンゲルス『カール・マルクス「経済学批判」』。全集、第一三巻、四七三〔原〕ページ。二三二

（一〇六） マルクスからヘルヴェークへ、一八四七年八月八日。全集、第二七巻、四六七〔原〕ページ。二三三

（一〇七） メーリングはここで時間的には相互にへだたっているエンゲルスの二つの言葉を一つに結びあわせている。エンゲルスの論文『保護関税か自由貿易制度か』は一八四七年七月に『ブリュッセル‐ドイツ語新聞』にのせられた。全集、第四巻、五八―六一〔原〕ページ。リストとフェリエにかんする所見は『ダス・フォルク』紙（ロンドン）にのせられた、マルクスの『経済学批判』にかんするエンゲルスの書評の中にある。全集、第一三巻、四六八―四七七〔原〕ページ。二三四

（一〇八） 全集第四巻によれば、一八四七年九月一二日の『ブリュッセル‐ドイツ語新聞』にのった論説『「ライニシャー・ベオバハター」紙の共産主義』はマルクスが一人で書いたものである。同右、一九一―二〇三〔原〕ページ。二三四

（一〇九） 同右、二〇〇〔原〕ページ。二三七

（一一〇） 一八四七年一月一五日付のエンゲルスからマルクスへの手紙でわかるように、論文『詩と散文におけるドイツ社会主義』の筆者はフリードリヒ・エンゲルスであった。（全集、第二七巻、七五―七六〔原〕ページを見よ。）この論文は全集、第四巻、二〇七―二四七〔原〕ページに収録されている。二三九

（一一一） メーリングの存命中には発表されなかったエンゲルスの論文『真正社会主義者』は、一八四七年初めに書かれ、一九三二年にMEGA第一部第六巻にはじめてドイツ語で公表された。全集、第四巻、二四八―二九〇〔原〕ページ。二三九

（一一二） 同右、二七八―二七九〔原〕ページを見よ。エンゲルスがフライリヒラートの詩を「不当に酷評」したとはいえない。エンゲルスの批判はむしろ徹頭徹尾好意的で、ただフライリヒラートのあまりにも牧歌的な革命観に――まったく当然のことだが――反対しただけのことである。二三九

(二一三)　フリードリヒ・エンゲルス『詩と散文におけるドイツ社会主義』。同右、二〇七〔原〕ページ。二三九
(二一四)　カール・マルクス『道徳的批判と批判的道徳。ドイツ文化史に資して。カール・ハインツェンにたいする反論』。同右、三三一―三五九〔原〕ページ。それより以前に発表されたエンゲルスの論文『共産主義者とカール・ハインツェン』。同右、三〇九―三二四〔原〕ページ。二四〇
(二一五)　エルンスト・ドロンケの書『ベルリン』は、リュッテン・ウント・レーニング出版社、ベルリン、から省略された形で一九五三年にあらたに刊行された。二四三
(二一六)　ヴェールトの五巻本全集は一九五六／五七年にブルーノ・カイザーの編集でドイツ民主共和国、アウフバウ出版社、ベルリン、ではじめて刊行された。二四三
(二一七)　国王ルイ＝フィリップにたいする暗殺計画ののち、一八三五年九月にはフランスに、陪審裁判の活動を制限し出版を圧迫する法律が公布された。そこで、たとえば新聞雑誌の保証金が引き上げられ、私有財産と現存国家秩序に反対する出版物は牢獄と罰金刑によって脅かされた。二四三
(二一八)　カール・マルクス『フォークト君』を見よ。全集、第一四巻、四三九〔原〕ページ。二四五
(二一九)　エンゲルスの書『ドイツの現状』は小冊子として計画されたが、その当時は公刊されなかった。そして残存していた部分が一九二九年にはじめてソヴェト連邦で公けにされた。全集、第四巻、四〇―五七〔原〕ページ。二四五
(二二〇)　『共産主義者同盟規約』。同右、五九六―六〇一〔原〕ページ。二四七
(二二一)　カール・マルクスの覚え書によれば、共産主義者同盟のブリュッセル班はすでに一八四七年八月五日に結成された。同右、五九三〔原〕ページを見よ。二四八
(二二二)　エンゲルスからマルクスへ、一八四七年九月二八（―三〇）日。全集、第二七巻、八四〔原〕ページ。二四九
(二二三)　同右、九一〔原〕ページ。二四九

（一二四）　カール・マルクス＝フリードリヒ・エンゲルス『ポーランドについての演説』。全集、第四巻、四一六―四一七〔原〕ページ。二五〇

（一二五）　カール・マルクス『自由貿易問題についての演説』。同右、四四四―四五八〔原〕ページ。二五三

（一二六）　カール・マルクス『賃労働と資本』。全集、第六巻、四〇七〔原〕ページ。二五四

（一二七）　同右、四〇九〔原〕ページ。二五四

（一二八）　エンゲルスの草案として問題となっているのは『共産主義の原理』である。全集、第四巻、三六一―三八〇〔原〕ページ。二五七

（一二九）　エンゲルスからマルクスへ、一八四七年一一月二四日。全集、第二七巻、一〇七〔原〕ページ。二五八

（一三〇）　全集、第四巻、五七五〔原〕ページを見よ。そこでは、序文のテキストはエンゲルスがドイツ語で書いた原文に従って採録されている。〔メーリングの〕引用文と対応する箇所は次のようになっている。「それは、ロシアがヨーロッパの全反動の最後の大きな予備軍となっていた時代であり、また合衆国がヨーロッパのプロレタリアートの過剰な力を移民によって吸収していた時代であった。どちらの国も、ヨーロッパに原料を供給すると同時に、ヨーロッパの工業生産物の販売市場になっていた。だから、その当時には、どちらの国もなんらかの仕方でヨーロッパの既存秩序の支柱であった。」二六〇

（一三一）　カール・マルクス＝フリードリヒ・エンゲルス『共産党宣言』。同右、四九三〔原〕ページ。二六三

（一三二）　『共産主義者同盟中央委員会の決定』。同右、六〇七〔原〕ページ。二六六

（一三三）　カール・マルクス＝フリードリヒ・エンゲルス『ドイツにおける共産党の要求』。全集、第五巻、三―五〔原〕ページ。二六七

（一三四）　エンゲルスからマルクスへ、一八四八年四月二五日。全集、第二七巻、一二五〔原〕ページ。二六八

（一三五）　フリードリヒ・エンゲルス『フランクフルト議会』。全集、第五巻、一四―一七〔原〕ページ。二七〇

（一三六）　『フランクフルトの急進民主党の綱領と左派の綱領』。同右、四二〔原〕ページ。二七〇

（一三七）『市民軍法案』。同右、二四九〔原〕ページ。二七三

（一三八）『封建的諸負担廃止法案』。同右、二八三〔原〕ページ。二七三

（一三九）『六月革命』。同右、一三六―一三七〔原〕ページ。二七四

（一四〇）『ドイツの対外政策』。同右、一五五〔原〕ページ。二七五

（一四一）同右、二〇二〔原〕ページ。二七六

（一四二）フリードリヒ・エンゲルス『フランクフルトにおけるポーランド討論』。同右、三一九―三六三〔原〕ページ。二七六

（一四三）同右、三四〇〔原〕ページ。二七六

（一四四）このメーリングの言葉は完全には正しくない。一八八二年二月七日のカール・カウツキーあての手紙（全集、第三五巻、二六九―二七三〔原〕ページ）で、エンゲルスは「小スラヴ諸民族と民族残党」とくにオーストリア‐ハンガリーのスラヴ民族群にくわしく説き及んでいる。しかし一八四九年のときとは反対に、彼はいまではもうこれらの諸民族の歴史的未来を否定していない。たしかに彼はなお依然としてその反動的汎スラヴ主義的傾向をきわめてきびしく批判してはいるが、次のようにつづけて書いている。「ツァーリズムの崩壊によって、これらの侏儒《こびと》民族どもの民族的運動が汎スラヴ主義的世界支配の意図との抱合から解放されたときはじめて、われわれは彼らの自由にまかせることができる。そして大多数のオーストリア‐ハンガリーのスラヴ人が六ヵ月も独立すれば、彼らをしてオーストリア‐ハンガリーへの復帰を切願せしめるに十分だと、私は確信する。」（同右、二七二〔原〕ページ）。これによればエンゲルスは依然としてスラヴ小民族がひとつの国家をなして生活する能力があるとは信じていなかったが、しかしいままでは一八四九年のときよりもはるかに控え目に語っており、ツァーリズムの崩壊を前提として独立の民族的発展の可能性を認めた。

　ちなみにここで老フリードリヒ・エンゲルスが一八九三年にのべた言葉を指示しておかねばならない。ブルガリアの文集『ソツィアール‐デモクラート』誌編集部への手紙（全集、第二二巻、四〇七〔原〕ページ）で、

エンゲルスは「東方と東南方へと向かう社会主義の前進」に歓びを表明し、これらの国々の労働運動をさらによく追いかけることができるように、ルーマニア語とブルガリア語を学びたいと言っている。そしてメーデーにさいしてチェコの同志たちにあてたあいさつのなかで、エンゲルスは「労働者階級が政治的支配につくようになれば、ただちに民族的不和のあらゆる口実がなくなること」を強調した（全集、第二二巻、四〇三〔原〕ページ）。この二つの言明ではエンゲルスは小スラヴ諸民族の民族的展望の問題に直接たちいってはいないが、これらの国々の労働運動についてのきわめて肯定的な所見は、一八四八年の否定的な言葉と明らかなコントラストをなしており、また小スラヴ諸民族は社会主義運動によって真の展望をうるにいたったという確信を間接に表明している。二八〇

（一四五）　フリードリヒ・エンゲルス『民主的汎スラヴ主義』。全集、第六巻、二七〇―二八六〔原〕ページ。二八〇

（一四六）　同右、二八六〔原〕ページ。二八一

（一四七）　同右、二七五〔原〕ページ。二八一

（一四八）　フリードリヒ・エンゲルス『デンマーク＝プロイセンの休戦協定』。全集、第五巻、三九四〔原〕ページ。二八五

（一四九）　同右、三九四、三九五、三九六〔原〕ページ。二八九

（一五〇）　『ベルリンにおける審議の自由』。同右、四〇六〔原〕ページ。二九一

（一五一）　マルクスからヴァイデマイアーへ、一八五二年一月一六日。全集、第二八巻、四七五〔原〕ページ。二九八

（一五二）　マルクスからフライリヒラートへ、一八六〇年二月二三日。全集、第三〇巻、四六一〔原〕ページ。二九八

（一五三）　マルクスからエンゲルスへ、一八五六年三月五日。全集、第二九巻、二八〔原〕ページを見よ。三〇〇

（一五四） エンゲルスはこういう形ではおそらく口頭で表明しただけのものであろう。この問題の解明のためには、メーリング全集のこの巻の編集者まえがきならびに第一巻、第二巻のまえがきを指示しておく。三〇〇

（一五五） カール・マルクス『ベルリンの反革命』。全集、第六巻、八―九〔原〕ページ。三〇五

（一五六） 『民主党ライン地区委員会の納税拒否の呼びかけ』（同右、三三〔原〕ページ）。それ以前の一八四八年一一月一四日の『呼びかけ』（同右、二〇〔原〕ページ）。三〇六

（一五七） カール・マルクス『ライン民主党地区委員会にたいする訴訟（弁論）』。同右、二四五〔原〕ページ。三〇七

（一五八） 同右、二五二―二五三〔原〕ページ。三〇七

（一五九） 同右、二五六〔原〕ページ。三〇八

（一六〇） 同右、二五六―二五七〔原〕ページ。三〇八

（一六一） カール・マルクス『革命運動』。同右、一四九〔原〕ページ。三〇九

（一六二） 『マントイフェルの機関紙とヨハンネス――ライン州とプロイセン国王』。同右、七六〔原〕ページ。三一一

（一六三） シュテファン・ボルンについてのエンゲルスの晩年の言明は一八八五年に公刊された論文『共産主義者同盟の歴史によせて』のなかにある。全集、第八巻、五八八―五八九〔原〕ページ。三一一

（一六四） 『声明』。全集、第六巻、四二六〔原〕ページ。この声明の日付は一八四九年四月一四日で、一八四九年四月一五日に『新ライン新聞』に発表された。三一二

（一六五） 『一八四九年四月一六日の労働者協会総会の決議』。同右、五八四〔原〕ページ。三一三

（一六六） 追放命令の日付は一八四九年五月一二日である。三一五

（一六七） カール・マルクス『戦時法規による「新ライン新聞」の禁止』。同右、五〇四―五〇五〔原〕ページ。三一七

（一六八）『ケルンの労働者へ』。同右、五一九〔原〕ページ。三一七

（一六九）マルクスからフライリヒラートへ、一八四九年七月三一日。全集、第二七巻、五〇三〔原〕ページ。三一九

マルクス伝（1）（全3冊）

一九七四年四月　五日第一刷発行
一九七五年二月一二日第三刷発行

定価はカバーに表示してあります

訳者©　栗原佑

発行者　小林直衛
東京都文京区本郷二丁目一一番九号

印刷者　田中昭三
東京都新宿区改代町二四番地

発行所　株式会社　大月書店
東京都文京区本郷二ノ一一ノ九
電話　営業(813)四六五一
編集(814)二九三一
振替東京一六三八七

落丁・乱丁本はお取替いたします

理想社印刷・田中製本

本書は1974年初版の国民文庫版『マルクス伝』(全3巻)の紙面を四六判に拡大して復刻したものです。底本は1975年発行の第3刷を使用しました。
文中には現在の通念に照らして不適切な表現および翻訳を含む場合がありますが、改変せずそのまま復刻しました。歴史的史料としての意義も踏まえ、ご理解いただけるようお願いいたします。
可能な限り明瞭な再現をめざしましたが、活字のかすれや滲み、版面の傾きなどは活版印刷の特性によるものとしてご理解をお願いいたします。

今後「ワイド版国民文庫」で復刊をご希望されるタイトルがございましたら読者カードにてお知らせください。

ワイド版国民文庫
マルクス伝 1

2018年3月15日　第1刷発行
定価はカバーに表示してあります

著　者　F. メーリング
訳　者　栗原　佑
発行者　中川　進

〒113-0033 東京都文京区本郷2-27-16
発行所　株式会社　大月書店
印刷・製本　大日本印刷株式会社
電話(代表)03-3813-4651　FAX 03-3813-4656　振替00130-7-16387
http://www.otsukishoten.co.jp/



ISBN978-4-272-98021-5　C0023　Printed in Japan